Eugen Biser

Glaubensverständnis

theologisches seminar

Eugen Biser

Glaubens-
verständnis

Grundriß einer hermeneutischen
Fundamentaltheologie

Zum Glück sind die Idealisten da,
um die Dinge einzurenken

(Camus, Licht und Schatten)

Herder

Freiburg · Basel · Wien

JOHANNES VON ELMENAU
als Zeichen dankbarer Verbundenheit

Alle Rechte vorbehalten – Printed in Germany
© Verlag Herder KG Freiburg im Breisgau 1975
Imprimatur. – Freiburg im Breisgau, den 14. April 1975
Der Generalvikar: Dr. Schlund
Freiburger Graphische Betriebe 1975
ISBN 3-451-17168-6

Vorbemerkung

Entgegen der landläufigen Meinung sind nicht alle theologischen Disziplinen von der krisenhaften Erschütterung des Gesamtsystems gleicherweise betroffen. Zwar läßt sich nicht ohne weiteres sagen, wo die Herde der Resistenz zu suchen sind; kein Zweifel besteht jedoch über die Stelle der größten Anfälligkeit: die Fundamentaltheologie. Hier ist nicht nur seit langem schon die wissenschaftstheoretische Position und die Frage der interdisziplinären Querverbindungen kontrovers. Auch der schon vor der Jahrhundertwende ausgebrochene Methodenstreit ist noch keineswegs ausgetragen, obwohl der Siegeszug der historisch-kritischen Denkweise, vor allem auf dem Feld der Bibelwissenschaften, der extrinsezistischen, auf äußere Fakten gestützten Argumentation weithin den Boden entzog. Im Stil eines modischen Kompromisses ergab sich unter dem Eindruck dieser Entwicklung ein Konsens in Richtung auf einen Methodenpluralismus. Aus dem unbeabsichtigten Zusammenwirken unterschiedlicher Methoden und Ansätze soll sich dieser Vorstellung zufolge nach Art eines Summierungseffekts jene Gewißheit ergeben, die man sich von einem einzigen Weg nicht mehr erwartet.

Sosehr der denkerische Pluralismus auch in der Theologie ein Hausrecht für sich beanspruchen darf, ist er hier doch keineswegs am Platz. Für die Frage der Gotteserkenntnis hat das schon Anselms selbstkritische Bewertung seines im ,,Monologium'' durchgeführten Verfahrens gezeigt: der Existenz des einen Gottes ist nur *ein* argumentativer Beweisgang angemessen, weil der Erkenntnisweg auch in struktureller Hinsicht seinem Gegenstand entsprechen muß. Insofern waren die thomasischen quinque viae schon im Augenblick ihrer Ausarbeitung ein Rückfall hinter die bereits im Aufgang der Scholastik erreichte Reflexionsstufe. Mit der Frage der wissenschaftlichen Glaubensbegründung steht es nicht anders. Der Einheit des Glaubens an den einen Gott wird, strukturell gesehen, nur ein einziger Begründungsweg gerecht. Als dieser eine Weg wird im folgenden der hermeneutische angegeben, wie er sich mir mit zunehmender Deutlichkeit in der Auseinandersetzung mit den traditionellen und modernen Modellen nahelegte. Die wichtigsten Stadien auf dem Weg zu dieser Konzeption markieren meine Schriften „Glaubensvollzug" (von 1967) und „Gott verstehen" (von 1971), die erste durch die Ausarbeitung der Verstehensstruktur des Glaubensaktes, die zweite durch den Aufweis des Sozialbezugs der Glaubensbereitschaft. Wichtig für die Frage nach dem Bezugsgrund Kirche waren auch die systemkritischen Ausführungen meines Essays „Glaubensprobleme" (von 1970) und neuerer Untersuchungen zur Frage der Funktion und Effizienz der theologischen Vernunft. Nicht zuletzt macht sich die Arbeit auch die Anstöße zu einer theologischen Aporetik zunutze, die meine Studie „Theologie und Atheismus" (von 1972) zu geben suchte, zu einem Teil auch die in meinem Versuch „Provokationen der Freiheit" (von 1974) vorgetragenen Erwägungen zum emanzipatorischen Charakter des christlichen Glaubens. Was die Methode betrifft, so folgt der Gedankengang dem in meiner „Theologischen Sprachtheorie und Hermeneutik" (von 1970) gebahnten Weg. Hinsichtlich der spirituellen Sphäre, in der er sich auf den wichtigsten Strecken bewegt, ist er dagegen von meinem Jesusbuch „Der Helfer" (von 1973) bestimmt. Wie meine derzeitigen Arbeiten insgesamt will auch der vorliegende Entwurf als Versuch einer ersten und grundlegenden Anwendung der im Jesusbuch erarbeiteten Prinzipien verstanden werden.

Der Text, den ich als die letzte der aus meiner Tätigkeit am Herman-Schell-Institut der Universität Würzburg hervorgegangenen Publikationen vorlege, hält gleichzeitig Rückschau und Ausschau. Rückblickend bezieht er sich auf die in zehnjähriger fundamentaltheologischer Forschung erarbeiteten Ansätze und Positionen, die er gerade auch in ihren noch nicht verklammerten Partien zu einer übergeordneten Ganzheit zu integrieren sucht. Die Ausschau, die er von dieser Abschiedsposition aus hält, gilt im Grunde nur einer, für die Zukunft von Glaube und Theologie jedoch lebenswichtigen Frage: Wird es dem gläubigen Denken im Dialog mit dem Geist der Gegenwart gelingen, jenen zündenden Gedanken zu entwickeln, der dem heutigen Menschen die ihn lähmende Lethargie überwinden, an den Sinn seines Daseins glauben und Initiativen für den Aufbau einer menschlicheren Lebensordnung entwickeln hilft? Da es dazu einer besonders hohen Einfühlung in den Zeitgeist bedarf, muß sich das Interesse in erster Linie der Ausarbeitung eines dialogisch geöffneten Glaubensbegriffs zuwenden. Nur mit seiner Hilfe wird sich das unaufschiebbare Gespräch mit dem Zeitgeist führen und eine befriedigende Antwort auf seine kritischen Anfragen geben lassen. Der großen Aufgabe mit seiner Ausarbeitung den Boden zu bereiten. ist über die thematische Zielsetzung hinaus der Zweck der vorliegenden Studie.

München, 4. Februar 1975

Eugen Biser

Inhalt

Erster Teil
Glaubensbegründung

I. Das Vorfeld

1. Zeitanalytische Hinweise

„Unveränderlich scheint der Rhein dahinzuströmen, doch befindet er sich ständig in einem andern Zustand, einmal wilder, einmal ruhiger, bald im Anschwellen, bald im Fallen begriffen, so daß es sich strenggenommen nicht immer um den gleichen Fluß handelt, auch wenn man mit Recht sagen kann, es sei ein und derselbe, der einmal anstieg und dann vom höheren zum niedrigeren Wasserstand abfiel", sagt Nikolaus von Kues im zweiten Buch seiner Schrift „Über die Mutmaßungen", und er fügt dem als Anwendung des einleuchtenden Bilds hinzu: „So wandelt sich auch die Religion zwischen Geistigkeit und Zeitlichkeit. und nicht anders die Herrschaft, die nach dem größeren oder geringeren Grad der Untertänigkeit der Beherrschten schwankt."[1]

Die kusanische Allegorie verdient schon aufgrund ihres metaphorischen Ansatzes Beachtung. Denn kaum einmal wurde in der langen Geschichte des Bilddenkens so direkt von einem konkret visuellen Eindruck auf geistige Zusammenhänge geschlossen wie hier. Bedeutsamer noch ist die Aussage im Blick auf die wohl unbeabsichtigte, doch keineswegs zufällige Verspannung von Religion und Herrschaft, in der sich ein wenn auch noch so schwaches Vorwissen um den Sozialbezug alles Religiösen an-

[1] De coniecturis II, c. 15.

11

zeigt. Am aktuellsten ist das Bild jedoch in dem von ihm unmittelbar angezielten Sinn, der die Einheit des scheinbar Verschiedenen und die Verschiedenheit des scheinbar Gleichen betrifft.

Die Frage einer möglichen Kontinuität im Abbruch eines umfassenden Traditionsverlustes ist tatsächlich die Kardinalfrage des Glaubens in dieser Zeit. Was vor zwei Jahrhunderten nur ein einziger wußte und nach weiteren achtzig Jahren wiederum nur von einem einzelnen aufgegriffen wurde, ist heute ins Bewußtsein einer breiten Öffentlichkeit gedrungen. Mit Lessing sehen sich heute viele vor den „garstigen breiten Graben" eines religiösen Traditionsabbruchs gestellt und mit Kierkegaard, dem einsamen Hörer des Lessingschen Notrufs, fragen sie sich: „Wie bekomme ich einen historischen Ausgangspunkt für mein ewiges Bewußtsein, wie kann ich meine Seligkeit auf ein historisches Wissen bauen?"[2] In dieser Frage kommt das Grundproblem der Christenheit zu Wort. Wie zu jeder Zeit stellt sich ihr auch heute die Aufgabe der Vergegenwärtigung Jesu, die sie vor jeder andern, und sei sie noch so brennend, bewältigen muß. Die besondere Zuspitzung der Aufgabe besteht nun darin, daß sie gleichzeitig als die wesentlichste und brennendste empfunden wird. An ihrer Vorrangigkeit besteht ohnehin kein Zweifel. Ihre drängende Aktualität hängt damit zusammen, daß der Geschichtsverlust alle retrospektiven Lösungen verbietet. Die Sache Jesu kommt uns nicht dadurch nah, daß wir uns nach dem Vorgang romantisierender Zeiten nostalgisch in die Stunde des Anfangs zurückträumen. Das Umgekehrte ist vielmehr erforderlich: die Sache Jesu muß heutig, aktuell und gegenwärtig werden, wenn sie ihrem Anspruch auf Lösung der Gegenwartsprobleme genügen soll. Denn in dem Verhältnis zu ihr ist nicht der in seine raum-zeitliche Situation hineingebundene Mensch der bewegliche Teil, sondern sie, der, sofern sie immer schon da ist und immer noch kommt, allein wahre Zeitüberlegenheit eignet.

---

[2] Näheres im folgenden (S. 29f).

Der an die Wand des Traditionsverlustes gedrängten Theologie dieser Tage stellt sich somit die alte Aufgabe in einer geradezu dramatisch zugespitzten Form. Da ein Leben aus der Kontinuität, wie es bisher möglich war, ausgeschlossen ist, ergibt sich die Notwendigkeit einer schöpferischen Neusetzung im Stil der „kreativen Fortpflanzung", durch die sich alles Leben gegen die Macht des Todes behauptet. Auf die religiöse Frage bezogen, heißt das: das Christentum muß hier und heute neu hervorgebracht werden, ganz so, als sei es die schöpferische Tat der Gegenwart und kein aus uralter Überlieferung überkommenes Erbe. Denn als wirksame Hilfe für den Menschen dieser Zeit kann nur das Gegenwärtige, Gleichzeitige gelten. Auf eindringlichste Weise hat das Sören Kierkegaard mit seinem Postulat der „Gleichzeitigkeit mit Jesus" zum Ausdruck gebracht. Es will in seiner vollen Gegensinnigkeit verstanden werden: als die Gleichzeitigkeit Jesu mit uns und als die unsre mit ihm. Denn nur wenn er so bei uns ist, als wäre er unser Zeitgenosse, mit uns geboren, unter uns tätig, uns im Tod entrissen und in der Auferstehung wiedergegeben, kommt er als Helfer für uns ernsthaft in Betracht. Aus einer wie immer gearteten Distanz, vor allem aus einer historischen Ferne, kann er die wirklich hilfreichen Impulse nicht geben.

In seiner romantischen Erlebnissprache hatte das ein Menschenalter vor Kierkegaard schon Schleiermacher zum Ausdruck gebracht, als er in seinen Reden „Über die Religion" (von 1799) den Eintritt ins Heiligtum der Religion mit der Verabschiedung des Nachempfundenen und Nachgedachten zugunsten eines Glaubens aus eigener Überzeugung und Entschlußkraft verknüpfte:

Ihr sollt überall auf Euren eigenen Füßen stehn und euren eigenen Weg gehn, aber dieser würdige Wille schreckt auch nicht zurück vor der Religion. Sie ist kein Sklavendienst und keine Gefangenschaft; auch hier sollt Ihr Euch selbst angehören, ja, dies ist sogar die einzige Bedingung, unter welcher Ihr ihrer teilhaftig werden könnt[3].

[3] Über die Religion. Reden an die Gebildeten unter ihren Verächtern (Berlin 1799) 120.

Das kann gewiß nicht heißen, daß es eines neuen Christentums bedürfte, am Ende gar nach Art des schon von Paulus abgewiesenen „anderen Evangeliums" (Gal 1,9). Das ist ebensowenig der Fall, wie es eines neuen, vom bisherigen Typus abweichenden Menschen bedarf, um die Menschheit ihrer Zukunft entgegenzuführen. Wohl aber muß er neu, als Mensch dieser Zeit, entstehen, wenn er als einzelner und als Gattung fortbestehen soll. Erkenntnis verpflichtet. Konnten sich frühere Epochen der Christenheit noch mit Kompromissen in der Frage der Vergegenwärtigung behelfen, so kann es die Gegenwart doch keinesfalls mehr. Mit dem Versuch einer Erneuerung des urchristlichen Lebensgefühls im Sinn des von Karl Prümm ausgegebenen Stichworts vom christlichen „Neuheitserlebnis" ist es somit, soviel Richtiges darin zur Sprache kommt, nicht getan[4]. Nicht als werde damit das Recht des Emotionalen in der Theologie in Frage gestellt; im Gegenteil: was geschehen muß, wird erst dann zustande kommen, wenn sich die theologische Vernunft mehr als bisher der emotionalen Antriebe versichert und mit Hilfe deren jene Prinzipien ins Spiel bringt, die Pascal als die „raisons du cœur" den „Vernunftgründen" engegensetzte[5]. Doch das, worauf es ankommt, ist mehr als nur eine erlebnishafte Neutönung der traditionellen Aussage, selbst wenn ihr die Vermittlung eines ausgesprochenen „Neuheitserlebnisses" gelänge. Was die Christenheit für sich und die gegenwärtige Welt zu leisten hat, ist etwas ungleich Größeres: eine Neusetzung. Das gilt für alle Bereiche der christlichen Verwirklichung, vor allem aber für die Theologie. Sie muß die Wahrheit des Evangeliums so sagen, als wäre sie von ihr heute entdeckt,

[4] K. *Prümm*, Christentum als Neuheitserlebnis. Durchblick durch die christlich-antike Begegnung (Freiburg i. Br. 1939). Im Vorwort zu seinem Buch bezeichnet es der Verfasser als sein Ziel, mit der Ausarbeitung des „christlichen Neuheitsbewußtseins" jenen Faktor herauszustellen, der am kraftvollsten an der „Umformung des religiösen Denkens der Antike" beteiligt war und gleichzeitig den „reizvollsten Gesichtspunkt" darstellt, „unter sich die Beziehungen von Antike und Christentum betrachten lassen" (VIII).
[5] Dazu mein Beitrag „Theologische Vernunft und christliches Gemüt. Vom Recht des Emotionalen in der Theologie", in: Die Verfemung des Gemüts, hrsg. von *J. Schlemmer* (München 1974) 90–106.

oder richtiger, ihr heute von Jesus zugesprochen worden. Mit der bloßen Wiederholung dieser Botschaft oder einzelner ihrer besonders zeitgemäß erscheinenden Inhalte darf sie sich nicht begnügen. Vielmehr muß sie dieser Botschaft durch die Konzeption von Ideen, Maximen und Programmen antworten, die in modernen Äquivalenten das vermitteln, was die originale Reich-Gottes-Botschaft für die Zeitgenossen Jesu besagte.

Was die Theologie unserer Tage braucht, ist somit ein Leitgedanke von der Werbekraft der Kreuzzugsparole, der Prägekraft des Jenseitsglaubens, der Heilkraft des Erlösungsgedankens und der Durchschlagskraft der paulinischen Freiheitslehre. In alledem ginge es um die aktuelle Spiegelung der Jesus-Botschaft vom kommenden Gottesreich, die mit dieser zusammen deren Wahrheit „für uns" ergäbe. Ohne daß bereits angegeben oder auch nur angedeutet werden könnte, worin diese aktuelle „Spiegelung" bestünde, läßt sich doch um so sicherer die von ihr zu erwartende Wirkung vorhersagen. Zu erwarten wäre von einem derartigen Leitgedanken das Ende der allgemeinen Lethargie, die Freisetzung auferbauender Energien und der Mut zu einem wirklichen Neubeginn. Nicht zuletzt käme es in seinem Gefolge zu jenem Aufbruch der erstarrten Fronten, der durch keinen noch so dringlichen Appell an die Dialogbereitschaft der sich zusehends polarisierenden Richtungen und Gruppen zu erreichen ist. Kaum braucht dem hinzugefügt zu werden, in welchem Maß die konzentrative Macht einer solchen Idee der Glaubwürdigkeit der Kirche zugute käme. Eine zu sich selbst aufgerufene, zielsicher auf ihrem Weg vorwärtsschreitende Kirche erschiene vielen, die unschlüssig und verunsichert abseits stehen, als Garant der von ihnen insgeheim ersehnten Überwindung der allgemeinen Misere. Und damit wäre für sie prinzipiell auch schon die Wahrheitsfrage im Hintergrund der sich gegenseitig überschreienden Heilslehren und Ideologien entschieden.

Wenn das Desiderat einer mitreißenden Leitidee nicht leerer Wunschtraum bleiben soll, muß es, wenn auch mit Unterschieden, für alle theologischen Einzeldisziplinen gelten, wobei offenbleiben kann, ob deren Betroffenheit als vorbereitender oder nachfolgender Akt anzusehen ist. Beides ist denkbar. Es wird nur dann zur Konzeption des weiterführenden Leitgedankens kommen, wenn ein möglichst umfassender Konzentrationsprozeß im Bereich der einzelnen Themen- und Aufgabenfelder eintritt. Denn so erst entsteht die Spannung, aus welcher schließlich der Blitz der zündenden Idee hervorschlagen könnte. Umgekehrt hätte dann aber auch dieser „Blitzschlag", anders als der meteorologische, konzentrative Folgen. Wo er erfolgt, tritt alles in eine neue Beleuchtung, sofern es nicht geradezu in Brand gesetzt wird. Und das heißt: wenn erst einmal die theologisch-spirituelle Leitidee der Zeit gefunden wurde, gerät notwendig alles in ihren Bann. Denn erst mit ihr ist das Maß gesetzt, an welchem sich jeder andere Gedanke bemessen muß, mit ihr das Ziel benannt, nach welchem sich die partiellen Intentionen auszurichten haben, mit ihr der Impuls gegeben, der die allgemeine Lethargie überwinden hilft. Das gilt sogar von den eher schlagwortartig wirkenden Programmformeln der Gegenwart, die dem großen Disederat nicht oder nur teilweise genügen: von dem Stichwort der Säkularisierung ebenso wie von dem der Abwesenheit Gottes, bis zu einem gewissen Grad auch von den Entwürfen zu einer Theologie der Freiheit, der Hoffnung und der weltlichen Wirklichkeiten[6].

[6] Im Zusammenhang damit müßte auch das erwogen werden, was unter Berufung auf vorwiegend naturwissenschaftliches Beweismaterial der amerikanische Kulturtheoretiker Th. S. Kuhn über die Wege schöpferischer Leistungen sagt. Wie er in kritischem Seitenblick auf die lineare Modellvorstellung des Kritischen Rationalismus ausführt, haben alle wesentlichen Fortschritte in der Theoriebildung den Charakter von revolutionären Umbrüchen kleineren oder größeren Ausmaßes. Dabei bilden Krisenzustände auf dem Gebiet der betreffenden Wissenschaften mitunter geradezu eine Disposition für den schöpferischen Fortschritt, der sich auf Kosten der alten Positionen durchsetzt. Zweifellos wird die theologische Lehrentwicklung nie auf die Kontinuität mit der Überlieferung verzichten können. Doch war es ihrem Gang wenig förderlich, daß sie sich praktisch der positivistisch-kritizistischen Vorstellung von einem Weg der kleinen Schritte überließ, anstatt ihr Heil vom Wagnis des freien Sprungs und des kühnen Durchbruchs zu erwarten. Das Werk *T. S. Kuhns* erschien in deutscher Übersetzung unter dem Titel „Die Struktur wissenschaftlicher Revolutionen" (Originaltitel: The Structure of Scientific Revolutions) (Frankfurt a. M. 1973).

16

Mit der resignativen Feststellung, daß das zündende Wort trotz aller Beschwörung der kreativen Kräfte schmerzlich fehlt – „O Wort, du Wort, das mir fehlt!" klagt der Gottgesandte in Schönbergs Problemoper „Moses und Aaron"[7] –, ist keineswegs ein Verzicht auf Initiativen vorbereitender und anbahnender Art befürwortet. Im Gegenteil; der Hinweis auf das fehlende Leitwort will gerade unterstreichen, wie viel an solchen Initiativen gelegen ist. Unter den theologischen Denkanstößen entspricht dem aber kaum eines so sehr wie das Programm einer „konkreten Theologie", weil es dem konzentrativen Interesse mehr als die übrigen Vorstellungen entgegenkommt. Hervorgegangen aus dem Unbehagen an der noch immer vorherrschenden Abstraktionstheologie, plädiert es für die Einheit von Denken und Erfahrung, die es primär im Wort gegeben sieht und demgemäß von ihm erwartet[8]. Ziel dieser Konzeption ist somit eine theologische Sprache, die mit den von ihr bezeichneten Inhalten zusammen auch Impulse zu ihrer Erfahrung vermittelt und, so gesehen, im Akt der Mitteilung die Ausgangssituation wiederherstellt, in welcher der Gedanke – sofern er nur legitim konzipiert wurde – aus dem empirischen Umgang mit seinem Gegenstand hervorging[9]. Das aber ist das Ziel einer zugleich informativen und performativen Sprache, der es ebenso auf Klärung wie auf Ergriffenheit ankommt und die das eine durch das andere betreibt: Ergriffenheit durch das informierend-klärende Wort, und dieses als Ausdruck und Frucht des ergriffenen Herzens. Eine Sprache, die es, negativ formuliert, keinesfalls der zufälligen Disposition des Angesprochenen überläßt,

[7] Eine eindringliche Analyse bietet die Monographie von *K. H. Wörner*, Gotteswort und Magie. Die Oper „Moses und Aaron" von Arnold Schönberg (Heidelberg 1959).

[8] Dazu außer dem S. 14, Anm. 5 genannten Beitrag auch mein Versuch „Theologie und Kirche. Erwägungen zu einem gestörten Verhältnis. Akademische Festrede aus Anlaß der Verleihung der Ehrendoktorwürde an Kardinal Döpfner" (am 25. Januar 1974).

[9] Mit der Ausgangssituation ist auch der neutestamentliche Anfang gemeint, der durch die Präsentation der Botschaft in einer bewußt empirievermittelnden Sprache, getragen von den „Erweisen des Geists und der Kraft" (1 Kor 2,4) gekennzeichnet ist.

ob und wie er sich in die von ihr mitgeteilten Inhalte „einzufühlen"
und sie so mit „Erlebniswert" zu erfüllen vermag, weil sie diese
„Erfüllung" als ihre ureigene, unabdingbare Aufgabe begreift.
Ähnlich eng müßte sich für eine „konkrete Theologie" dieses
Konzepts das Verhältnis von Wort und Praxis gestalten. Die aus-
übende, bewährende und geschichtswirksame Tat bliebe dann
wiederum nicht ins Belieben des Hörers gestellt. Sie ergäbe sich
vielmehr spontan, nach Art einer Reflexhandlung, aus dem vernommenen Wort, das demgemäß erst im Akt der praktischen
Bewährung seine volle Stringenz und Glaubwürdigkeit gewänne.
Diese praxisnahe Sprache müßte zugleich versammelnden, ge-
meinschaftsstiftenden Charakter haben. Denn noch weniger als
das bekennende Wort ist die bewährende Tat Selbstzweck, so daß
sie als solche schon genügen würde. Zwar fehlt es nicht an Bestre-
bungen dieser Art, doch tragen sie die Gefahr eines in reine Be-
triebsamkeit ausartenden Aktionismus in sich. Endgültig ist diese
Gefahr nur dort gebannt, wo die wortentstammte Tat ihrem Ursprung treu bleibt und, wie sie aus dem Dialog hervorging, Gemeinschaft stiftet und der Verbundenheit dient. Sie muß in diesem
Sinne, neutestamentlich ausgedrückt, „auferbauend" sein. Demgemäß ist ihr genuiner „Ort" die Gemeinschaft der Glaubenden,
die sie gleicherweise konsolidiert wie voraussetzt.

Mit dem skizzierten Programm stellt sich erneut die Frage nach
der Disziplin, die vom Zwang zur Neugestaltung am stärksten betroffen ist. Aber sie stellt sich nicht nur; sie ist im Grunde damit
auch schon beantwortet. Denn das Problem der empirievermittelnden Sprache ist ebenso wie dasjenige des sich praktisch be-
währenden Redens die Aufgabe einer mit dem Zeitgeist schritt-
haltenden Fundamentaltheologie. In einer Epoche, deren geistige Signatur wesentlich durch die Entdeckung der Inkongruenz
von Sprache und Denken geprägt ist, kann sich der fundamentaltheologische Gedankengang unmöglich auf die Linie der bloßen Argumentation zurückziehen. Wenn er den Menschen dieser
Zeit erreichen will, muß er vielmehr das Sprachproblem in den
Bereich seiner Thematik mit einbeziehen. Ebenso muß er sich,

um zeitnah zu bleiben, der Frage nach der von der Stunde geforderten Glaubenspraxis stellen. Je entschiedener die Fundamentaltheologie aber an die Aufgabe der Neukonzeption verwiesen ist, desto mehr ist zu fragen, wie sich diese für sie konkret darstellt.

2. Anstöße zu einer Neukonzeption

Wenn die Neukonzeption der Fundamentaltheologie wirklich zeitgerecht, und das besagt: auf den Geist, die Terdenzen und Bedürfnisse dieser Zeit, abgestimmt sein soll, muß zunächst nach der Signatur der Epoche als dem ,,Maß" dieser Abstimmung gefragt werden. Damit scheint sich dem Vorhaben jedoch ein fast unüberwindliches Hindernis in den Weg zu legen. Denn abgesehen von dem überaus komplexen Charakter der Gegenwart, ist die Lösung der mit ihrer Diagnostizierung gestellten Aufgabe dadurch erschwert, daß sie erst dann wirklich gelingen kann, wenn diese Gegenwart Vergangenheit wurde und als solche überblickbar hinter dem Deuter liegt. Gleichzeitig vereinfacht sich die Aufgabe aber auch wieder, sofern es genügt, die wesentlichsten Anstöße ausfindig zu machen, die auf die Neugestaltung der theologischen Verhältnisse hinarbeiten.

Wenn man nach dem hervorstechenden Zug des heutigen Bewußtseins fragt, wird man zweifellos mit dem Hinweis auf seine kritische Grundeinstellung antworten müssen. Wie in der Abfolge der platonischen Schulen auf die vom Idealismus des Meisters getragene Ältere Akademie die der Skepsis verschiebene Mittlere (mit dem Schulhaupt Sextus Empiricus) folgte, ist das Denken seit dem Zweiten Weltkrieg aus dem Herrschaftsbereich der Phänomenologie mit ihrem kognitiven Optimismus in eine skeptisch gestimmte, vorab der Analyse und Kritik verschriebene Gegenphase eingetreten[10]. Ursachen und Indikatoren dessen sind, wie schon

[10] Dazu G. Marcel, Der Untergang der Weisheit – die Verfinsterung des Verstandes (Originaltitel: ,,Le Déclin de la Sagesse" von 1954 – ,,Le Crépuscule du sens commun" von 1958) (Heidelberg 1960); ferner die Reflexion ,,Zerfall der

aus ihrer Selbstbezeichnung erhellt, die analytisch-positivistische Philosophie der Wiener Schule (mit Einschluß des englischen Neopositivismus und seiner linguistischen Derivate) und die Kritische Theorie der Frankfurter Schule (mit ihrem formalistischen Pendant in Gestalt des Kritischen Rationalismus). Doch darf man über diesen unmittelbar philosophiegeschichtlichen Einströmungen die allgemeine Verdüsterung der Erkenntnissphäre nicht aus dem Auge verlieren, die im Gefolge ganz differenter Faktoren, angefangen von der sich immer stärker auffächernden und dabei mehr und mehr pragmatisch verfahrenden Naturwissenschaft bis hin zu der sich polarisierenden politischen, kulturellen und sprachlichen Welt, eintrat[11].

In ihrer Gesamtkonsequenz bestärken diese Tendenzen die der Fundamentaltheologie von ihrem Ursprung her eingestiftete kritisch-reflektierende Denkstruktur. Als „Ursprung" kann dabei schon die neutestamentliche Auffassung gelten, die vom gläubigen Christen die Fähigkeit zu kritisch-apologetischer Selbstrechtfertigung erwartet und ihren bündigsten Ausdruck in dem Postulat des Ersten Petrusbriefs findet:

Seid stets bereit, euch jedermann gegenüber zu verantworten (apología), der Auskunft (lógon) über die euch beseelende Zuversicht (elpís) von euch verlangt (3,15)[12].

Nach Albert Lang galt die Stelle tatsächlich schon in der Patristik als die Devise einer apologetisch operierenden Theologie[13].

Werte", die H. Broch 1918 nach längerem Schwanken dem dritten Teil seiner Schlafwandler-Trilogie mit dem Titel „Huguenau oder Die Sachlichkeit" eingliederte. Aus dem Bereich der Kritischen Theorie ist in diesem Zusammenhang überdies die 1947 in New York erschienene „Eclipse of Reasons" M. Horkheimers zu nennen.

[11] Dem trägt die religionsphilosophische Untersuchung R. Schaefflers, Religion und kritisches Bewußtsein (Freiburg/München 1973) thematisch Rechnung.

[12] Die sprachliche Nuance, die mit der unterschiedlichen Wiedergabe des Terminus apología mit „Selbstrechtfertigung" und „sich verantworten" gegeben ist, kommt in der Weise zum Tragen, daß der erste Teil der Untersuchung den Akzent auf die erste Variante legt, während der zweite dem Gesichtspunkt der „Selbstverantwortung" untersteht.

[13] Nach Klemens von Alexandrien, Origenes, Eusebius und Chrysostomus erhoben vor allem Anselm von Canterbury und Peter Abaelard diese Forderung zum

20

Im Blick auf die zusammenschauende Denkweise des Neuen Testaments, die noch nicht zwischen Subjekt und Axt unterscheidet und demgemäß Mensch und Glauben in eine lebendige Vollzugseinheit zusammenfaßt, ist es zulässig, von der Petrus-Stelle auf den Glaubensbegriff selbst zurückzuschließen. Danach ist es nicht nur der glaubende Mensch, sondern zuvor schon der Glaube als solcher, der die Pflicht zu apologetischer Rechtfertigung in sich trägt[14]. Das aber setzt voraus, daß schon nach neutestamentlicher Auffassung der Glaube rationalkritische Implikationen aufweist. Er ist, so gesehen, gleicherweise zur Hingabe wie zur Unterscheidung befähigt. Insofern kommt der kritisch-skeptische Zug der Zeit nicht zu einem Interesse der Theologie, sondern in und mit diesem zusammen einem Interesse des Glaubens selbst entgegen.

Der „synthetischen" Denkweise der biblischen und nicht zuletzt auch der neutestamentlichen Schriften entspricht demgegenüber ein zweiter, ganz konträrer Zug des heutigen Bewußtseins. In entscheidender Antithetik zu den differenzierenden Tendenzen, die allenthalben in Gesellschaft, Wirtschaft, Politik und Wissenschaft zu beobachten sind, drängt er auf Konzentration und Vereinfachung der Lebensvollzüge. Dualistischen Theorien ist er abhold. Doppelstrukturen sucht er auf einheitliche Prinzipien zurückzuführen, Überlagerungen durch den Rückgang auf einfache Elementarverhältnisse zu unterlaufen. Daher die ver-

Leitsatz der apologetisch argumentierenden Theologie. Bezeichnend für sein Verständnis der Stelle ersetzte Anselm den originalen Wortlaut „de ea quae in vobis est spe" durch die Leseart „de ea quae in vobis est fide", während andere vermittelnd „de ea quae in vobis est fide et spe" schreiben. Im übrigen geht mit der scholastischen Aufwertung der Stelle eine Gegenbewegung Hand in Hand, welche die Verdienstlichkeit des Glaubens vom Verzicht auf rationale Argumente (im Sinn des sacrificium intellectus) abhängig macht: *A. Lang, Die* Entfaltung des apologetischen Problems in der Scholastik des Mittelalters (Freiburg i. Br. 1962) 39.
[14] Deutlich spricht das aus der (damit freilich nicht ausgeschöpften) Stelle des Zweiten Korintherbriefs: „Wir leben zwar in der Welt, kämpfen aber nicht mit den Waffen dieser Welt. Die Waffen, die wir führen, sind nicht irdisch, und doch vermögen sie durch Gottes Macht Festungen zu schleifen, Pläne zu durchkreuzen und die hochragenden Bollwerke einzureißen, die sich gegen die Erkenntnis Gottes auftürmen. Wir nehmen alles Denken gefangen und machen es Christus dienstbar" (10, 2 ff).

breitete Aversion gegen das duale Menschenbild, das die menschliche Wirklichkeit als eine Synthese von Leib und Seele begreift. Und daher dann auch die nicht minder tiefsitzende Abneigung gegen die scholastische ,,Aufstockungs''-Konzeption, die das Verhältnis von Natur und Heil nach Art von zwei zwar durchaus komplementären, aber doch deutlich unterschiedenen Schichten denkt. Das gilt uneingeschränkt auch von der Theoretisierung des Verhältnisses im fundamentaltheologischen Beweisgang. Eine Argumentation, die rational verfährt, sich dann aber doch fortwährend am Dogma orientiert, stände nicht nur – zumal für das kritische Denken – im Ideologieverdacht; sie erschiene überdies auch im Aspekt einer irritierenden Zweigleisigkeit, eines strukturell gebrochenen Sowohl-Als-auch, das dem Anspruch auf Einheitlichkeit des Denkstils und der Denkmittel nicht genügte. In positiver Ausfolgerung heißt das, daß der heutigen Sinn- und Gestalterwartung nur eine Konzeption entspräche, die den apologetischen Aufweis nicht ins rationale Vorfeld des Glaubens, sondern in diesen selbst verlagert und ihn demgemäß als ,,kritische Selbstauslegung'' aus ihm entwickelt.

Dem Einheitsstreben des heutigen Denkens geschieht damit aber noch nicht voll Genüge, da ihm neben intellektuellen auch eminent praktische Bedürfnisse zugrunde liegen. In einer zusehends zusammenschrumpfenden Welt, in welcher, wie die seit der Blockade Berlins eingerichteten ,,Luftbrücken'' beweisen, auch größte Distanzen rasch und wirksam bewältigt werden, dann aber auch umgekehrt Konflikte in scheinbar abgelegenen Erdteilen unversehens zu akuten Gefahrenherden werden können, lassen sich gettohafte Abschirmung und provinzialistischer Partikularismus nicht länger aufrechterhalten. Vielmehr spricht alles für eine Koordinierung der Interessen, Kräfte und Reserven auf der Basis weltweiter Solidarität. Im vollen Umfang gilt das auch von dem Verhältnis der Konfessionen und Religionen. Auch hier bedarf es eines Koordinierungs- und Solidarisierungsprozesses, wenn die Sache der Religion nicht vollends unglaubwürdig werden und zu einer belanglosen Nebensache herabsinken soll. Ihren bisher effizientesten Ausdruck fand diese Einsicht in der ökumenischen Bewegung und ihr angemessenstes Programm im Dialog. Dem muß die Neukonzeption der Fundamentaltheologie in der Weise Rechnung tragen, daß sie das dialogische Moment bewußt in ihren Ansatz einbezieht. Die kritische Argumentation mit ihren abgrenzenden und absichernden Tendenzen genügt, soviel an ihr gelegen ist, noch nicht. Zum Beweis der Glaubwürdigkeit des Glaubens bedarf es vielmehr auch der Explikation seiner kommunikativen Kraft. Um glaubwürdig zu erscheinen, muß er beweisen, daß er seine Sicherheit nicht auf dem Weg der Ausgrenzung, womöglich sogar der Diffamierung und Verteufelung der ihm widerstreitenden Positionen gewinnt, sondern auf dem der Anerkenntnis ihres Eigenwerts und der Einbeziehung gemeinsamer Elemente. Zu den Lebensbedingungen innerhalb einer sich zusehends kontrahierenden Welt kommen als Zusatzmotive geistige Faktoren tendenzgleicher Art hinzu. Mit der Formulierung des „dialogischen Prinzips" zogen die personalistischen Existenzdenker, allen voran Ebner und Buber, eine Linie, hinter welche die Besinnung auf die Rechte und Wege des Glaubens am wenigsten zurückgehen kann[15]. Gleichzeitig verwies Marcuse Praktiken, die zur Etablierung geschlossener Sprach- und Bewußtseinsräume führen, und die in ihnen ausgeübte „soziale Kontrolle" eindeutig in das Feld destruktiver Vermassungsstrategien, von denen sich die christliche Glaubenspraxis im Interesse ihrer Identität nicht deutlich genug unterscheiden kann[16].

Wie sich die vom Glauben im Interesse des Selbsterweises geübte Kritik jeder Herausforderung, sei sie logischer oder sachbe-

---

[15] Den Beitrag Ebners würdigte Theodor Steinbüchel in seiner Programmschrift „Der Umbruch des Denkens. Die Frage nach der christlichen Existenz, erläutert an Ferdinand Ebners Menschdeutung" (Regensburg 1936); zur Entstehungsgeschichte seines personalistischen Ansatzes äußerte sich Martin Buber im Nachwort des Sammelbands „Die Schriften über das dialogische Prinzip" (Heidelberg 1954) 285–306.
[16] Der eindimensionale Mensch (Originaltitel: The One-Dimensional Man). Studien zur Ideologie der fortgeschrittenen Industriegesellschaft (Neuwied und Berlin 1970).

zogener Art, stellen muß, so darf auch der von ihm im gleichen Interesse aufgenommene Dialog keinen potentiellen Partner ausschließen: weder irgendeine religiöse Gruppe, Erscheinungen wie die Jesus-people und die Pfingstbewegung eingeschlossen, noch Fragestellungen und Äußerungen aus dem Raum der Gesellschaft oder Wissenschaft und am wenigsten die aus der Glaubensgemeinschaft selbst aufsteigenden Stimmen, auch nicht die unbequemen und kritischen unter ihnen. Und das nicht nur aus thematischen, sondern auch aus strukturanalytischen Gründen. Es könnte nämlich nicht nur sein, daß der Glaube, wie schon die Kirchenväter es sahen und mit dem Begriff des lógos spermatikós verdeutlichten, in einzelnen Aussagen mit denen der profanen Geistigkeit übereinkommt; es könnte sich auch herausstellen, daß „Glaube" etwas viel Umfassenderes ist, als es den Anschein hat, und daß sich vieles an kommunikativen Fähigkeiten, das unter ganz anderem Namen geht, als Derivat des Glaubens erweist[17]. Auch das spricht für die dialogisch-kritische Neukonzeption. Bevor ihre Umrisse skizziert werden können, ist es jedoch im Interesse einer klareren Profilierung unerläßlich, die traditionellen Modelle vorzustellen und sie nach ihrer Leistungskraft zu befragen.

3. Die traditionellen Modelle

Wenn der eine Weg, den Glauben zu begründen, nicht von Anfang an beschritten wurde, so vor allem wegen des besonderen Charakters der gestellten Aufgabe. Nach gängiger Auffassung ist der fundamentaltheologische Aufweis an eine außerhalb des Glaubens

---

[17] Einen bemerkenswerten Vorstoß in dieser Richtung unternahm *A. Brunner* in seiner Erkenntnistheorie (Köln 1948), wenn er den personbezogenen Glauben als die gegenüber der Gegenstandserkenntnis frühere und umfassendere Erkenntnisform bezeichnet und diese, mit dem Glauben verglichen, „als ein defizientes Verstehen" charakterisiert (132). Ähnlich in „Glaube und Erkenntnis" (München 1951) 58ff, 80ff.

gelegene Position gerichtet. Da diese identisch ist mit der kritisch fragenden Vernunft, legte es sich nahe, die Argumentation von ihrem Standpunkt aus und mit ihren Mitteln zu führen. Glaubensbegründung bestand demnach, mit den Worten des Ersten Vatikanums formuliert, im Aufweis der „fidei fundamenta", geführt mit den Denkmitteln der „rechten", also sachgerecht verfahrenden Vernunft (recta ratio). Es ging ihr, mit einem Schlüsselbegriff dieses Ansatzes gesprochen, um die rationale Sicherung des Glaubwürdigkeitsurteils (iudicium credibilitatis). Sie erarbeitet damit, wie Eugen Seiterich es ausdrückte, die „noetischen Grundlagen der Theologie"[18]. Als die scientia fundamentorum fidei ist sie deren munus rationale defensivum, in den Dienst der Theologie genommene Vernunft, der die Aufgabe der defensiven Absicherung ihres positiv-systematischen Aufbaus zufällt.

So einleuchtend diese Strategie erscheint: der geheime Zwiespalt ist unverkennbar. Die mit dem Glauben sich stellende Aufgabe seiner Absicherung gegen Skepsis und Zweifel wird nicht von ihm selbst, sondern von der Instanz ins Werk gesetzt, die auch als Herd der gegen ihn gerichteten Einreden zu gelten hat: von der Vernunft. Keine Frage, daß es sich bei der Ausarbeitung dieses Konzepts nur um ein approximatives Verfahren handeln konnte. Genuine Faktoren des Glaubens mußten aus rationaler Perspektive angegangen und ausdiskutiert werden, und das heißt: aus einer Sicht, die nur an sie heran-, nicht aber, wie es erforderlich gewesen wäre, in sie hineinführte. Proportionsverzerrungen und Sinnverstellungen waren die ebenso abträglichen wie unvermeidlichen Folgen. Kritisch muß aber auch schon die Tatsache stimmen, daß äußere Gründe wie die vorzugsweise dafür genannten Wunder und Weissagungen (miracula atque prophetiae) anstelle des eigentlich zuständigen Glaubens die Beweislast für seine Legitimität zu tragen hatten.

Der geschichtliche Verlauf dieses „Wegs" ist relativ rasch

---

[18] *E. Seiterich*, Die Glaubwürdigkeitserkenntnis. Eine theologische Untersuchung zur Grundlegung der Apologetik (Heidelberg 1948) 103.

nachgezeichnet. Trotz erheblicher Bedenken gegen die Dignität des Wunderbeweises – „Utrum miracula per Christum facta sufficienter eius divinitatem ostenderint", lautet eine schon im Mittelalter vielfach erörterte Quaestio disputata – und die noetische Erweisbarkeit des Wunders als solchem [19] setzt sich die extrinsezistische Argumentation doch schon früh als herrschende Lehrmeinung durch. „Wenn jemand fragt", erklärt Wilhelm de la Mare, „warum ich an die Gegenwart Christi im Sakrament glaube, so antworte ich: weil derjenige, der nicht lügen kann, es gesagt hat [20]. Und wenn ich weiter gefragt werde, weshalb ich an seine unfehlbare Gottheit glaube, so sage ich: Ex tot miraculis quae fecit." [21] Eine evidentia signorum im strengen Sinn des Wortes ist freilich nach Thomas von Aquin dabei nicht zu gewinnen. Zwar vermittelt der extrinsezistische, also an empirisch aufweisbaren Fakten orientierte Weg eine certitudo adhaesionis, jedoch keine certitudo evidentiae [22]. Auf derselben Linie liegt die von Philipp dem Kanzler befürwortete Unterscheidung, die für das apologetische Denken der Folgezeit von besonderer Bedeutung wurde. Ihm zufolge schafft der auf äußere Argumente gestützte magister exterior nur eine Disposition (rememoratio, incitatio) für den Glauben. Doch wird dieser erst durch den magister interior wirklich vermittelt [23].

Prototypisch für die Fortbildung der Konzeption zu Beginn der Neuzeit ist die zunächst für die Unterweisung von Seeleuten in holländischen Versen gefaßte, sodann ins Lateinische übersetzte Abhandlung des Staatsrechtlers Hugo Grotius, die 1627 unter dem Titel De veritate religionis christianae erschien. Sie behandelt

[19] Unter dem Einfluß des Nominalismus vertritt bereits *R. Brinkel* die These: Quod potentia sensitiva est errabilis in suis iudiciis circa nostrae fidei obiectum' *A. Lang,* a.a.O., 123ff.
[20] Die Bestimmung Gottes als „derjenige, der nicht lügen kann", wirkt wie ein Vorklang auf die durch Descartes vermittelte Wendung, mit der das Erste Vatikanum die Autorität des seine Offenbarungswahrheit verbürgenden Gottes (qui nec fallere nec falli potest) charakterisiert. Dazu mein Beitrag „Das Wahrheitsproblem der Glaubensbegründung. Erwägungen zu einer aktuellen Frage der Fundamentaltheologie", in: Hochland 61 (1969) 3–12.
[21] *A. Lang,* a.a.O., 81.   [22] *A. Lang,* a.a.O., 160.
[23] *A. Lang,* a.a.O., 158.

im ersten Buch die als antecedentia oder praeambula fidei bekannten Vorfragen nach Gott als dem Urheber und Herrscher des Universums sowie nach der Geistigkeit und Unsterblichkeit der Menschenseele, um dann im zweiten Buch zur zentralen Fragestellung überzugehen. Den göttlichen Ursprung des Christentums sucht sie hier aus den Wundern Jesu und der wunderbaren Verbreitung seiner Lehre zu beweisen. Demgemäß behandelt das dritte Buch die Glaubwürdigkeit der alt- und neutestamentlichen Schriften, während der Rest des Werkes (Buch vier bis sechs) der apologetischen Auseinandersetzung (mit Heidentum, Judentum und Islam) gewidmet ist. Mit seinem Kernstück, dem zum Ziel des Nachweises der Glaubwürdigkeit des Christentums geführten Wunder-Beweis, erlangte es grundlegende Bedeutung für die apologetische Konzeption der Folgezeit. Für die wissenschaftstheoretische ,,Ortsbestimmung" der theologischen Glaubensbegründung war nur noch der Entwurf einer ,,philosophischen Theologie" durch Friedrich Schleiermacher (von 1811) von vergleichbarer Bedeutung[24]. Die von Schleiermacher umschriebene Disziplin gliedert sich in zwei Zweige: in eine Apologetik, der die Erarbeitung eines wissenschaftlichen Glaubensbegriffs und dessen Verteidigung gegen Angriffe von außen obliegt, und eine Polemik, der die innere Kontrolle (nahezu im Sinn eines ,,Lehramts") zur Aufgabe gesetzt ist. Dabei bildet der Glaube, wegweisend für den heutigen Ansatz, die Argumentationsbasis, von der die Beweisführung ausgeht, anstatt sich auf ihn als ihr Beweisziel zuzubewegen. Adressat dessen ist somit der mit Gottes Wort konfrontierte, es vernehmende und um sein Verständnis bemühte Mensch und nicht, wie in der ,,klassischen" Konzeption,

---

[24] Dazu das um die Erneuerung des Schleiermacherschen Ansatzes bemühte zweibändige Werk von *W. Weischedel,* Der Gott der Philosophen. Grundlegung einer philosophischen Theologie im Zeitalter des Nihilismus (I: Wesen, Aufstieg und Verfall der Philosophischen Theologie [Darmstadt 1971]; II: Abgrenzung und Grundlegung [Darmstadt 1972]); ferner der von *J. Salaquarda* hrsg. Sammelband ,,Philosophische Theologie im Schatten des Nihilismus" (Berlin 1971), sowie die tendenzverwandte Studie von *W. Schulz,* Der Gott der neuzeitlichen Metaphysik (Pfullingen 1957).

der Denkende, der über den Wunder- und Weissagungsbeweis zur Erkenntnis der Glaubwürdigkeit der Offenbarung und auf diesem Umweg dann erst zum Hören der Botschaft gelangt.

Noch ein zweiter und radikalerer Einspruch erhob sich, bevor es zur Ausbildung der klassischen Methode kam. Sein vorzüglichster Sprecher ist der durch die Denkwelt der Aufklärung hindurchgegangene späte Lessing, repräsentiert durch seine offenbarungskritischen Schriften „Die Erziehung des Menschengeschlechts" und „Über den Beweis des Geistes und der Kraft" (beide von 1777). In der ersten nimmt er der extrinsezistischen Argumentation dadurch den Wind aus den Segeln, daß er auf dem Weg der Gleichsetzung von Erziehung und Offenbarung – „Erziehung ist Offenbarung, die bei dem einzelnen Menschen geschieht: und Offenbarung ist Erziehung, die dem Menschengeschlechte geschehen ist, und noch geschieht" (§ 2) – diese auf den Bereich dessen reduziert, was dem Menschen aus eigener Geisteskraft ersichtlich ist:

Erziehung gibt dem Menschen nichts, was er nicht auch aus sich selbst haben könnte: sie gibt ihm das, was er aus sich selbst haben könnte, nur geschwinder und leichter. Also gibt auch die Offenbarung dem Menschengeschlechte nichts, worauf die menschliche Vernunft, sich selbst überlassen, nicht auch kommen würde: sondern sie gab und gibt, die wichtigsten dieser Dinge nur früher (§ 4)[25].

Wenn dieses minimalistische Offenbarungsverständnis, das Lessing noch ganz im Bann des rationalistischen Vernunft-Optimismus zeigt, auch noch vereinzelt, vor allem im Feld des von Popper und Albert repräsentierten Kritischen Rationalismus nachwirkt[26], darf es doch als grundsätzlich überholt gelten. Zu hart ist die Fühlung der Grenzen, an die vor allem die empirische Wissenschaft fortwährend stößt, als daß sich das offenbarungsgewärtige Denken von einer göttlichen Selbstmitteilung nur eine

---

[25] Die wohl früheste Würdigung des Beitrags, den Lessing zur Klärung der apologetischen Fragestellung leistete, findet sich bei *A. von Schmid,* Apologetik als spekulative Grundlegung der Theologie (Freiburg i. Br. 1900) 61–70.
[26] Dazu *H. Albert,* Traktat über kritische Vernunft (Tübingen 1969) 16 ff, 158 ff.

Beschleunigung der Erkenntnisprozesse verspräche, die, wenngleich verzögert, auch ohne diese „Nachhilfe" zum Ziel gekommen wären. Um so aktueller ist das, was Lessing in seiner Zuschrift an den hannoveranischen Direktor Schumann, der zweiten seiner offenbarungskritischen Äußerungen, im Blick auf die erkenntnistheoretische Schwäche des apologetischen Beweisgangs vorbringt. Heute, im Horizont einer durch Wissenschaftsgläubigkeit und Wunderskepsis bestimmten Denkwelt, habe dieser „weder Geist noch Kraft", da wir, im Unterschied zur Evidenz der Augenzeugen, auf die biblischen Berichte angewiesen seien und somit anstelle der Wunder selbst „nichts als Nachrichten" über sie besitzen. Damit sinken die Wunder jedoch in der Einschätzung Lessings auf die Stufe „zufälliger Geschichtswahrheiten" herab, auf die sich nun einmal kein allgemein überzeugender Glaubwürdigkeitsbeweis gründen lasse, da dieser seiner ganzen Anlage nach auf „notwendige Vernunftwahrheiten" angewiesen sei. Eindringlich veranschaulicht Lessing die mit diesem „Ausfall" entstehende Situation durch das Bild des unüberspringbaren „Grabens", der ihn von den Heilsereignissen trennt:

Das, das ist der garstige breite Graben, über den ich nicht kommen kann, sooft und ernstlich ich auch den Sprung versucht habe. Kann mir jemand hinüberhelfen, der tu' es; ich bitte ihn, ich beschwöre ihn. Er verdient einen Gotteslohn an mir.

Der inneren Dignität nach gehört dieser leidenschaftliche Einspruch gegen den extrinsezistischen Beweisgang zu den engagiertesten Äußerungen des apologetischen Denkens, vergleichbar der nicht minder leidenschaftlichen Unterscheidung zwischen dem Gott der Philosophen und dem Gott Jesu Christi in Pascals Mémorial. Seine Wirkungsgeschichte verläuft insofern tragisch, als Lessings Notruf zwar gehört wurde, aber nicht dort, wo er im eigenen Interesse hätte vernommen werden müssen: im Raum der auf den Wunderbeweis gestützten Apologetik. Um so energischer ging Sören Kierkegaard auf seine Aussage ein, außer in seiner „Einübung im Christentum" (von 1850) schon in seinem philosophischen Hauptwerk (von 1844) mit dem ursprünglichen Titel

„Philosophische Piècen", der dann in „Smuler", zu deutsch soviel wie „Bissen, Häppchen", abgewandelt und mit dem Untertitel „oder ein Bißchen Philosophie" versehen wurde. Statt dessen stand unter dem ursprünglichen Titel das Motto:

Wie bekomme ich einen historischen Ausgangspunkt für mein ewiges Bewußtsein, wie kann ich meine Seligkeit auf ein historisches Wissen bauen? Ein dogmatisch-philosophisches Problem[27].

In der Tagebuch-Fassung heißt das:

Wie kann ein solcher Ausgangspunkt mich mehr als historisch interessieren; wie kann ich meine Seligkeit auf ein historisches Wissen bauen?

Es ist die spekulative „Erbsünde" der klassischen Konzeption, daß sie sich dieser Frage nicht oder doch nicht entschieden genug stellte und infolgedessen auch kein volles Problembewußtsein entwickelte. Maßgeblichen Anteil an der Fixierung dieses Kurses hat der zwischen der orthodoxen (älteren) und kritischen (neueren) Tübinger Schule wirkende Theologe Gottlieb Christian Storr, der vom „inneren Weg" einer Glaubensbegründung aus dem Testimonium Spiritus Sancti abrückte und statt dessen auf die Beweiskraft der Wunder- und Weissagungscharismen verwies[28].

Die erste und für die Folgezeit grundlegende Ausarbeitung des traditionellen Gedankengangs ist das Werk des Begründers der Katholischen Tübinger Schule Johann Sebastian von Drey, der schon in seiner (unter dem Eindruck von Schleiermachers „Kurzer in das Studium der Theologie" (von 1819) für eine eigenständige, dem Systembau der spezifischen Theologie vorgeordnete Apologetik eingetreten war. Seine (erstmals 1838 erschienene) dreibändige Apologetik behandelt zunächst das Problem, dann die Geschichte und schließlich die historisch-gesellschaftliche Darstel-Darstellung des theologischen Studiums" verfaßten) „Einleitung

---

[27] In der Druckausgabe (von 1844) erhielt dieses Leitwort folgende Fassung: „Kann es einen geschichtlichen Ausgangspunkt für ein ewiges Bewußtsein geben; wie kann ein solcher mehr als rein historisch interessieren; kann man eine ewige Seligkeit auf ein historisches Wissen bauen?"

[28] *A. von Schmid*, a.a.O., 86f.

lung der Offenbarung[29]. Damit ist, wie Drey betont, die Apologetik als „neue theologische Disziplin" konstituiert, der es lediglich um die „wissenschaftliche Erkenntnis des ganzen Christentums", nicht jedoch um die Bekämpfung der gegen seine Lehre oder Geschichte gerichteten Angriffe zu tun ist. In dieser Betonung des unpolemisch-wissenschaftlichen Interesses ist bereits der Weg des Ganzen vorgezeichnet. Denn für die durch den neuzeitlichen Wissenschaftsbegriff bestimmte Denkweise gilt nur das als beweiskräftig, was in uneingeschränkter Intersubjektivität verifiziert, und das heißt, jedermann jederzeit als wirklich vor Augen gestellt werden kann[30]. Demgemäß muß sich der apologetische Beweisgang auf „etwas Objektives oder allgemein Mitteilbares" stützen, zumal die Selbsterfahrung des Glaubens bei aller subjektiven Überzeugungskraft nicht kommunizierbar ist. Als „neue" Disziplin hat dieser Grundentwurf der Apologetik freilich auch insofern zu gelten, als er sichtbar den neuzeitlichen Denkvoraussetzungen – dem vorwiegend naturwissenschaftlich konzipierten Wissenschaftsbegriff und der These von der Nicht-Kommunizierbarkeit des Subjektiven – verhaftet ist. Änderungen, die diese Voraussetzungen beträfen, erzwängen unvermeidlich eine Revision des Gesamtkonzepts. Daß sich derartige Änderungen anbahnen, steht aber spätestens seit der Jahrhundertmitte außer Frage. Sie betreffen nicht nur den Wissenschaftsbegriff, der mit der Einsicht in die Nicht-Objektivierbarkeit der mikrophysikalischen Daten neu überdacht werden muß, sondern ebensosehr auch die These von der Nicht-Kommunizierbarkeit des Subjektiven, da die theologische Kommunikationstheorie, vor allem durch das Programm eines empirievermittelnden Redens, hier neue Verhältnisse schuf.

---

[29] *J. S. von Drey*, Die Apologetik als wissenschaftliche Nachweisung der Göttlichkeit des Christentums in seiner Erscheinung I (Mainz 1838), II und III (1847).
[30] *W. Kamlah*, Der moderne Wissenschaftsbegriff, in: Einsichten. Gerhard Krüger zum 60. Geburtstag, hrsg. von *K. Oehler* und *R. Schaeffler* (1962) 107–130. Dazu auch das Kapitel „Glaubensbegründung als Wahrheitsgeschehen" in meiner Schrift „Glaubensvollzug" (Einsiedeln 1967) 53–82.

Sanktioniert durch Äußerungen des Ersten Vatikanums, das ungeachtet seiner Verhaftung in der großen Tradition unter dem Einfluß spätkartesianischer Denkanstöße stand, hielt die neue Disziplin zunächst aber in der von Drey entworfenen Gestalt Einzug in das Gebäude der theologischen Wissenschaften. Beherrscht vom Gedanken der intellektuellen Unzugänglichkeit der Gottesoffenbarung, verwies das Konzil nicht nur mit allem Nachdruck auf den durch äußere Signa (Wunder, Weissagungen, Einheit, Heiligkeit und Fortdauer der Kirche) markierten Weg zum Erweis ihrer Glaubwürdigkeit; vielmehr skizzierte es mit dem Satz von der Fähigkeit der „rechten Vernunft", die Glaubensfundamente zu sichern (recta ratio fidei fundamenta demonstrat), überdies eine Art Programm des fundamentaltheologischen Beweisgangs. Gemessen am Gewicht dieser Aussage, ist es verständlich, daß sich der von Drey ausgearbeitete Entwurf trotz der ihm konträren Entwicklungen im Selbstverständnis der Wissenschaft und Theologie bis in die neueren und neuesten Darstellungen hinein durchhielt, die sich bestenfalls zu Modifikationen, nicht aber zu einer wirklichen Revision durchzuringen vermochten[31].

Indessen ging der klassische Beweisgang zu brüsk an seinem Adressaten, dem nach Glaubensgewißheit verlangenden Menschen, vorbei, als daß er auf die Dauer unwidersprochen hätte bleiben können. Der Drang zu einer radikalen Korrektur wuchs in dem Maß, wie sich – noch vor dem Umbruch, den die Erkundung des mikrophysikalischen Bereichs erzwung – das Bewußtsein der Nicht-Objektivierbarkeit des Menschen durchsetzte[32].

[31] An wichtigsten Beispielen seien genannt *F. Hettinger*, Lehrbuch der Fundamentaltheologie oder Apologetik (Freiburg 1879); *H. Schell*, Apologie des Christentums, I: Religion und Offenbarung (Paderborn 1901) II: Jahwe und Christus (1905); *R. Garrigou-Lagrange*, De revelatione per Ecclesiam Catholicam proposita (Rom 1917); *J. Brinktrine*, Offenbarung und Kirche (Paderborn 1938); *H. Straubinger*, Lehrbuch der Fundamentaltheologie (Paderborn 1936); *J. P. Steffes*, Glaubensbegründung (Mainz 1958); *A. Lang*, Fundamentaltheologie (München 1962); *A. Kolping*, Fundamentaltheologie, I: Theorie der Glaubwürdigkeitserkenntnis der Offenbarung (Münster 1968), II: Die konkret-geschichtliche Offenbarung Gottes (1974).
[32] Als deren Entdecker hat Max Scheler zu gelten, der in seiner „Philosophischen

Denn diesem Bewußtsein war nur noch eine Argumentation mit Einschluß des Menschen tragbar. Außerdem konnte dem tiefer Blickenden nicht verborgen bleiben, daß Jesus, sosehr er in der Konzilsdefinition als der entscheidende Offenbarungszeuge fungierte, nicht von Ferne die Position einnahm, die ihm der Hebräerbrief mit dem Satz zuerkannte:

So laßt uns aufblicken zu Jesus, dem Wegbereiter und Vollender des Glaubens! (12,2.)

Dabei hatte schon Pascal eine Synthese beider Anliegen entwickelt, am deutlichsten in seinem Fragment 528:

Jesus Christus ist ein Gott, dem man sich ohne Dünkel nähert und dem man sich ohne Verzweiflung beugt.

Zusammen mit Pascals These, daß die Religion Jesu darauf ausgeht, „den Menschen zugleich liebenswert und glücklich" zu machen (542), denn sie verkünde einen Gott, „der die Seele fühlen läßt, daß er ihr einziges Gut ist, daß ihr Friede in ihm ist, und daß sie nur soweit glücklich sein kann, als sie ihn liebt..." (544), ergab das einen neuen Ansatz, der sich die Vergewisserung im wesentlichen von inneren, im Bereich der „raisons du cœur" liegenden Gründen versprach. Es dauerte freilich geraume Zeit, bis die Systematisierungsversuche dieser Konzeption einsetzten. Den wesentlichsten Beitrag leistete dazu, wie Eugen Seiterichs kritische Information (unter dem Titel „Wege der Glaubensbegründung nach der sogenannten Immanenzapologetik", von 1938) zeigte, nach Brunetière („Les Raisons actuelles de Croire", von 1900) und Ollé-Laprune („Le Prix de la Vie", von 1894) Maurice Blondel mit seiner aufsehenerregenden Promotionsschrift (von 1893) „L'Action. Essai d'une critique de la vie et d'une science de la pratique" betitelt [33].

Weltanschauung" (von 1928) die Feststellung trifft, daß der Mensch als geistige Person „kein Sein von der Form des Gegenstandes" ist (Bern 1954) 14.
[33] Dazu die Monographie von *H. Bouillard*, Blondel und das Christentum (Mainz 1963).

Für Blondel besteht das existentiell verstandene „Glaubwürdigkeitsurteil" (iudicium credibilitatis) in dem Korrespondenzerlebnis von menschlichem Erfüllungsstreben und göttlichem Heilsangebot. Denn der Mensch ist das stets unabgeschlossene und darum nach immer höherer Selbstverwirklichung strebende Wesen. Er verlangt nach einem „Zuwachs" (surcroît), den er sich nicht selbst, es sei denn in der Fehlhaltung trotziger Selbstvergottung, zu geben vermag. Von daher bestimmt Blondel das „Übernatürliche" als das zugleich absolut Unerreichbare und absolut Notwendige[34]. So ergibt es sich für ihn aus dem konstitutiven Zwiespalt, in dem sich der Mensch befindet:

Es ist unmöglich, das Ungenügen der ganzen natürlichen Ordnung zu verkennen und nicht ein darüber hinauszielendes Bedürfnis zu erfahren. Und es ist ebenso unmöglich, in sich selbst die Erfüllung dieser religiösen Bedürftigkeit zu erfahren. Es ist notwendig und unvollziehbar[35].

Das unerreichbar Notwendige ist gleichzeitig die Chance und die Versuchung des Menschen. Seine Chance, weil er daran die Demut echter Heilsoffenheit gewinnt. Aber auch seine Versuchung, weil es ihn reizt, sich in rebellischer Auflehnung das anzumaßen, was er als unverfügbare Gnadengabe Gottes immer nur erbitten könnte. So spitzt sich die conditio humana zum lebenslangen Dilemma zu, das Blondel auf die antithetische Formel bringt:

L'homme aspire à faire le dieu:
être dieu sans Dieu et contre Dieu,
être dieu par Dieu et avec Dieu:
c'est le dilemme[36].

Das aber heißt, mit Seiterich gesprochen: „Der Mensch wird nur er selbst, wenn er sich verliert an Gott."[37] Damit ist die erregende Herzmitte des Blondelschen Gedankengangs berührt. Im

[34] *H. Bouillard*, a.a.O., 19.
[35] Absolument impossible et absolument nécessaire à l'homme, c'est là proprement la notion du surnaturel.
[36] L'Action, 356.
[37] *E. Seiterich*, Wege der Glaubensbegründung, 53.

entscheidenden Zugriff erscheint der Akt der Selbstaneignung, auf welchen alle Aktivitäten offen oder insgeheim zusteuern, an den Willen zum Loslassen und zu demütiger Selbstübereignung an Gott gebunden. Das Pathos des Aufstiegs mündet aus in den Mitvollzug der göttlichen Abstiegsbewegung. Die Krönung der Tat ist das Leiden, wenn freilich auch im Sinn jenes „Erleidens des Göttlichen", in welchem die pseudo-dionysische Mystik den Weg der Weisheit erblickt.

Mit dem Stichwort „Selbstverwirklichung" kommt die spezifische Leistung der Immanenzmethode zum Ausdruck. Denn die Grenze des Extrinsezismus liegt nicht so sehr in der Begründung des (mit dem Glauben identischen) „ewigen Bewußtseins" (Kierkegaard) auf äußere, historisch feststellbare Fakten als vielmehr in der Heteronomie, in welcher diese Ableitung das Verhältnis von Glaube und Offenbarung beläßt[38]. Als ewig (also auch nach erfolgter Mitteilung) undurchschaubarer Sinnverhalt bleibt die Offenbarung hier letztlich „Auflage", Selbsterweis der ewig unbegriffenen göttlichen Majestät und als solcher – bei aller Gnadenhaftigkeit – „tyrannischer Ukas" (ukase tyrannique), der den Menschengeist demütigt, wo er ihn aufzurichten und über sich hinauszuführen vorgibt. Demgegenüber besteht Blondel – tendenzverwandt mit dem von der Frühscholastik gesuchten intellectus fidei, aber mit neuen Denkmitteln – auf der Korrespondenz von Offenbarung und menschlichem Heilsverlangen. Die Offenbarung überkommt den Menschen nicht als unerhoffte, fordernde Auflage, sondern als gnadenhafte „Entsprechung" zu dem, was der Mensch aus seiner Wesensmitte heraus erhofft, ohne es sich aus eigener Wesenskraft verschaffen zu können. Ohne im strengen Sinn des Wortes „konnatural" zu sein, liegt sie doch ganz auf der Linie der natürlichen Sinnerwartung, so daß sie mit dem, was sie gibt, bruchlos in den Existenzakt des Menschen eingeht. So verhilft die Immanenzmethode dem modernen Autonomiestre-

---

[38] Das hatte schon Schleiermacher ausgesprochen, als er an der (oben mitgeteilten) Stelle seiner „Reden" anstatt des „nachbetenden" Glaubens den „auf eigenen Füßen stehenden" forderte.

ben zu seinem Recht, ohne etwas vom Eigenrecht der Gnaden-
ordnung preiszugeben.

Mit der Entschlußkraft und Unbeschwertheit des Außenseiters
hatte schon geraume Zeit vor Blondel der von Leo XIII. zum Kardinal erhobene anglikanische Konvertit John Henry Newman
(Apologia pro vita sua, von 1889) im gleichen Jahr, das dem Ersten Vatikanischen Konzil ein unrühmliches Ende setzte (1870),
den Entwurf einer Zustimmungslehre vorgelegt (An Essay in Aid
of a Grammar of Assent), der einen Standort zwischen allen Positionen, wenngleich näher bei den Immanenzapologeten als bei den
Extrinsezisten, bezog[39]. Ausgehend von der Deutung des Glaubens als Zustimmungakt sah er den Kern des Begründungspro-
blems in der Explikation jener sachbezogenen, erfahrungsnahen
Motive, die den glaubensbereiten Menschen zu personaler – nicht
nur theoretischer – Zustimmung bewegen. In den Regeln, die zu
dieser die ganze Existenz ergreifenden Zustimmung führen, besteht die „Grammatik", um deren Ausarbeitung sich das Hauptwerk Newmans bemüht. Erkenntnistheoretische Grundlage dessen ist seine Unterscheidung von begrifflicher und realer
Erkenntnis, die sich in sprachtheoretischen Konsequenzen nie-
derschlägt. Was zählt, ist nur das „reale" Wissen, dessen „Wahrheit" die des Erkennenden mit umgreift. Es ist dem Umfang nach
beschränkt, aber tief, im Unterschied zum distanzierten Bildungs-
wissen, das beliebig vermehrbar, dafür aber hohl ist. Dem entsprechen zwei Grundformen der Sprache: die unreife des Knaben,
der in Abstraktionen redet, und die vollgültige des Mannes, dessen
Worte für die Dinge selber stehen. In Sachen des Glaubens hilft
mir die reale Zustimmung, nicht der Formalismus des Begriffs-
wissens, weiter. Denn die Bilder, in denen sie lebt, vermitteln konkrete Erfahrung, die unmittelbar zum Glauben bewegt[40].

[39] Um die Erschließung der Gedankenwelt Newmans machten sich vor allem *E.
Przywara* (Religionsbegründung, 1923), *O. Karrer* (J. H. Newman, Die Kirche,
1945/46) und *H. Fries* (Die katholische Religionsphilosophie der Gegenwart,
1949) verdient.
[40] In diesem Zusammenhang sei an das zur Konzeption einer „konkreten Theologie" Gesagte (S. 17f) erinnert.

Aufbrechend wirkte Newmans Ansatz in mehrfacher Hinsicht: durch die Einbeziehung des wertenden Existentialurteils nicht weniger als durch die Betonung der Zustimmungstruktur des Glaubens und das Bestehen auf dem personalen Anteil im Glaubensvollzug. Als Protagonist moderner Tendenzen erscheint er auch in seiner traditions- und sprachtheoretischen Position. Dort durch den Begriff der „dynamischen Identität", der ein Zusammendenken von doktrinaler Einheit und geschichtlicher Entwicklung erlaubt und damit die starre Linearität des eingebürgerten Traditionsverständnisses überwindet[41]. Hier durch die Stadienlehre einer formalistischen „Knabensprache" und einer sachbezogenen „Mannessprache", die modernen Überlegungen zum Ziel einer Straffung des sprachlichen Realitätsbezugs vorarbeitet[42].

Daß Newman gleichwohl keinen durchgreifenden Einfluß auf den Fortgang der fundamentaltheologischen Theoriebildung erlangte, hängt, abgesehen von der Verdächtigung als angeblicher Wegbereiter modernistischer Gedankengänge, vor der ihn auch die Kardinalswürde nicht bewahrte, wohl am stärksten mit seiner pluralistischen Denkstruktur zusammen. Wo alles auf einen einheitlichen Ansatz und einen geschlossenen Entwurf ankam, sah er die Lösung meist in Gestalt von Motivbündeln, von deren kumulativer Wirkung er sich den erhofften Erfolg verspricht. Und das sogar in der grundlegenden Frage nach der Gewißheit über die Realität der Offenbarung. Sie sei, meint Newman an einer der wichtigsten Stellen seiner „Apologie", das „Ergebnis einer Häufung zusammenlaufender, konvergierender Wahrscheinlichkeiten", und gerade darin entspreche sie sowohl der Anlage des Menschengeistes „als auch dem Willen seines Schöpfers"[43]. Bei

---

[41] Dazu *Newmans* religionsphilosophischer Essay „Die Entwicklung der christlichen Lehre und der Begriff der Entwicklung" (München 1922).
[42] Auffällig ist die Nähe zu Austins Begriff eines ‚performativen' Sprechens, auf den in der Folge (S. 96ff) einzugehen sein wird.
[43] Geschichte meiner religiösen Überzeugungen (Mainz 1922) 20f.

aller Zeitnähe war aber das entscheidend weniger, als was die Fundamentaltheologie als Wissenschaft benötigte und der moderne Mensch in seinem Verlangen nach religiöser Sicherheit erwartete.

Von einem eigenen an Thomas von Aquin entwickelten Standpunkt aus stieß der im Ersten Weltkrieg unter tragischen Umständen gefallene Jesuit Pierre Rousselot mit seinem Essay „Les Yeux de la Foi" (von 1910) in dieselbe Richtung vor[44]. Dabei gibt er der apologetischen Grundfrage eine zweifache Wendung. Von „oben" her gestellt, lautet sie:

Wie kann das (universale) Heil in einer (konkreten) Glaubensformel zum Ausdruck kommen?

Demgegenüber lautet sie in der von „unten" her formulierten Fassung:

Wie kommt es zur Einheit dieses (konkreten) Glaubens mit unserer (auf Universales gerichteten) Natur?

Mit dem Hinweis auf die Bürgschaft äußerer Fakten – der facta divina im Sinne des Ersten Vatikanums – ist diese (jeweils als „Konnaturalität" zu denkende) Einheit nicht zu erklären. Zum äußeren Faktum muß nach Rousselot vielmehr ein inneres hinzukommen, so daß sich jene Erkenntnissituation ergibt, die er im Anschluß an Friedrich Ludwig Mallet mit der Formel charakterisiert: „mehr erleuchtend als erleuchtet, mehr erkennend als erkannt". Nicht als füge der Hinzutritt dieses „inneren" Faktums der Reihe der äußeren ein weiteres hinzu; wohl aber öffnet sich nunmehr, mit dem Titel des Essays gesprochen, das „Auge", das die äußeren Fakten erst wirklich erblickt.

Nur sehend kommen wir zum Glauben; denn, so betont Rousselot mit Thomas: „Non crederemus, nisi videremus esse cre-

---

[44] Mit über 50jähriger Verspätung erschien der Essay in einer von *Josef Trütsch* besorgten deutschen Ausgabe unter dem Titel „Die Augen des Glaubens" (Einsiedeln 1965).

dendum."[45] Dazu bedarf das Geistesauge des Lichts, das dadurch, daß es die verbürgenden Fakten erhellt, zur Zustimmung bewegt (inclinat ad assensum). Man könnte im Sinn Rousselots auch sagen: in diesem Licht werden die Fakten zu Zeichen, an denen zu ersehen ist, daß das im Glauben Gesagte und Geforderte dem menschlichen Wesensinteresse entspricht. Erfaßt wird diese Entsprechung in Akten einer „Sympathie-Erkenntnis" (connaissance sympathique), die sich in Sätzen wie: „Das mag ich – das mag ich nicht! Das ist entzückend! – Das ist unerträglich!" äußert. Sie spielt bei jeder Erkenntnis mit, am stärksten jedoch bei der Glaubenseinsicht, und hier besonders im Blick auf Jesus, der erst durch sie als Lehrer anerkannt und als Führer (im Sinn von Hebr 12,2) gewählt wird. Denn man muß sehen, daß man hören und (aufgrund dieses Hörens) glauben muß[46].

Strukturähnliche Gedankengänge entwickelte, wie Seiterich in

[45] Sein Thomas-Verständnis hatte *Rousselot* zwei Jahre vor Erscheinen seines apologetischen Essays in seinem Werk „L'intellectualisme de S. Thomas" (Paris 1908) niedergelegt.

[46] Zum apologetischen Ansatz Rousselots sei auf die vorzügliche Studie von *E. Kunz*, Glaube – Gnade – Geschichte Die Glaubenstheologie des Pierre Rousselot S.J. (Frankfurt a.M. 1969), verwiesen. In seiner Studie über die Glaubwürdigkeitserkenntnis hatte sich Eugen Seiterich schon zwanzig Jahre zuvor kritisch mit dem Ansatz Rousselots auseinandergesetzt und das Ergebnis in den ihm direkt widersprechenden Satz zusammengefaßt: „Wer sieht, daß er vernünftigerweise glauben kann und soll, glaubt damit noch nicht" (92). Danach sind die Glaubwürdigkeitsgründe nur Bedingungen, nicht aber Ursachen des Glaubens. Dessen „spezifizierender Grund" ist allein die Autorität des offenbarenden Gottes. Erst von ihr her gewinnt er seine volle Geschlossenheit und Stringenz. In rationaler Deduktion läßt sich Gleiches aber auch für die Glaubwürdigkeitsgründe erweisen. So entsteht ein Modell des Glaubens, das diesen dem „Bereich der menschlich-vernünftigen Handlungen" zuordnet (93). In letzter Konsequenz führt das zur Annahme einer „doppelten Analysis fidei", einer eigentlich theologischen und einer abgeleitet-apologetischen. Doch muß diese Komplikation im Interesse einer klaren Scheidung der Ordnungen in Kauf genommen werden. Der mit dem lumen fidei angesprochene Gnadenanteil läßt sich nicht argumentativ verrechnen. Denn der Magister interior (Philipp der Kanzler) ist allenfalls Mit-Subjekt, niemals jedoch Objekt des Glaubens. Diesem eindeutigen Vorzug der Konzeption steht indessen als heute besonders gravierender Nachteil ihr offensichtlicher Rückfall in ein „heteronomes" Glaubensverständnis entgegen, signalisiert durch die zentrale Rolle, die der Autorität des Offenbarungsgottes in ihr zufällt.

seiner Glaubwürdigkeitsstudie selbst hervorhebt[47], der Tübinger Systematiker Karl Adam in seinem Beitrag „Vom angeblichen Zirkel im katholischen Lehrsystem und von dem einen Weg der Theologie"[48]. Sein Anliegen deckt sich weithin mit dem, was Erhard Kunz, von Rousselot herkommend, die „Identität von Glaubwürdigkeitserkenntnis und Glaubenszustimmung" nennt[49]. Erst im konkreten Glaubensvollzug erlangen die ihn begleitenden und stützenden Zeichen ihr volles Gewicht. Die Zeichenerkenntnis ist ein integrales Moment der Glaubenserkenntnis oder, nun mit einem Satz Rousselots ausgedrückt: „Erkenntnis der Glaubwürdigkeit und Bekenntnis der Wahrheit sind ein einziger Akt." So ergibt es sich für ihn zwingend aus seinem Bewußtseinsbegriff, in dem sich Freiheit und Gewißheit gegenseitig durchdringen, so daß erst der Freie seiner selbst voll gewiß und erst der zur Selbstgewißheit Gelangte wahrhaft frei ist[50].

In ganz ähnlichem Sinn sagt Adam von den den Glauben „begründenden" Wunderzeichen:

Sie gleichen der Inschrift einer Wegtafel, die im Dämmerlicht des Abends nur von gesunden und scharfen Augen zu identifizieren ist. Erst wenn auf diese Inschrift Licht von oben fällt, ist sie mühelos zu lesen. So müssen auch die Wunder und Zeichen in lumine dei, vom deus revelans aus, als Transparente seiner Offenbarungstat gesehen werden, wenn sie überzeugend sein sollen (12).

Mit diesem Gedanken plädiert Adam für die Einheit des „Glaubenslichts", so wie er auch für die Einheit der Glaubensmotive und den einen intellectus fidei eintritt. Denn sowenig es für ihn „ein vom Glauben absehendes, ihm gleich- oder gar vorgeordnetes Denken" gibt (9), sind für ihn motiva credibilitatis denkbar, die nicht ihrer ganzen Funktion und Struktur nach in das eine Glaubensmotiv, die auctoritas dei revelantis, hineingebunden wären (12).

[47] *E. Seiterich*, a. a. O., 19.
[48] In: Wissenschaft und Weisheit 6 (1939) 1–25.
[49] *E. Kunz*, Glaube – Gnade – Geschichte, 118.
[50] Die Augen des Glaubens (Ausgabe *Trütsch*) 40 ff.

Im Zusammenhang mit diesen Überlegungen gewinnt er zwei für eine zeitgemäße Glaubensinterpretation bedeutsame Einsichten, die gleicherweise die Möglichkeit einer hermeneutischen Deutung des Glaubensakts betreffen, die eine unter sturkturellem, die andere unter interpretationstheoretischem Aspekt. Mit einer auf Irenäus von Lyon zurückgehenden Formel bestimmt er den Glauben als ein Credere Deo Deum, also als einen Akt nach Maßgabe jener Zirkelstruktur, wie sie Heidegger als die allem Verstehen eigentümliche erwies[51]. Das wird vor allem in seiner Einschätzung der verbürgenden Zeichen ersichtlich:

Sie sind keinen Augenblick vom offenbarenden Gott isoliert und auf ihre eigene Beweiskraft angewiesen, sondern nach ihrem ganzen Sein und Wahrheitsgehalt in die Offenbarungstat Gottes, in sein Wort, aufgenommen und zwar derart, daß in diesem Wort ein viel tiefer Liegendes, ein viel Lebendigeres wirksam wird, der Offenbarende selbst, der unmittelbare Eindruck... seiner schlechthinnigen Wahrheit und Wahrhaftigkeit (11).

Mit dieser Bemerkung nimmt Adam eine zentrale Einsicht heutiger Hermeneutik vorweg. Sie gilt dem eigentlichen Bezugspunkt des Verstehens, als welcher weder Wort und Schrift noch der in beiden ausgesagte Sinn, sondern lediglich der sich darin aussagende Mensch selbst in Betracht kommt. Insofern ist die von ihm vorgetragene Lösung des Zirkelproblems so geartet, daß sie einer hermeneutischen Neukonzpetion des apologetischen Gesamtanliegens vorarbeitet[52]. Indem sie aber so weit über den Bewußtseinsstand ihrer eigenen Zeit hinausgriff, machte sie sich ihren zeitgenössischen Kritikern verdächtig. Vor der Bedrängnis, in welche Adam durch seine These geriet, erstattet das aus Anlaß

---

[51] Sein und Zeit, § 32 (Verstehen und Auslegung).
[52] Gleichzeitig konvergiert sie mit den Einsichten der heutigen Exegese, insofern diese unter der apologetischen „Oberschicht", etwa im Fall des Berichts von der Heilung eines Gelähmten (Mk 2, 1–12parr), die sich eindeutig als das Werk späterer Redaktion erweist, die ursprüngliche Verweisungseinheit von Wort und Wunder sichtbar macht. Dazu R. Fuller, Die Wunder Jesu in Exegese und Verkündigung (Düsseldorf 1967) 50f.

seines Todes (1966) verfaßte Gedenkwort seines Schülers Friedrich Heiler bewegenden Bericht[53].

Angesichts dieser repressiven Verhältnisse ist es begreiflich, daß sich auch nach der im Gefolge des Zweiten Vatikanums eingetretenen Liberalisierung alternativische Ansätze nur zögernd ausbildeten. Davon seien wenigstens die zwei wichtigsten, die mit den Namen Rahner und Balthasar verbunden sind, kurz umrissen. In der Retrospektive gesehen, führt der fundamentaltheologische Vorstoß, den Karl Rahner zu Beginn des Zweiten Weltkriegs mit „Hörer des Wortes" (von 1941) unternahm, erstaunlich nah an Rousselot heran[54]. Gemeinsam ist beiden nicht nur die Fragestellung, die sich hier wie dort um die „Annehmbarkeit" des geschichtlichen Offenbarungsworts für den heilsbedürftigen Menschen dreht, sondern auch die Antwort. Sie besteht, ungeachtet des je eigenen Vokabulars, beide Male im Aufweis jener inneren „Zurüstung", die den Faktizitätscharakter der Offenbarung – und in der Konsequenz dessen dann auch ihre satzhafte Präsentation – zugunsten ihrer spontan einleuchtenden Ereignishaftigkeit zum Verschwinden bringt.

Bei Rousselot ist das die durch das Glaubenslicht stimulierte „synthetische Kraft der Vernunft", bei Rahner die durch die Gnade über alle kategorialen Begrenzungen hinausgehobene und so erst voll zu sich selbst gebrachte Geistigkeit (Transzendentalität) des Menschen. Ob das Dispositionsproblem auf die eine oder andere Weise gelöst wird: stets erscheint die Offenbarung, entgegen dem heteronomen Aspekt, in dem sie zunächst entgegentritt,

[53] *F. Heiler,* Zum Tod Karl Adams, in: Tübinger Theologische Quartalschrift 146 (1966) 257–261. Danach war Adam ein zumindest potentielles Opfer der „beklemmenden Atmosphäre des Mißtrauens, die während seiner Tätigkeit als Münchener Hochschullehrer herrschte. Aufgrund einer Denunziation wurde das apostolische Lehrverfahren gegen ihn eröffnet. Von der Suspension bedroht, sondierte er sowohl in Richtung auf einen Berufswechsel als auch eines Übertritts zur altkatholischen Kirche. Nur dem Einschreiten der bayerischen Krone – Adam war Religionslehrer der Söhne des Kronprinzen – hatte er es zu verdanken, daß das Verfahren niedergeschlagen wurde" (259).
[54] In einer von *J. B. Metz* besorgten Bearbeitung, die den Text auf den neueren Diskussionsstand bezieht, erschien das Werk aufs neue (München 1963).

als dem Menschen konnatural, und damit als die Hilfe, die ihm ebenso gemäß wie unentbehrlich ist. Wenn Rahner der Vorwurf gemacht wurde, daß er die dialogische Dimension des Offenbarungsgeschehens übergehe, so trifft ihn diese Kritik nur bedingt[55]. Denn sein Ausgangspunkt ist ebenso wie derjenige Rousselots die von der Hochscholastik, insbesondere von Bonaventura und Thomas von Aquin entwickelte Lehre vom inneren Wort (verbum interum), das schon vor jedem äußeren Verkündigungsakt auf dem Weg eines inwendigen Hörens (auditus interior) vernommen wird[56]. Die Dialogik fehlt somit keineswegs; sie ist nur in den Bereich der Glaubensdisposition vorverlegt, um von dorther die Ableitung im ganzen zu bestimmen. Recht behält die Kritik nur insofern, als die seit Erscheinen von „Hörer des Wortes" durchlaufende Entwicklung darauf drängt, den dialogischen Faktoren im Gesamtkontext der Glaubensvermittlung thematisch und nicht nur – wie bei Rahner – in Form einer unausdrücklichen Voraussetzung Rechnung zu tragen. Dem geschieht, wie die Kritik durchaus zutreffend bemerkt, aber erst durch die Anwendung hermeneutischer Kategorien Genüge[57].

Stärkeres Eigenprofil weist demgegenüber die Konzeption auf, die Hans Urs von Balthasar zunächst präludierend in seiner Skizze „Glaubhaft ist nur Liebe" (von 1963) und dann systematisch in seiner (seit 1961 erscheinenden, mittlerweile bis zum Eröffnungsband der Theo-Dramatik vorangetriebenen) Theologischen Ästhetik mit dem Titel „Herrlichkeit" entwickelte.

Methodologisch geht es ihm um den Aufweis des gemeinsamen Blickpunkts von Fundamentaltheologie und Dogmatik, der weder von der landläufig-katholischen Auffassung, die ihn in der Einheit des kirchlichen Lehramts finde, noch von der orthodox-

---

[55] So *A. Gerken* in seinem Diskussionsbeitrag Offenbarung und Transzendenzerfahrung. Kritische Thesen zu einer künftigen dialogischen Theologie (Düsseldorf 1969).
[56] Nach *J. Mouroux,* Ich glaube an dich. Von der personalen Struktur des Glaubens (Einsiedeln 1951) 71 ff.
[57] *A. Gerken,* a. a. O., 152 ff.

protestantischen Gegenlehre, die alles auf das Schriftwort als letzte Entscheidungsinstanz beziehe, hoch genug angesetzt worden sei. Noch am ehesten werde ihm die liberal-protestantische Theologie gerecht, sofern sie in Jesus das „reine Liebesantlitz des ewigen Vaters" enthüllt sehe[58]. Jenseits aller Reduktionen, von denen die „kosmologische" und „anthropologische" ausdrücklich genannt und behandelt werden, sei die „Erscheinung der majestätischen Herrlichkeit göttlicher Liebe" jedoch erst der gesuchte Bezugspunkt, weil erst darin die Autorität Christi und der Kirche „endgültig glaubhaft" werde.

Im ersten Band der „Herrlichkeit", „Schau der Gestalt" betitelt (von 1961), wird dieser Ansatz am Leitfaden der Weihnachtspräfation ausgelegt, wo es heißt:

ut dum visibiliter Deum cognoscimus, per hunc in invisibilium amorem rapiamur.

Im fundamentaltheologisch-dogmatischen Glaubensvollzug geht es diesem Doppelsatz zufolge somit zunächst darum, Gottes in dem durch ihn selbst gewährten Licht ansichtig zu werden, und in einem zweiten Schritt sodann um den „ekstatischen" Reflex dieser Schau, um das verzückte Hingerissenwerden zu dem „Unsichtbaren", das sich in eben jener Versichtbarung anzeigt (115). Von daher gliedert sich Balthasars „theologische Ästhetik sachgerecht in zwei Zeiten":

1. in eine als „Erblickungslehre" konzipierte Fundamentaltheologie;
2. in eine „Entrückungslehre", die eigentlich dogmatische Theologie (ebd.).

Beide gehören im Grund jedoch unzertrennlich zusammen, da die Apologetik heimlich schon mit der ganzen Dogmatik befrachtet ist und diese auf einem jeden ihrer Schritte deren Denkleistung voraussetzt. Zwar gibt es den Denkweg zum Glauben (fides quaerens intellectum), dem durch das „Zeigen" der Offenbarungsgestalt – gedacht ist offensichtlich an die vom Ersten Vatikanum ge-

[58] Glaubhaft ist nur Liebe (Einsiedeln 1963) 98 f.

nannten „signa certissima" – im buchstäblichen Sinn des Wortes „Vorschub" geleistet wird; doch liegt auch er bereits im Glaubenslicht, weil er sonst weder selbst gefunden noch auf ihm etwas wahrgenommen werden könnte (118 f). Mit dieser These tritt Balthasar nach dem Vorgang Eschweilers und Adams für den einen Weg der Theologie ein[59], der sich nur partiell in einen fundamentaltheologischen und einen dogmatischen verzweigt.

Balthasar steht dem heutigen Sprachdenken zu nah, als daß ihm der von dort her zu erwartende Einwand nicht selbst zu Bewußtsein käme. Er erwidert im Vorgriff darauf:

Daß hier überhaupt von Schauen (und nicht von vornherein ausschließlich von Hören) die Rede ist, zeigt, daß es bei aller Verhüllung doch immerhin etwas zu sehen und zu erfassen (cognoscimus) gibt, daß also nicht nur geheimnisvoll an den Menschen herangeredet..., sondern daß ihm von Gott her etwas „geboten" wird, und zwar so geboten, daß der Mensch es sehen, verstehen, sich zu eigen machen kann... (113)

Diese Replik genügt indessen ihrem eigenen Anspruch nicht, da sie die wurzelhafte Einheit von Bild und Wort verkennt[60]. Natürlich wird im Offenbarungswort „nicht nur geheimnisvoll an den Menschen herangeredet"; aber nicht etwa deshalb, weil dem Menschen ein schaubarer Inhalt zusätzlicher Art „geboten" wird, sondern weil das Wort – und nur es – diesen Inhalt bereits mitbringt. Eine Begründung des Glaubens auf eine wortunabhängige Instanz, wie ihr der von Pseudo-Dionysius herkommende und der eidetischen Mystik nahestehende Balthasar mit seiner Konzeption das Wort redet, geht daher an seinem eigenen Bekenntnis zu dem einen Weg der Theologie vorbei. Denn es ist illusorisch, sich zu diesem einen Weg zu bekennen, wenn man sich einem vom offenbarenden Wort verschiedenen Ausgangspunkt verschreibt, der als solcher die ganze Ableitung unvermeidlich in eine Zweigleisigkeit verweist. Das aber heißt in der Konsequenz, daß auch dieser

---

[59] Näheres dazu in dem Abschnitt „Der eine Weg des Glaubens", 149 ff.
[60] Dazu der Artikel „Bild" im „Handbuch philosophischer Grundbegriffe", hrsg. von *H. Krings* I (München 1973) 247–253.

jüngste – und in gewisser Hinsicht zugleich uralte, da auf die Verhältnisbestimmung von aufsteigend-apologetischer und absteigend-dogmatischer Denkweise bei Athenagoras von Athen zurückgreifende – Vorschlag die Einseitigkeiten der traditionellen Modelle nicht zu beheben vermag, so sehr er selbst aus der Erkenntnis dieser Einseitigkeit hervorgeht.

In eine noch größere Distanz zu einem legitimen Grundinteresse des heutigen Menschen tritt Balthasar dadurch, daß er seinen Blickpunkt als den der im Glanz ihrer Herrlichkeit aufscheinenden Autorität Gottes bestimmt. Denn einmal unterstellt er seine Ableitung damit eben jenem Aspekt des Göttlich-Größten, der spätestens seit Ausbruch der modernen Autoritätskrise eher das Motiv einer äußersten Herausforderung als das einer letzten intellektuellen und religiösen Beruhigung ist[61]. Zum andern entwickelt er damit ein Prinzip, das zwar geeignet ist, Bedenken und Einwände niederzuhalten, ohne sie jedoch, wie es im Interesse eines apologetischen Beweisgangs läge, voll zum Austrag kommen zu lassen. Denn im Blick auf die in „majestätischer Herrlichkeit" erscheinende göttliche Liebe verstummen die Hiob-Fragen des menschlichen Herzens, um dafür, sobald sich das Auge wieder der Weltwirklichkeit zuwendet, um so heftiger wieder aufzubrechen. Vor allem aber erscheint Balthasars Ansatz von der Kritik mitbetroffen, die Thornton Wilder in polemischer Vereinfachung gegen die Relikte einer feudalistischen Sprachverfälschung vortrug:

Gott war König und Vater, so hatten Könige und Väter – im Gleichnis gesprochen – am Element des Göttlichen ihren Teil. Gott war droben, und droben waren die Könige und die Väter – und alle andern waren drunten, niedrig. Da Gott der Vater war, waren alle Menschen Kinder. Aber Gott ist kein König, er ist Geist. Gott ist kein Vater, er ist Geist... Gott steht nicht droben; er ist in uns und um uns und unter uns[62].

[61] Als zugleich früheste und kompetenteste Dokumentation dieses Unbehagens darf die Stelle aus Peter Wusts „Ungewißheit und Wagnis" gelten, auf die ich im Zusammenhang mit der Frage nach der theologischen Motivation der Gottesleugnung hinwies: Theologie und Atheismus (München 1972) 35f.
[62] Th. Wilder, Drei Ansprachen anläßlich der Verleihung des Friedenspreises des Deutschen Buchhandels (Frankfurt a.M. 1957) 33.

Dem könnte man in kritischem Rückbezug auf Einzelfragen der Moraltheologie und Exegese hinzufügen:

Gott erläßt kein Gesetz; er ist vielmehr selbst der Weg, der zu ihm führt. Und er beugt uns nicht unter seine Herrschaft, sondern er nimmt uns auf in sein Reich[63].

So mündet auch dieser Einwand zuletzt ein in das Sprachargument, das damit erneut ins Zentrum der Überlegungen zu einer Neukonzeption des fundamentaltheologischen Gedankengangs rückt.

4. Umrisse der Neukonzeption

Neuland wird in der Theologie – wie überall – auf unterschiedlichen Wegen gewonnen. Zwei dieser Wege seien ausdrücklich genannt: die Antithese und die Neomorphose[64]. Unter dieser ist ein kreativer Neubeginn zu verstehen, der auf keine, wenigstens keine erkennbaren Vorbilder zurückgreifen kann. Demgegenüber hat der antithetische Weg den Charakter einer – im Optimalfall weiterführenden – Korrektur. Daß es auch auf dem Gebiet der Theologie zu echten Neomorphosen kommt, hängt, unbeschadet ihrer Traditionsverhaftung, mit ihrer responsorischen Grund-

[63] Mit der Schlußbemerkung unterstreiche ich meine Bedenken gegenüber der Übersetzung des Schlüsselbegriffs der Reich-Gottes-Botschaft Jesu mit „Gottesherrschaft" oder „Königtum Gottes", da darin jene – repressive – Gottesvorstellung sprachlich fixiert wird, auf deren Aufhebung das von Jesus erschlossene Bild des Vater-Gottes drängt. Wenn im Blick auf die von A. Kolping (Fundamentaltheologie II [Münster 1974] 353, Anm. 14) geübte Kritik an dieser These auch zuzugeben ist, daß der Ausdruck „Reich Gottes" die personalen Implikationen des griechischen Grundworts nicht genügend zur Geltung bringt, verdient er doch den Vorzug, zumal er für eine Deutung des durch ihn bezeichneten Reichs als Inbegriff des sozialen Selbstauslegung Jesu offensteht. Dazu die Ausführung in meiner Schrift Provokationen der Freiheit. Motive und Formen christlicher Emanzipation (München und Salzburg 1974) 143–146; ferner mein Beitrag „Glaube als Tat der Freiheit", in: Lebendiges Zeugnis (1974) 97–107.
[64] Das mit „Neomorphose" Bezeichnete entspricht in etwa dem, wie im Sinne T. S. Kuhns der Fortschritt des theologischen Gedankens vorzustellen wäre.

struktur zusammen, in welcher der letze Antrieb ihres Fortschritts zu suchen ist.

Näher besehen „antwortet" die Theologie auf zwei ganz verschiedene Kategorien von Anrufen. Erstens auf den inspiratorischen Anruf durch Gott, in welchem sich sein Offenbarungswort zeitgeschichtlich erneuert. Denn ohne diese Legitimierung wäre es vermessen, von der Theologie zu fordern, daß sie ihre Aufgabe jeweils zeitgerecht zu lösen habe. Nicht umsonst haben die revelatorischen Ereignungen, von denen die Offenbarungsgeschichte berichtet – angefangen von Jakobs Schau der Himmelstreppe bis hin zu den Berufungsvisionen der Propheten und der Überbietung all dessen im „Aufgang der Gottherrlichkeit im Antlitz Jesu Christi" (2 Kor 4,4) –, ihr fortwährendes Pendant in jenen ereignishaften Impulsen, denen die Theologiegeschichte ihre entscheidenden Fortschritte verdankt. Es genügt in diesem Zusammenhang an die Entstehung des anselmischen Proslogion-Arguments zu erinnern, von deren dramatischen Umständen ausführlicher noch als Anselm von Canterbury selbst die Vita seines Freundes und Begleiters Eadmer berichtet, an die auf der Überfahrt von Griechenland erfahrene intellektuelle Vision, die dem Nachbericht der „Docta ignorantia" zufolge Nikolaus von Kues zur Abfassung dieses für seine Theo-Logik grundlegenden Werks veranlaßte, an Pascals Erlebnis der „Feuernacht" (vom 23. November 1654), das als der visionäre Motivgrund seiner durch die „Pensées" dokumentierten Apologie des Christentums zu gelten hat, oder auch an den – als „Annäherung eins höheren Wesens" gedeuteten „Silberblick", dem Schleiermacher nach seinem eigenen Ausdruck den Grundstock seiner Reden über die Religion (von 1799) verdankte[65].

„Respondieren" muß die Theologie sodann auf den stets neu an sie ergehenden Anruf der Zeit. So ergibt es sich unmittelbar

---

[65] Über die Religion (Ausgabe Leisegang) (Leipzig 1924) 80; dazu auch das in Leisegangs Einleitung zur Entstehung des Werkes Gesagte (XV–XVIII). Aufschlußreich ist besonders Schleiermachers Tagebuchnotiz, die den Eindruck von der Niederschrift in den Satz zusammenfaßt: „Die Geburt der Minerva ist eine schöne Allegorie auf die Art, wie höhere Geisteswerke entstehen."

aus dem Charakter ihres Gegenstands, der, anders als Lessing vermutete, gerade nicht im Einzugsgebiet der Vernunft liegt und darum auf eine ihr zugleich entgegenkommende und über ihre Fassungskraft hinausführende Weise ausgelegt werden muß. Spätestens seit Heidegger kam es allgemein zu Bewußtsein, daß sich die Bedingungen des Erkennens mit dem Gang der Zeiten ändern. Und spätestens seit der modernen Marx-Rezeption wurde überdies klar, daß der Zeitenwandel ursächlich mit dem Wandel der gesellschaftlichen Verhältnisse zusammenhängt. Beide Gesichtspunkte faßt der Begriff „Zeitgeist" ineins. Vor jedem ihrer Schritte müßte es der Theologie darum angelegen sein, die Signatur des jeweils herrschenden Zeitgeists möglichst genau zu bestimmen. Auf seine Weise brachte das bereits das eingangs mitgeteilte Bild des Kusaners von dem scheinbar unverändert dahinfließenden und doch in ständigem Wechsel begriffenen Rhein (aus „De coniecturis") zum Ausdruck. Diese frühe Erkenntnis gilt es heute, nach fünfhundert Jahren Vergessenheit, endlich und endgültig einzuholen. Denn wer dies unterließe und, um im Bild zu bleiben, in Unkenntnis des tatsächlichen Wandels den sich gleichbleibenden Strom als eine feste, tragende Fläche betrachten würde, ginge, sobald er den Fuß darauf setzte, unweigerlich unter. Zeitanalytisch-diagnostische Untersuchungen gehören daher ebenso zum Hauptgeschäft der Theologie wie deren Gegenteil, verstanden als ihre therapeutische Bemühung, das ihr überantwortete Heil der Zeit auf heilbringende Weise zuzusprechen.

Anlaß und Motiv dessen ist nicht zuletzt eins der signifikantesten Symptome des epochalen Wandels, der im Selbstverständnis des Menschen zu verzeichnen ist. Hätte der Mensch früherer Zeiten sein Heilsbedürfnis mit dem Geständnis, er sei böse (etwa nach Gen 8, 31), begründet, so hieße seine Selbstdiagnose heute eher, er fühle sich krank. Darin würde er zwei der bedeutendsten Diagnostikern der modernen Gesellschaft folgen: Nietzsche, der allenthalben Anzeichen der Dekadenz zu entdecken glaubt, und

Marx, der in ähnlicher Absicht von der Selbstentfremdung des unter den Bedingungen der spätkapitalistischen Industriegesellschaft lebenden Menschen spricht.

Die der heutigen Situation angemessene – und geschuldete – Neukonzeption der Glaubensbegründung muß sich zwischen den beiden Wegen bewegen, jedoch näher dem der Antithese als dem der Neomorphose, weil diese der immer nur erhoffbare, gerade darum aber auch nicht verfügbare Glücksfall bleibt. Und das heißt, sie muß vor allem in kritischer Abgrenzung von den bisherigen Modellen entworfen werden, wobei ihr der Zeitgeist, gesehen als der Inbegriff der den heutigen Menschen besonders bedrängenden Probleme und Bedürfnisse, wegweisend zu Hilfe kommt. Beides bedingt sich gegenseitig: die Kritik der traditionellen Modelle und die Rücksicht auf die geistigen Trends der Zeit. Denn die bisher ausgearbeiteten Konzeptionen genügten ihrem Zweck auch deshalb nicht, weil sie – auf je andere Weise – an den „Zeichen" und den in diesen Zeichen bekundeten Interessen der Zeit vorbeigingen. Die extrinsezistische an der Tendenz, die Dinge des Glaubens auf Daten des religiösen Bewußtseins (anstatt auf verifizierbare Tatbestände) zu begründen; die immanentistische an der (gerade im 19. Jahrhundert überhandnehmenden) Einsicht in die soziale Bezogenheit des Menschen; aber auch die „visionistische" (Balthasar), die mit dem Versuch einer Glaubensbegründung aus präverbaler Schau an der zunehmenden Rolle vorbeigeht, die Sprache und Sprachversehen in der Frage der geistigen Begründungsproblematik heute spielen. Aufgrund dieser wenn auch je nur partiellen „Zeitblindheit" konnten die traditionellen Modelle der von ihnen übernommenen Aufgabe immer nur partiell genügen. Soweit ihnen dies tatsächlich gelang, muß sich der Versuch einer Neukonzeption positiv an ihnen orientieren, dies jedoch stets in kritisch weiterführender Absicht.

Um die dafür notwendige Distanz zu gewinnen und, was noch schwieriger ist, auch kontinuierlich einzuhalten, ist es für die Neukonzeption, selbst auf den Verdacht der Unbescheidenheit hin, erforderlich, sich auf die großen Beispiele einer theologischen

Neomorphose zu besinnen. Wenn es zutrifft, daß das Christentum mit jeder Zeit neu entstehen muß, weil nur Zeitgemäßes als Antwort auf die aus der konkreten Situation aufsteigenden Fragen glaubhaft ist, genügt es nicht, sich kritisch-korrespondierend über die traditionellen Positionen hinauszubewegen, da auf diese Weise kein voll synchrones Bewußtsein zu gewinnen ist. Das aber ist die entscheidende Voraussetzung für eine kompetente Beantwortung der Frage „Warum glauben?", wie sie sich heute, am Ende der spätkapitalistischen Ära und am Anfang unabsehbar-technologischer Entwicklungen, auf dem Boden einer sich rapide wandelnden Welt, stellt.

Nach dieser Grundorientierung muß, als unmittelbare Vorbereitung des Entwurfs, schließlich noch die Frage aufgeworfen werden, worin die traditionellen Modelle versagten oder doch der Glaubensfrage, wie sie sich heute stellt, die volle Antwort schuldig blieben. Ihre Unzulänglichkeit konzentriert sich, näher besehen, auf drei Momente:

1. sie beließen (bis auf den Blondelschen Ansatz) den Glauben, in Einzelfällen auch die ihn ermöglichende Offenbarung, im Anschein der Heteronomie;

2. sie trennten (sosehr sie prinzipiell darin im Recht waren) die Seins- und Heilsordnung in einer Weise, die dem menschlichen Einheitsverlangen nicht genügt;

3. sie verfuhren durchweg individualistisch, und das besagt: sie sahen den (zum Glauben findenden) Menschen ausschließlich in der Position des reflektierenden (so der Extrinsezismus) und empfindenden (so die Immanenzmethode) Subjekts, nicht jedoch in der Rolle des Mitmenschen und gingen insofern an seiner zentralen Selbsterfahrung vorbei.

Bei Strafe der „Unzeitgemäßheit" muß die Neukonzeption diese dreifache Unzulänglichkeit zu vermeiden suchen. Und das heißt konkret:

1. sie muß von dem unaufhebbar Andern des Glaubens (und der ihn konstituierenden Offenbarung) so reden, daß noch nicht einmal der Anschein von Fremdheit und Entfremdung aufkommt, auf eine Weise also, daß das Göttlich-Andere als das Eigenste des Menschen erfahren werden kann;

2. sie muß so von der unaufhebbaren Zweiheit von Sein und Heil reden, daß der Mensch ständig in der Einheit seiner Person und seiner Lebensvollzüge belassen wird;

3. sie muß (was gegen den Ansatz Blondels einzuwenden ist) kommunizierbar von Innerem und (was sich gegen den Extrinsezismus richtet) integrierbar von der (heilsrelevanten) Faktizität reden, und

4. sie muß wirklich reden. Ihre Aussagen dürfen also nicht nur sprachliche Verlautbarungen von abstrakten Argumentationen sein; sie müssen vielmehr, gemäß der mitmenschlichen Situation ihres Adressaten, den Charakter dialogischer Anrede aufweisen, weil sie ihn nur so überzeugen können.

Zu einem Gesamtargument addiert, ergeben diese Gegenvorstellungen ein eindeutiges Veto gegen das (nur von Karl Adam durchbrochene) traditionelle Verfahren, das im Vorfeld des Glaubens ansetzte, sei es (wie im Fall des extrinsezistischen Modells) bei der reflektierenden Vernunft, sei es (wie im Fall der Immanenzmethode) bei der „Tat" menschlicher Selbstverwirklichung. Zwar hat dieses Vorgehen die unkomplizierte Vorverständigung für sich, da ja ein jeder über die Gewährungen und Forderungen des Daseins reflektiert und zudem weiß, wie es um die Akte seiner Selbstverwirklichung bestellt ist. Doch fällt der Überstieg in die Glaubenssphäre jedesmal so schwer, daß die Argumentation gerade an dieser zentralen Stelle unbefriedigend bleibt. Hier hilft nur eine, wenn man so will, „kopernikanische" Wende weiter. Wenn man von der Vernunft und dem Existenzakt aus nicht gut zum Glauben kommt, muß zugesehen werden, ob nicht der umgekehrte Weg zum Ziel führt. Das aber ist, methodologisch gesehen, gleichbedeutend mit dem – zunächst fast paradox erscheinenden – Versuch, den Ausgangspunkt der Glaubensbegründung im Glauben selbst zu suchen.

Daß diese Frage bisher nicht diskutiert und die von ihr erfragte Möglichkeit nicht ernsthaft (Adam wiederum ausgenommen) anvisiert wurde, hat zwei Gründe: einen logischen und einen technischen. Der logische besteht in der scheinbaren Absurdität des Gedankens. Wie soll der Glaube sein eigener Grund sein, und handle es sich bei diesem „Grund" auch nur um den Begründungskontext? Zu nah scheint die Gefahr eines Zirkelschlusses zu liegen, als daß man diese Möglichkeit ernsthaft in Betracht ziehen möchte.

Indessen: so rasch sollte man sich nicht über sie hinwegsetzen, seitdem deutlich wurde, daß alle großen Lebenswirklichkeiten durch das Moment der Gleichursprünglichkeit gekennzeichnet sind, so daß sich eine Herleitung der einen aus der anderen verbietet. Zur Verdeutlichung dessen sei an das zwar anders gemeinte, aber auch in dieser Hinsicht beredte Pascal-Fragment 793 erinnert, das an zentraler Stelle erklärt:

Alle Körper, das Firmament, die Sterne, die Erde und ihre Königreiche wiegen nicht den kleinsten der Geister auf; denn diese erkennen dies alles und sich dazu, die Körper jedoch nichts.

Alle Körper und alle Geister zusammen und alle ihre Hervorbringungen wiegen nicht die geringste Bewegung der Liebe auf. Denn diese gehört einer unendlich viel höheren Ordnung an.

Aus allen Körpern zusammen kann man keinen noch so kleinen Gedanken hervorgehen lassen. Das geht nicht, weil er einer anderen Ordnung angehört. Aus allen Körpern und Geistern kann man keine einzige Bewegung echter Liebe ableiten. Das geht (ebenfalls) nicht, weil sie einer andern, der übernatürlichen Ordnung, angehört[66].

Ohne es zu intendieren, daher aber nur um so überzeugender, tritt Pascal mit diesem Fragment für die ,,Gleichursprünglichkeit'' der Ordnungen ein. Jede steht in sich, auf eigenem Boden und eigenen Füßen. Anstatt aus fern- und außerhalb liegenden Gründen muß das kategoriale Instrumentarium zu ihrer Erhellung daher jeweils aus den mit einer jeden von ihnen selbst gegebenen Prinzipien hergeleitet werden. So will es, wie vor allem Romano Guardini zeigte, das Grundgesetz der Lebenswirklichkeit, demzufolge die großen Lebenskreise als selbständige, nachgerade ,,monadenhaft'' in sich ruhende und darum nur aus sich selbst verstehbare Einheiten gesehen werden müssen.

Das ,,technische'' Hindernis, von dem noch zu handeln ist, lag im Stand der philosophischen Entwicklung, der durch die Ver-

[66] Dazu *R. Guardini*, Christliches Bewußtsein (München 1962) 26 ff.

nachlässigung der Sprache (glôssa) zugunsten des Denkens (lógos) gekennzeichnet war. Zwar hatten Denker vom Rang Wilhelm von Humboldts nachdrücklich auf das Eigenleben und die damit gegebene philosophische Relevanz der Sprache hingewiesen. Zudem fehlte es nicht an Theologen, die wie Alphonse Gratry auf die Bedeutung dieses Ansatzes für die christliche Glaubenslehre und Glaubensverkündigung hinwiesen[67]. Bestimmend blieb aber nach wie vor die idealistische Gleichsetzung von Sprache und Denken, die sich mit der These Kants aus der Affäre zog, die Sprache sei das „größte Mittel, sich selbst und andere zu verstehen", und daraus folgert: „Denken ist reden mit sich selbst..."[68] Eine These, die sinngemäß in den Satz fortgeführt werden könnte, Sprechen sei ein (durch Verlautbarung von Gedachtem ermöglichtes) Denken mit andern.

Es bedurfte eines mühsamen, durch die Entthronung des Idealismus in Gang gesetzten Umdenkens, bis Wort und Sprache in ihrer Eigenbedeutung erkannt (Rosenzweig, Rosenstock-Huessy) und in den philosophischen Gedanken integriert wurden (Ebner, Buber). Im fundamentaltheologischen Sinn relevant wurde dieser Ansatz mit der Einsicht, daß der „verbale Überschuß", den die Sprache vor dem (reinen) Denken voraushat, neben anderm auch die gezielte Übereignung von Glaubenserfahrungen ermöglicht. Ebenso wichtig wurde für die Fundamentaltheologie die hauptsächlich von Hans-Georg Gadamer (in Fortführung von Ansätzen Bultmanns und Heideggers) entwickelte philosophische Hermeneutik. Wie im Blick auf Adam bereits angedeutet, gewann die Theologie mit ihr das Instrumentarium, das sie in den Stand setzte, die von der Einsicht in die Sachzusammenhänge geforderte Begründung des Glaubens aus sich selbst argumentativ, und das besagt: auf lehrbare Weise durchzuführen[69]. Außerdem gelingt

---

[67] De la connaissance de l'Ame (Paris 1861), 3. Ausgabe).
[68] Anthropologie in pragmatischer Hinsicht (von 1796/97) § 39 (Ausgabe Schmidt 1943) 117.
[69] Vorüberlegungen dazu stellte ich in meiner Schrift „Glaubensvollzug" (Einsiedeln 1967) an.

es erst mit Hilfe dieser hermeneutischen Aktanalyse, die evidenzvermittelnden Implikationen des „transinformativen" Anteils der Sprache ausfindig zu machen, auf die es bei der Ausarbeitung der Neukonzeption ebensosehr wie auf die empirievermittelnden Momente ankommt.

Damit gewinnt der Kernbezirk der Neukonzeption klarere Umrisse. Wenn der von der heutigen Denkweise erhobenen Anforderung Genüge geschehen soll, muß der Glaube hermeneutisch, also nach Art eines sich selbst tragenden Verstehensaktes, begründet werden. Und das heißt: die ihm eigene Gewißheit muß ihm selbst anstatt, wie in der extrinsezistischen Ableitung, außer ihm liegenden Beweisgründen entnommen werden. Die Frage ist nur, ob sich so ausreichende Gewißheit erzielen läßt und ob diese, wenn es der Fall ist, verbindlich weitergegeben werden kann. Doch stellen sich dem, wie eine genauere Erkundung der Sachlage zeigt, keineswegs unüberwindliche Hindernisse entgegen.

Schwieriger gestalten sich die Dinge in den „Außenbezirken", wo es – im Unterschied zu der im Problemzentrum zu leistenden Vergewisserung – um die apologetische Sicherung des Glaubens geht. Schwieriger ist die Problemlage hier deshalb, weil die einweisenden Fingerzeige ungleich seltener sind als im Zentralbereich. Doch fehlen sie auch hier nicht ganz. Schwierigkeiten, wie sie zwischen unterschiedlichen Denkweisen, Erfahrungshorizonten, Bildungsstufen und Gesellschaftsformen auftreten, werden heute zunehmend als Sprachdifferenzen begriffen und nicht mehr, wie es bisher die Regel war, als Sachdifferenzen, oder doch wenigstens nicht von vornherein[70]. Im Forschungsbereich der Soziolinguistik hat sich für diese neutralere, die Problemlast auf die Ebene der Kommunikation verschiebende Auffassung der Ausdruck

---

[70] Bahnbrechend wirkte hierin der späte Wittgenstein, der in seinen posthum veröffentlichten „Philosophischen Untersuchungen" (von 1953) erstmals die Ansicht vertrat, daß sich eine Reihe von Problemstellungen aus dem (unbemerkten) Gebrauch unterschiedlicher Sprachspiele, also aus fehlerhaftem Sprachverhalten, erklären und deshalb als Probleme von daher zum Verschwinden gebracht werden können: *W. Stegmüller*, Hauptströmungen der Gegenwartsphilosophie (Stuttgart 1956) 524–696.

‚Sprachbarrieren' eingebürgert. Das ergibt eine zugleich komplizierende und vereinfachende Verdoppelung des Problems. Komplizierend wegen der Verdoppelung, aber auch vereinfachend angesichts der Tatsache, daß sich ein beträchtlicher Teil der scheinbaren Sachprobleme auf Verständigungsschwierigkeiten zurückführen läßt.

Das ist ein für die apologetische Gedankenführung beachtlicher Fingerzeig. Denn es ist nunmehr zu fragen, ob die Aufarbeitung der sich dem Glauben in Gestalt von Schwierigkeiten und Zweifeln entgegensetzenden Hemmnisse nicht gleichfalls unter dem Gesichtspunkt der Sprachbarrieren und der zu ihrer Überwindung entwickelten Methoden erfolgen kann. Bedenken, die sich gegen die Möglichkeit einer Offenbarung erheben, gingen dann nicht, wie in der bisherigen Sicht, auf das Spannungsverhältnis von göttlichem und kreatürlichem Geist zurück, sondern auf den Gegensatz von weltorientierter und weltemanzipierter Sprache[71]. Ebenso würden sich die Einwände naturwissenschaftlicher Provenienz primär als Schwierigkeiten unterschiedlich strukturierter und operierender Sprachen darstellen: der auf gesetzmäßig ablaufende Vorgänge bezogenen und der in Bildern und Bildhandlungen redenden. Ausgleichende Konstruktionen, durch die sich die Apologetik allzuoft selbst desavouierte, würden sich aufgrund dieser Reduktion vermeintlicher Sachprobleme auf bloße Sprachdifferenzen als ebenso überflüssig wie gegenstandslos erweisen[72]. Ähnliches gälte von der Herausforderung des Glaubens durch die soziale Frage, von der die vergleichsweise größeren Glaubensschwierigkeiten des heutigen Menschen herrühren. Sie wurde vermutlich nur deshalb nicht schon viel früher auf- und angenommen, weil ihre früheste Artikulation, vor allem in Gestalt des Kommu-

---

[71] Zu beweisen bliebe lediglich die (mit dem utopischen Zug der menschlichen Selbstverwirklichung gegebene) Möglichkeit eines weltenthobenen Sprechens.
[72] Auf der Linie dieser Überlegungen liegt auch die Auffassung *J. Moltmanns,* derzufolge an die Stelle der alten Gottesbeweise hermeneutische Reflexionen über die Verstehensprinzipien der biblischen Botschaft zu treten haben: Theologie der Hoffnung (München 1964) 250–260.

nistischen Manifests, für den bürgerlich empfindenden Durchschnittsgläubigen des 19. Jahrhunderts unüberwindliche Sprachbarrieren aufwarf.

Der Vorteil des hermeneutischen Wegs läge in der Vereinfachung sowohl des Problembestands als auch des Verfahrens. Des Problembestands zunächst, da sich, wie bereits angedeutet, die Mehrzahl der vermeintlichen Sachprobleme auf Sprachdifferenzen zurückführen ließe. Das hätte einen beachtlichen Nebeneffekt. Indem sich vieles, was zwischen Vernunft und Glaube zu stehen schien, als sprachlich bedingtes Scheinproblem erwiese, würde sich der Abstand von beiden fühlbar verringern. Der Glaube erschiene nicht mehr so sehr als die Ausnahme von der vernünftigen Daseinsorientierung als vielmehr als deren Exponent, als eine mit der Vernunft immer schon gegebene, wenn auch ihre Eigentätigkeit übersteigende Möglichkeit geistigen Verhaltens[73].

Der zweite und womöglich noch größere Gewinn bestünde in der Vereinheitlichung des Verfahrens. Von jetzt an gibt es, die Aufarbeitung der Glaubensprobleme unter dem Gesichtspunkt der Sprachbarrieren einmal vorausgesetzt, keinen wirklichen Unterschied mehr zwischen dem konstruktiven und dem defensiven Teil des apologetischen Gedankengangs. Vielmehr bedient sie sich hier wie dort derselben hermeneutischen Methode. Nur bezieht sich diese im einen Fall auf die Offenbarungsrede Gottes und ihre Aufnahme im verstehenden Glaubensakt, im andern Fall auf das damit gegebene Sprachgefälle und die Möglichkeit kritischer Einreden. Damit nähme der zumindest verdeckte Methodenpluralismus innerhalb der Fundamentaltheologie, der ihrer wissenschaftstheoretischen Einheitlichkeit bisher am hinderlichsten im Weg stand, ein Ende. Gleichzeitig käme sie in die – höchst wünschenswerte – Lage, sich aus der sterilen Position als ,,Vorspann" zur systematischen Theologie zu befreien und mit Diszi-

[73] In letzter Konsequenz liefe das auf eine Gleichsetzung von Glaubens- und Denkstruktur hinaus, wie sie (nach Ansätzen bei Newman) *A. Brunner* betrieb.

plinen zu kooperieren, denen sie vordem unerreichbar fernzustehen schien.

In erster Linie gilt das für die längst überfällige Wiederbegegnung von Apologetik und Kerygmatik, da die Rechtfertigung des Glaubens (wie sie 1 Petr 3, 15 fordert) ursprünglich in den Auftrag der Glaubensverkündigung mit hineingehört. Nach einem von Josef Schmitz vorgelegten Forschungsbericht arbeitete vor allem Harding Meyer auf diese „Zurücknahme" hin[74]. Der Aufgabe, „die Botschaft lauter und rein zu predigen und dem hörenden Menschen verstehbar zuzusprechen", genügt ihm zufolge nur eine „dialogische Verkündigung", deren Verfahrensweise sich am besten an Pascals Abhandlungen über die „Kunst zu überzeugen" ablesen läßt. Deshalb plädiert Meyer für eine Apologetik, die sich als selbständige Disziplin aufgibt und anstatt dessen ihr Anliegen im Ganzen der bewußt auf die Situation des glaubensfernen Hörers reflektierenden Verkündigung wahrnimmt. Schießt diese Forderung auch fraglos übers Ziel hinaus, so zeigt sie doch wie keine andere den theologischen „Ort", an welchem das apologetische Interesse am effizientesten wahrgenommen wird. Und das ist die Verkündigung der Heilsbotschaft, verstanden als das zum Werk der lehrenden Kirche erhobene Bekenntnis, wie es der Römerbrief als die jedem Glaubenden auferlegte Grundverpflichtung herausstellt:

Wenn du mit deinem Mund Jesus als den Herrn bekennst und in deinem Herzen glaubst, daß Gott ihn von den Toten erweckt hat, wirst du gerettet werden. Denn wer mit dem Herzen glaubt und mit dem Mund bekennt, erlangt Gerechtigkeit und Heil (10,9f).

Dahinter verbirgt sich ein noch tieferes Problem. Als ausgesprochene Konzeption einer subjektivistisch orientierten Epoche,

[74] Dazu der Beitrag von *J. Schmitz*, in: Bilanz der Theologie im 20. Jahrhundert II (Freiburg i. Br. 1969) 197–245, der sich auf Meyers Abhandlung „Theologische Apologetik als ‚dialogische Verkündigung‘", in: MPTh 52 (1963) 462–477 bezieht. Der Beitrag führt Überlegungen weiter, die Meyer vorher in seiner Studie „Pascals Pensées als dialogische Verkündigung" ([Göttingen 1962] 125–133 mit Hinweis auf Bezugsliteratur S. 159, Anm. 41) entwickelt hatte.

verfuhr die klassische Glaubensbegründung, wie bereits angemerkt, durchweg individualistisch, ohne die mit der Bekenntnispflicht gegebenen Korrespondenz des Glaubenden mit seinen Weggenossen methodologisch oder auch nur sachlich in Rechnung zu stellen. Zwar wurde der Gemeinschaftsbezug im Traktat über die Kirche (demonstratio catholica) theoretisch behandelt, dabei aber an so nachgeordneter Stelle, daß er für die Argumentation selbst nicht mehr fruchtbar zu werden vermochte. Um so mehr muß die Neukonzeption gerade darauf achten. Wie alle großen Dinge ist auch der Glaube unteilbar. Daher ist sein Totalvollzug nicht schon mit der Aussage „Credo – ich glaube" artikuliert, sondern erst mit der Formel „Je crois en toi pour nous – ich glaube an dich für uns".

II. Der Aufbau

1. Strukturanalyse des Glaubens

Im Versuch, die Wirklichkeit zu entschlüsseln, hat der philosophische Gedanke im Lauf der Zeit die verschiedensten „Schlüssel" ausprobiert, stets in der Überzeugung, mit dem jeweils neuesten den „richtigen" und endgültigen gefunden zu haben, wobei der anfängliche Optimismus über kurz oder lang der Einsicht in die Unzulänglichkeit des Gefundenen weicht. Rasch wird dann auch dieser Schlüssel wieder beiseite gelegt und die Suche nach dem nächsten aufgenommen. Derartige Schlüssel waren: der Begriff der Idee bei Platon, der Substanz bei Aristoteles, der Äonen in der Gnosis, der Monade bei Leibniz, der Dialektik bei Hegel, der Gestalt in der phänomenologischen Psychologie. Spätestens seit dem Zweiten Weltkrieg schob sich ein neuer Schlüsselbegriff dieser Art in den Vordergrund: der Begriff ‚Struktur', der einer mit dem Existentialismus erfolgreich konkurrierenden Bewegung den Namen gab: dem „Strukturalismus". Bevor dieser als Modeströmung französischer Provenienz das philosophische Terrain eroberte, hatte Heinrich Rombach bereits den Strukturbegriff in den Dienst seines philosophiegeschichtlichen Fragens gestellt[1]. In einem Überblick über die philosophischen Strömungen der Gegenwart hat Franz Wiedmann den strukturalistischen Ansatz gewürdigt und das mit ihm eröffnete Verfahren übersichtlich beschrieben[2]. Es vollzieht sich, aufs Ganze gesehen, in drei Schritten:

1. Den Anfang bildet eine auf sachgetreue Phänomengewahrung – im Sinn des Heideggerschen „Seinlassen" – gestützte Erfassung des Sachverhalts mit allen seinen Details.
2. In der Mitte steht die Klärung der die vielen – meist nichtssagenden – Einzelheiten zum Gestaltganzen fügenden Struktur, die nach Wiedmann als eine Imagination des Unbewußten zu verstehen ist.
3. Am Ende geht es um die synchrone Zusammenschau der gefundenen Struktur mit andern, die in vergleichender Betrachtung ebenso die Unterschiede wie die Gemeinsamkeiten hervortreten läßt.

Mit dieser Beschreibung des Wegs sind auch schon die Umrisse einer Charakteristik gegeben. Danach ist die strukturalistische Denkweise durch einen asketisch-resignativen Zug gekennzeichnet, der sie als ausgesprochen modern im Sinn einer Affinität zur skeptizistischen Mentalität der Gegenwart erscheinen läßt. Sie verzichtet nicht nur auf eine Wesenserfassung, sondern auch auf den bis vor kurzem noch so hoch eingeschätzten entwicklungsgeschichtlichen Kontext, indem sie aufgrund des streng durchgehaltenen Prinzips der Synchronie (bei gleichzeitigem Ausschluß der diachronen Betrachtungsweise) die Frage nach dem Woher und Wohin bewußt beiseite läßt.

Man ist zunächst geneigt, die Anwendbarkeit der Strukturkategorie, schon angesichts des damit übernommenen kognitiven Ver-

---

[1] *H. Rombach,* Substanz, System, Struktur. Die Ontologie des Funktionalismus und der philosophische Hintergrund der modernen Wissenschaft, 2 Bde. (Freiburg/München 1965/66); *ders.,* Strukturontologie. Eine Phänomenologie der Freiheit (Freiburg/München 1971).
[2] *F. Wiedmann,* Philosophische Strömungen der Gegenwart (Einsiedeln 1972) 120f.

zichts, auf die Frage nach Sinn und Vollzug des Glaubens zu verneinen. Denn was können strukturelle Auskünfte nützen, wenn sie durch den Ausschluß von Wesensaussagen erkauft sind? Dabei erscheint diese Abstinenz noch als die vergleichsweise unbedenklichere, gemessen an dem Verzicht auf den diachronen Zusammenhang, der die Linie zurück zum Ursprung des Glaubens abschneidet. Wie soll eine Haltung dann überhaupt noch erklärt werden, die wie der Glaube sogar der Möglichkeit nach an ihren Ursprung zurückgebunden ist und die, was ihren Vollzug betrifft, von der bewahrenden Aneignung des Überkommenen geradezu lebt?

Im Grunde ist auf diese Fragen nur eine pragmatische Antwort möglich, die sich als solche ausschließlich aus den Ergebnissen des Strukturalismus herleiten läßt. Als deren wohl spektakulärstes darf die von Claude Lévi-Strauss entdeckte Analogie von grammatischen Regeln und Verwandtschaftsbeziehungen gelten. In seinem Hauptwerk, der „Strukturalen Anthropologie" (von 1958), berichtet Lévi-Strauss darüber, daß ihm bei seiner Erforschung primitiver Sozietäten gewisse Heiratsregeln nur unter der Bedingung erklärbar waren, daß man „die Verwandtschaftssysteme als eine Art Sprache ansah, das heißt als ein Operationsgefüge, das dazu bestimmt ist, zwischen den Individuen und den Gruppen einen bestimmten Kommunikationstyp zu sichern", auch wenn die Vorstellung fürs erste als abenteuerliche Spekulation erscheine[3].

Im Widerspruch zu dieser abschließenden Einschränkung wird man den Gedanken eher für künstlerisch als für abenteuerlich halten, zumal er unmittelbar an die Stelle in Dantes „Göttlicher Komödie" erinnert, wo der Visionär die Seligen des Himmels als „Lichter" erglühen und zunächst zu „Schwärmen" (V, 100ff), „Reigenchören" (VII, 139ff), „Höfen" (X, 70f) und „Girlanden" (X, 91f) und schließlich zu „Zeichen" wie dem Kreuz der Gottes-

---

[3] Strukturale Anthropologie (Originaltitel: Anthropologie Structurale) (Frankfurt a. M. 1967) 74f. Dazu auch E. Leach, Claude Lévi-Strauss (Moderne Theoretiker) (München 1971) 103ff.

streiter (IX, 100 ff) oder dem Adler der Gerechten (XVIII, 106 ff) und ganzen „Wortgruppen" (XVIII, 73–114) verkettet sieht. Das schildert Dante mit den Versen:

> Und wie vom Ufer Vögel aufwärts fahren,
> Gleichsam zur Weide Wünsche sich zusingend,
> Bald sich zu Gruppen, bald auch anders scharen,
> So sangen heilige Wesen, froh sich schwingend
> Im Lichtglanz, und sich anmutsvoll beim Fliegen
> Zu einem D und I und L verschlingend (XVIII, 73–78).

Zu diesen drei Buchstaben treten sodann in sinnvoller Zuordnung weitere, so daß sich schließlich ein vollständiges Psalmwort ergibt:

> Diligite iustitiam: so hießen
> Das erste Haupt- und Zeitwort des Gesagten.
> Qui iudicatis terram, sah ich's schließen (XVIII, 91 ff).

Besonderer Glanz liegt auf dem abschließenden M, das durch eine weitere Schar mit einem Lilienornament geschmückt und so als Huldigung an Maria ausgewiesen wird (XVIII, 112 ff).

Im ästhetischen Spiel kündigt sich hier der „Ernst" des Hermeneutischen an. Es bleibt nicht beim schönen Ornament; das Figurenspiel hat in seiner Verspieltheit zugleich Wichtiges zu sagen. In eben dieser Richtung liegt auch der Erkenntnisfortschritt, zu dem die Strukturanalyse des Glaubens verhilft. Das ist wenigstens zum Teil eine Auswirkung der methodologischen Zwangslage, in welche der Strukturalismus den Glauben durch seine Geschichtsfeindlichkeit bringt[4]. Abgeschnitten von seinen heilsgeschichtlichen Wurzeln, bleibt dem struktural betrachteten Glauben nur der Weg der inneren Transparenz. Er muß als Grundhaltung einleuchten, um als Verpflichtung glaubhaft zu sein. Eben dies leistet die Strukturanalyse, indem sie ihn als das Grundwort umfassender

---

[4] Wie G. *Schiwy* andeutet, hängt dieses Moment ursächlich mit dem gegenwärtigen Geschichtsverlust zusammen: Neue Aspekte des Strukturalismus (München 1973) 119 ff.

Vorverständigung, einfacher ausgedrückt, als einen Akt des Verstehens, erweist.

Der Weg zu diesem Ziel steht seit alters offen. Schon bei Irenäus von Lyon findet sich der Satz, der in lateinischer Übersetzung lautet:

Edocuit autem Dominus, quoniam Deum scire nemo potest nisi Deo docente, hoc est, sine Deo non cognosci Deum[5].

In seiner polemischen Antrittsenzyklika, die sich hauptsächlich gegen den von Lamennais verfochtenen Liberalismus richtet, dem Rundschreiben „Mirari vos" (vom 15. August 1832), gibt Gregor XVI. diesem Gedanken die kompaktere Form:

fieri non posse, ut sine Deo Deum discamus[6].

Mit dieser Strukturbestimmung des Glaubens als eines Credere Deum Deo läßt sich zunächst die Kernfrage der mit der gegenreformatorischen Theologie zu Ehren gekommenen Analysis fidei entscheiden, ob das Glaubensmotiv, die auctoritas Dei revelantis, mitgeglaubt oder aber als bereits vorgewußt, als Glaubensbedingung also, angenommen werden muß. Die Entscheidung fällt – gegen Juan de Lugo (De virtute fidei, disp. 1) – zugunsten der von Franz Suárez vertretenen These, nach der die den Glaubensinhalt verbürgende Autorität des Offenbarungsgottes in den Glaubensvollzug integrierend hineingehört.

Ihre volle Bedeutung erlangt die Formel jedoch erst im Dienst der expliziten Strukturanalyse. Fürs erste erinnert sie hier daran, daß der Glaube als Zeugnisglaube, der von einer übernommenen Überzeugung lebt, in einem unaufhebbaren Zusammenhang zum Urheber des Zeugnisses steht, daß er also, mit einem Wort gesagt, als ein wesenhaft „dialogischer" Akt anzusehen und zu setzen ist.

---

[5] Adversus haereses IV, 6, 4. Nach E. Seiterich, Glaubwürdigkeitserkenntnis, 62 f.
[6] Die von Irenäus stammende Formel wurde in der Folge, besonders bei Augustinus und Faustus von Riez, zu Credere Deo Deum in Deum erweitert. Zum Ganzen Chr. Mohrmann, Credere in Deum. Sur l'interprétation théologique d'un fait de langage, in: Mélanges J. de Ghellinck I (1951) 277–283.

Das gilt in einem unmittelbaren und einem abgeleiteten Sinn. Unmittelbar ist damit der Gottesbezug des Glaubens angesprochen. Wer glaubt, hat es mit dem lebendigen Gott zu tun, der die Welt nicht nur als Urheber und Sinngrund trägt oder lediglich als letztes Ordnungsprinzip durchwaltet, sondern aus unendlicher Freiheit, zum Ziel der vollkommenen Selbstmitteilung, in ihre Geschichte einging. Wer glaubt, glaubt diesem Gott, und das heißt im Sinn der Grundbedeutung von credere: er „setzt" auf diesen Gott, indem er seine Existenz anstatt auf welthafte Daseinssicherungen auf ihn zu gründen sucht[7]. Glaubend tritt er in ein lebenslanges Gespräch mit diesem den geschichtlichen Leidensweg der Menschheit mitgehenden Gott und seinem Wort.

Mittelbar ist damit gleichzeitig gesagt, daß dieser Dialog auch diejenigen einbegreifen muß, in denen Gottes Selbstzeugnis, sei es aktuell (sofern sie es vermitteln), sei es potentiell (sofern sie es mitzuhören bereit sind), weiterlebt. Auch wenn die alte – durch Leo den Großen freilich verbotene – Wendung „Credo in ecclesiam" bis heute im christlichen Glaubensbewußtsein nicht wirklich Fuß fassen konnte, gehört sie doch in einem, wenngleich anderen als dem damals abgewiesenen Sinn zur Integrität des Glaubensaktes[8]. Wer glaubt, glaubt nie für sich allein. Glaubend steht er, ob bewußt oder unbewußt, in der Gemeinschaft der Mitglaubenden, die, mit dem Bild des Hebräerbriefs gesprochen, unter Führung ihres Wegbereiters und Vollenders dem Berg der vollkommenen und endgültigen Gottesoffenbarung entgegenziehen (12, 1 ff; 18–29).

Vor allem aber verhilft die – strukturanalytisch angewandte – Formel zur Sicherung des behaupteten Zusammenhangs von Glauben und Verstehen. Als ein Credere Deum Deo erfüllt der Glaube nämlich so genau die Strukturbedingungen des von Hei-

---

[7] Nach F. *Rütten*, Christliche Worte. Eine wortgeschichtliche Erklärung christlicher Grundbegriffe (Colmar o.J.) 66 f.
[8] Dazu K. *Adam*, Glaube und Glaubenswissenschaft im Katholizismus (Rottenburg a. N. 1923) 135.

degger aufgewiesenen hermeneutischen Zirkels, daß sich die kategoriale Übereinstimmung kaum übersehen läßt[9]. Sie ist, genauer besehen, so vollständig, daß sich das eine geradezu durch das andere bestimmen läßt: das Verstehen als die Universalgestalt des Glaubens und dieser als der religiöse Spezialfall des Verstehens.

Der Wert dieser Strukturerhellung liegt nicht zuletzt in der mit ihr eröffneten Neudefinition der Rolle der Autorität, deren Dringlichkeit vor allem bei der Diskussion des Balthasarschen Ansatzes, der letztlich auf eine Bestätigung des autoritativen Moments ausging, deutlich wurde. Wie die Aufdeckung der religiösen Wurzeln des Atheismus zeigt, blieb die das heutige Gesellschaftssystem erschütternde Autoritätskrise keineswegs bei der kritischen Hinterfragung der familiären, politischen und hierarchischen Autoritäten stehen. Gesteuert von einer auf den mittelalterlichen Voluntarismus (Duns Scotus, Wilhelm von Ockham) zurückgehenden Verdüsterung des Gottesbilds, die Gott im Aspekt der den Menschen (bei Descartes) total verendlichenden und im Gefolge dieser Restriktion (bei Kant) schließlich zur Marionette herabwürdigenden Übermacht erscheinen ließ[10], griff sie vielmehr auch auf die Position des weltüberlegenen Gottes über, die schon für Peter Wust nicht mehr als unantastbar anzusehen war, auch wenn es bei ihm nur mehr die „unbeherrschte", verwegen an den ihr gesteckten Grenzmarken rüttelnde Ratio ist, die sich zu fragen erkühnt:

Warum ist Gott oben, am Gipfel der Vollkommenheit, und warum nicht wir, die Fragenden, oder warum nicht wenigstens einer von uns? Und warum ist dieses eine höchste Wesen mühelos, kampflos oben...,

[9] Sein und Zeit (Halle 1935) 184ff (§ 32). Dazu die einschlägigen Ausführungen bei Ernst Fuchs, Marburger Hermeneutik (Tübingen 1968) 79–91 und Hans-Georg Gadamer, Vom Zirkel des Verstehens, in: Martin Heidegger zum 70. Geburtstag, hrsg. von *G. Neske* (Pfullingen 1959) 24–34.
[10] Dazu die Ausführungen meiner Schrift „Theologie und Atheismus", 29–42; ferner *H. Fries,* Theologische Überlegungen zum Phänomen des Atheismus, in: Theologie im Wandel, hrsg. von der Katholisch-Theologischen Fakultät an der Universität Tübingen (München und Freiburg i.Br. 1967) 254–279.

während wir alle uns mühen müssen in endlos zermürbendem Kampf und in qualvoller Daseinsunruhe[11]

Hermeneutisch gesehen reduziert sich diese zugleich erdrükkende und aufreizende Übermacht auf eine Erkenntnisfunktion und die ihr geschuldete Unterwerfung auf die für den Verstehensprozeß unerläßliche Vorgabe an den redenden Gesprächspartner. Autorität hat nämlich, wie Hans-Georg Gadamer in seinen Erwägungen zur „Rehabilitierung der Autorität" ausführt, unmittelbar „überhaupt nichts mit Gehorsam, sondern mit der Erkenntnis zu tun"[12]. Als solche besteht sie primär in der Überlegenheit dessen, der – wie insbesondere der sich offenbarende Gott – „etwas zu sagen hat" und darum nur in der Bereitschaft, sich im Akt der Mitteilung selbst wieder aufzugeben[13]. Extrapoliert man diesen Befund auf die Suprematie des Offenbarungsgottes, so könnte man in Fortführung des Gadamerschen Ansatzes geradezu folgern: Autorität ist Ausfluß und Ausdruck der sich mitteilenden Liebe; einer Liebe, die sich zunächst im Anschein der Andersheit verbirgt, um sich im Akt der Aufhebung der solcherart erzeugten Spannung desto reiner als sie selbst zu erweisen.

Daran bemißt sich der dem Glauben spezifische Modus des Verstehens. Anders als das durchschnittliche Verstehen geht dieses primär nicht auf „Sinn" und dessen kognitive Erfassung, sondern auf die „Last", die einer dem andern durch sich selbst und seine Anforderungen auferlegt. Es handelt sich somit um jenes personale Verstehen, das der Toleranz nahekommt und vorab im Ertragenlernen der andern in ihrer unbegreiflichen und vielfach unerträglichen Andersheit besteht. Auch Gott ist, selbst im Offenbarungsakt, eine solche Last[14]. Der ihn verstehende Glaube aber besteht in dem Willen, diese Last in der Hoffnung auf sich

[11] Ungewißheit und Wagnis (München 1950) 172.
[12] Wahrheit und Methode. Grundzüge einer philosophischen Hermeneutik (Tübingen 1960) 264f.
[13] Näheres dazu in meiner Schrift „Provokationen der Freiheit", 79–83.
[14] Unter schwierigen Umständen wagte das erstmals Ida Friederike Görres mit ihrem Buchtitel ‚Von der Last Gottes' auszusprechen.

zu nehmen, daß sich die Verhältnisse schließlich umkehren und der Tragende (Mensch) zum Getragenen wird.

Zu fragen ist dann nur noch, ob sich die Verhältnisse, strukturalistisch gesehen, nicht nochmals umkehren, insbesondere angesichts der Tatsache, daß in der neu gewonnenen Sicht sogar Verwandtschaftsbeziehungen und Tischsitten die Rolle von Nachrichtenträgern übernehmen[15]. Sicher wird der Strukturalist nicht zögern, die von Dilthey erstmals auf den Menschen angewandte Kategorie des Verstehens als Indiz dafür zu nehmen, daß die Zeit gekommen sei, nach dem Informationswert des Menschseins zu fragen[16]. Im Horizont dieser Fragestellung wird sich die im Glauben aufgenommene „Last" tatsächlich in die Vorstellung von einer „erdrückenden" Informationsfülle zurückverwandeln. Damit käme der Gedankengang zweifellos der intellektualistischen Auffassung des Ersten Vatikanums wieder näher, dies jedoch auf Kosten der zuvor erreichten Nähe zur heutigen Gotteserfahrung und der mit ihr aufgeworfenen existenz- und gesellschaftsbezogenen Fragen.

2. Evidenzvermittelnde Implikationen

„Der Mensch ist das Wesen der Gewißheit", sagt Georg Muschalek zu Eingang seiner Studie „Glaubensgewißheit in Freiheit" (von 1968), und er erläutert diesen Satz mit der – auf eine Aufzählung elementarer Verunsicherungen gestützter – Behauptung:

Ungewißheit und Fragen nach der Gewißheit gehören ... so sehr zum Menschen, daß man ihn dadurch definieren könnte[17].

[15] G. *Schiwy*, Neue Aspekte des Strukturalismus, 79 ff.
[16] A. a. O., 132. Als „Nachricht" galt der Mensch bereits den Vertretern der Kybernetik.
[17] Glaubensgewißheit in Freiheit (Quaestiones disputatae, 40) (Freiburg i. Br. 1968) 9. Auf das spezifische Problem der Verunsicherung im Glauben kommt *J. Ratzinger* zu Eingang seiner „Einführung in das Christentum" ([München 1968] 17–24) zu sprechen, wo er die „unbeendbare Rivalität von Zweifel und Glaube" aus der „Grundgestalt menschlichen Geschicks" herleitet (24).

Als Antwort auf dieses menschliche Uranliegen ist der Glaube vor jeder andern – auch vor seiner sinnerschließenden und sinnvermittelnden – Funktion ein Akt religiöser Vergewisserung, oder, im Blick auf den philosophischen Gewißheitsweg gesprochen, das Cogito des sich auf Gott begründenden Menschen. Demgemäß geht es im Glauben primär nicht um „Wissen" (im Sinn der Übernahme von dogmatisch vermittelten Inhalten), sondern um Gewißheit, und dies mit dem erklärten Ziel, den vielfach verunsicherten und angefochtenen Menschen vom religiösen Vollzug her abzustützen und im Dasein zu festigen. Damit betreibt er die Sache des Evangeliums, von dem Luther sagte:

Evangelium vero consolatur et certificat animam[18].

Geht man diesem Befund vollends auf den Grund, so weitet er sich in christologische Zusammenhänge. Als Akt existentialer Vergewisserung begriffen, entspricht der Glaube der Grundintention Jesu, dem es zunächst weder um die Belehrung noch um die Besserung der Menschheit zu tun war, sondern um die Entlastung der Bedrückten und Beladenen, um die Konsolidierung der mit sich selbst Überworfenen und die Festigung der Verunsicherten und Geängstigten[19]. Glaube ist, so gesehen, der Griff des geängstigten, im Meer des Zweifels fast schon versinkenden Menschen nach der ihm dargebotenen Retterhand. Glaubend finden wir, gehalten von der Macht Jesu, inmitten aller Ungewißheit Halt und Stand. Der Glaubensanalyse, die nach den Gründen derartiger Qualitäten forscht, stellt sich hier, in unmittelbarem Anschluß an das Strukturproblem, die Frage nach dieser im Glauben gewonnenen und durch ihn vermittelten Gewißheit.

Beim Versuch, in die damit angeschnittene Problematik Licht zu werfen, tut man gut daran, sich an den aristotelischen Grund-

---

[18] WA 39,2; 163.
[19] In der Ausarbeitung dieses Sachverhalts besteht die größte Entdeckung des späten *Kierkegaard*, wie sie vor allem seine „Einübung im Christentum" dokumentiert. Dazu der Versuch der Aktualisierung dieses Ansatzes in meinem Jesus-Buch „Der Helfer" (München 1973).

satz zu erinnern, der auf den Sachbezug der jeweils erreichbaren Gewißheit hinweist. In seiner Nikomachischen Ethik erklärt Aristoteles:

Es zeugt von Bildung, wenn man in jeder Gattung nur soviel Genauigkeit verlangt, wie es das Wesen des (analysierten) Gegenstands zuläßt [20].

Auf das Glaubensproblem angewandt, heißt das, daß man vernünftigerweise nur die ihm gemäße Gewißheit erwarten darf, also eine indirekt vermittelte und keine unmittelbare. Denn Glaube besagt in einer jeden seiner echten Bedeutungsformen – als „unecht" ist die undialogische im Sinn eines unsicheren, zweifelhaften Wissens (dóxa) anzusehen – soviel wie ein auf Fremdwissen gestütztes, von Zeugen übernommenes und im Dialog mit ihnen gewonnenes Erkennen. Mit dem Wissen übernimmt der Glaubende aber auch die Gewißheit. Von einer Selbstpreisgabe der Vernunft im Sinne des dem Glauben immer wieder – und in Einzelfällen nicht zu Unrecht – unterstellten sacrificium intellectus kann somit im Ernst nicht die Rede sein [21]. Nur muß im Interesse einer Aufarbeitung dieser Streitfrage geklärt werden, wie sich die im Glauben gewonnene Evidenz konkret darstellt. Denn es gibt, wie Thomas in Fortführung der aristotelischen Gewißheitslehre zeigte, eine zweifache Gewißheit, die sich im einen Fall auf sachgegebene Gründe, im andern auf das subjektive Überzeugtsein stützt:

Certitudo potest considerari dupliciter: uno modo ex causa certitudinis et sic dicitur certius id quod habet certiorem causam . . .; alio modo potest considerari certitudo ex parte subjecti et sic dicitur certius quod plenius consequitur intellectus hominis [22].

[20] Nikomachische Ethik I,I; 1094 b, 23–25.
[21] Das machte schon *K. Adam* gegen die Einreden des kritischen Religionsphilosophen *H. Scholz* geltend: Glaube und Glaubenswissenschaft im Katholizismus, 94–142. Seine Argumentation gilt auch der Theologiekritik *M. Webers,* der in seinem berühmten Vortrag „Wissenschaft als Beruf" (von 1919) von der „Virtuosenleistung des ,Opfers des Intellekts' " sprach und die Befähigung dazu sowohl als das „entscheidende Merkmal des positiv religiösen Menschen" wie auch als dasjenige „jeder ,positiven' Theologie" bezeichnete: Gesammelte Aufsätze zur Wissenschaftslehre, hrsg. von *J. Winckelmann* (Tübingen ³1968) 511.
[22] S. Th. 2 II, q. 4, a. 8.

Ohne sich einer allzu großen Vereinfachung schuldig zu machen, kann man die dem fundamentaltheologischen Methodenkonflikt zugrundeliegende Diskussion um Herkunft und Natur der Glaubensgewißheit auf diese Zweiheit der Gewißheitsformen zurückführen. Da es, einmal abgesehen von den Erfahrungen der Offenbarungsträger, keine sachbezogene, aus dem Offenbarungsgeschehen selbst fließende Evidenz gibt, sucht das objektivistische Denken der klassischen Argumentation den Gewißheitsgrund in den die Offenbarung begleitenden äußeren Kriterien (Wunder, Weissagungen), während die subjektivistische Konzeption auf innere „Überzeugungsgründe" verweist: auf das Zeugnis des Heiligen Geistes und die mit ihm gegebene „Herzenserfahrung" im Altprotestantismus (auf den sich darin insbesondere auch Schleiermacher zurückbezieht) und auf die existentiale Korrespondenzerfahrung im Immanenzsystem Maurice Blondels. Indessen führen beide Ansätze in ausgesprochene Aporien. Auf äußere Kriterien (im Sinne des Extrinsezismus) gestützt, bleibt die Glaubensgewißheit, die ohnehin stets eine übereignete und übernommene ist, auch im sachlichen Sinn mittelbar. Als reine Glaubensüberzeugung gedeutet, bleibt sie dagegen, zumindest ihrem Kernbestand nach, unmittelbar. Nicht unmittelbar, nicht mittelbar, so ließe sich das aporetische Patt umschreiben.

Wie alle Aporien enthält auch diese einen leisen Hinweis auf ihre mögliche Überwindung. Er besteht in der – wenngleich negativen – Erkenntnis der Unmitteilbarkeit der vergewissernden Herzenserfahrung. Der Glaube, der auf diese subjektivistische Weise seiner selbst gewiß wurde, mag sich noch so eindrucksvoll äußern: er wird trotzdem nie sagen können, worin seine Gewißheit wurzelt und was sie als solche ausmacht. Das aber macht diesen Glauben unfähig zu der ihm von seinem Wesen her abgeforderten Selbstdarstellung und apologetischen Rechtfertigung. Wenn irgendwo, ist dann aber hier, in der blockierten Selbstbezeugung, der weiterführende Hinweis zu suchen. Und das heißt konkret: die auftretende Aporie läßt sich nur auf dem Weg eines radikaleren Bedenkens der dialogischen Verfassung des Glaubens beheben. Wenn die gläubige Selbsterfahrung keine kommunizierbare Gewißheit vermittelt, wie steht es dann, so ist nunmehr zu fragen, um die evidenzvermittelnden Implikationen des dialogisch gedeuteten und vollzogenen Glaubens?

Im Grunde nicht anders als um die in jedem Dialog gewonnene Gewißheit, die ihrerseits nur als Spezialfall der mitmenschlich vermittelten zu gelten hat. Aber gibt es diese „mitmenschlich vermittelte" Vergewisserung überhaupt? Wer so fragt, hat die Gleichzeitigkeit mit dem heutigen, durch die Überwindung des Individualismus gekennzeichneten Bewußtseinsstand noch nicht erreicht. Umgekehrt hat, wer sie bejaht, den Abschied von der Neuzeit und den ihr konformen kartesianischen Gewißheitsweg genommen. Bedingt ist dieser Abschied durch Zweifel und Erfahrung. Zunächst durch den die im Cogito sum gewonnene Selbstgewißheit übergreifenden Zweifel, ob durch diese Identifikation von Denken und Sein (sei es, daß das „Ich denke" als Indiz des Seins oder daß dieses, artikuliert im „sum", als Basis des Denkens verstanden wird) mehr als eine bloße Faktizitätsgewißheit erreicht werden kann. Und dann durch die Erfahrung, daß erst der bestätigende Zuspruch des Mitmenschen die für den menschlichen Lebensvollzug ausreichende Selbstgewißheit gewährt. Denn diese ist nicht schon dann erreicht, wenn wir uns als unbezweifelbares Faktum der raum-zeitlichen Wirklichkeit vorfinden, sondern erst dann, wenn dieses Faktum dem Kontext der übrigen sinnvoll eingefügt erscheint, und das heißt: erst dann, wenn wir wissen, daß wir einen legitimen Platz im Daseinsgefüge haben und in diesem Sinn „gebraucht", anerkannt und angenommen werden.

Ausgezeichneter „Ort" dieser Vergewisserung ist das Gespräch. In der dialogischen Rede und Gegenrede wird uns, zusammen mit dem Redegegenstand (genaugenommen sogar unabhängig von diesem und seine informative Übermittlung überhaupt erst ermöglichend) ein Dreifaches klar:

1. das Faktum des Redens und dieses als, wenn schon nicht weltkonstituierende so doch welterschließende Elementargegebenheit, wobei

„Welt" primär „Menschenwelt" (im Sinn von Vicos mondo civile), nicht „Universum" besagt;

2. die faktisch-personale Wirklichkeit des redenden Partners, der sich als Redender zugleich als zum Bereich der Gesamtwirklichkeit gehörig und von ihr ausgenommen erweist; und

3. die zugleich „festgestellte" und bestätigte Wirklichkeit der eigenen Existenz.

Diesen Befund gilt es nunmehr auf den Glaubensakt anzuwenden, von dem sinngemäß mit Luther zu sagen ist: consolatur et certificat animam. Sichergestellt werden muß lediglich, daß er den Tatbestand des Dialogs erfüllt; dann ergibt sich für den Spezialfall dieses gottbezogenen Dialogs, daß auch seine Mitteilungsfunktion von Momenten elementarer Evidenzerfahrung durchsetzt und begleitet ist.

3. Dialogisch begründete Glaubensgewißheit

Erfüllt der Glaubensakt den Tatbestand des Dialogs? Die Frage kann sowohl an die reflektierende Glaubensanalyse wie an die biblischen Zeugnisse elementarer Glaubenserfahrung adressiert werden. Im ersten Fall liegt die Antwort fast auf der Hand. Als ein Credere Deum Deo hat der Glaube eindeutig dialogisch-responsorischen Charakter. Er verdankt sich nach Struktur und Vollzug der Tatsache, daß sich Gott dem Menschen als derjenige erwies, der ihm „etwas zu sagen hat", der mit der liebenden Autorität des sich selbst Mitteilenden zu ihm redete. Auf diesen Gott, der als Bürge seiner eigenen Wahrheit zu uns spricht, antwortet der Glaube. So gesehen ist Glaube soviel wie „affirmatives Reden mit Gott", das die göttliche Selbstzusage mit der menschlichen Zustimmung beantwortet.

Die Suche nach dem optimalen Zeugnis primordialer Glaubenserfahrung muß sich vom Gesichtspunkt der „Gleichzeitigkeit mit Christus" (Kierkegaard) leiten lassen, da erst mit ihr die Bedingung des Dialogischen voll gegeben ist. Reden kann man nur Aug' in Aug' mit dem Gesprächspartner, nicht über einen Zeitenabstand hinweg. Damit fällt eine wichtige Vorentscheidung. Am ergiebigsten wäre danach ein Zeugnis, das sich nicht feststellend, sondern vergegenwärtigend auf das Heil bezieht, das also den „historischen Ausgangspunkt" des Glaubens so anspricht, daß er als sein „Ausgangspunkt heute" ersichtlich wird. Dieser Forderung geschieht durch das Schlüsselwort des Römerbriefs (10,9) vollauf Genüge, da es das von Gott in Christus gewirkte Heil so zur Sprache bringt, wie es die Todesgrenze des Gewesenseins schon von sich aus zum Ziel der Selbstvergegenwärtigung durchbricht: „Wenn du in deinem Herzen glaubst, daß Gott ihn von den Toten erweckt hat, wirst du gerettet werden."

Der erhofften Dialogik steht indessen die Konstruktion der Aussage entgegen, die den Eindruck erweckt, als weise der Glaube tatsächlich die ihm von Martin Buber angelastete Signatur eines „Daß-Glaubens" auf, des Festhaltens satzhaft formulierbarer und formulierter Tatbestände [23]. Indessen läßt sich dieses Bedenken nur solange aufrechterhalten, als man den Eingang der Stelle außer acht läßt, die, bevor sie auf die Sache des Glaubens eingeht, auf die mit ihr gegebene Zeugnispflicht zu sprechen kommt: „Wenn du mit deinem Mund Jesus als den Herrn bekennst..." Zwar ist nicht von dem im Glauben mit Gott aufgenommenen Dialog die Rede, wohl aber von dem mit der personalen Umwelt des Glaubenden, mit den Mitglaubenden zunächst, aber zweifellos auch den Noch-Nicht-Glaubenden und den Nicht-Glaubenden. Ihnen allen schuldet er die bekennende Bezeugung dessen, was ihn in seinem „Herzen" bewegt: der von ihm gläubig bejahten Auferweckung Jesu durch die rettende Macht Gottes [24]. Noch entschiedener wandeln sich die Verhältnisse zugunsten der Dialogik, wenn man von der Römerstelle auf jenes

[23] Dazu die in diesem Vorwurf gipfelnde Streitschrift *M. Bubers,* Zwei Glaubensweisen (Zürich 1950) 31f, 34ff, 98f, 129ff.
[24] Christlicher Glaube ist somit, von seinem zentralen Inhalt her gesehen, Auferstehungsglaube. Für die Theologie bestätigt das *J. Ratzinger* mit der These, sie müsse „zuinnerst und zuerst Theologie der Auferstehung sein": Heilsgeschichte und Eschatologie. Zur Frage nach dem Ansatz des theologischen Denkens, in: Theologie im Wandel, 682–689.

Zeugnis zurückgreift, in welchem Paulus die seine Aussage tragende Glaubenserfahrung, wenn auch noch so knapp und formelhaft, zum Ausdruck bringt:

Da beschloß Gott, der mich vom Mutterschoß an auserwählt und durch seine Gnade berufen hat, in seiner Güte, seinen Sohn in mir zu offenbaren (Gal 1,15).

Auch wenn es zutreffen sollte, daß hier das Grundwort „apokalýptein" nur in einem allgemeinen Sinn gebraucht ist und daß das „in mir" auf eine einfache Dativbeziehung hinausläuft, also kaum mehr als „mir" besagt, bleibt doch der Eindruck einer Erfahrung, die nicht anders als die eines dialogischen Angeredetseins durch den sich selbst im Medium „seines Sohnes" manifestierenden Gott gedeutet werden kann. Ausgangserfahrung des Glaubens ist somit für Paulus nicht die eines „Festgelegtseins" auf satzhaft umschreibbare und als solche „festzuhaltende" Tatbestände, sondern deren dialogische „Bezeugung" in Akten der offenbarenden Selbstkundgabe Gottes. Damit ist die Ausgangsfrage nach dem dialogischen Charakter des Glaubens im positiven Sinn beantwortet und der Weg für eine wenigstens versuchsweise Anwendung der hermeneutischen Gewißheitsdaten auf ihn frei.

Von der dialogischen Evidenzvermittlung war zu sagen, daß sie sich in erster Linie auf das Faktum des Redens erstreckt. Demgemäß war Paulus in der „berufenden" Manifestation des Auferstandenen durch Gott zunächst der ihm zuteil gewordenen Offenbarung gewiß. Mit diesem Befund – einer Elementargegebenheit von gleicherweise gegenstands- wie erkenntnistheoretischer Relevanz (sofern darin das Moment der Evidenz mitgegeben ist) – muß sich jeder Versuch einer bloß psychologistischen Deutung des Offenbarungsphänomens auseinandersetzen. Und er wird solange als gescheitert zu gelten haben, als er entweder seinen Erklärungsversuch nicht mindestens ebenso einleuchtend machen oder aber das Zustandekommen der dialogischen Evidenz nicht mit evidenten Gründen widerlegen kann. Von gleicher Gewißheit war für Paulus die Existenz des im Medium des Sohnes zu ihm redenden Gottes und die bestätigende Verwandlung seiner eigenen Existenz, die er als Berufung in den Kreis der Auferstehungszeugen und damit zum Apostel Jesu erfuhr. Sämtliche der genannten Momente klingen, mehr oder minder deutlich, in der dreifachen Frage des Ersten Korintherbriefs an, sofern sie nur in ihrem vollen Gewicht genommen wird:

> Bin ich nicht frei?
> Bin ich nicht Apostel?
> Habe ich nicht den Herrn Jesus gesehen? (9, 1)

Nun läßt sich die Erfahrungsevidenz des Apostels freilich nicht direkt auf den Glaubenden übertragen, da dieser nicht wie jener Offenbarungsträger, sondern lediglich „Hörer" der Botschaft (im Sinn von Röm 10, 17) ist. Wie leicht ersichtlich, liegt für den Glaubenden alles an der möglichst weitgehenden Aufhebung dieser Mediatisierung, und das heißt an der (wenn auch nie vollständigen) Rückverwandlung der vermittelnden Botschaft in die Urgestalt des Offenbarungswortes. Das ist der primäre Sinn der die Kreuzespredigt des Apostels (nach 1 Kor 2, 4) begleitenden und sie als (geheime) Weisheitsrede bestätigenden „Erweise des Geistes und der Kraft", die nach Lessings resignierender Kritik heute nicht mehr vorkommen, da sie durch die historische Vermittlung zu bloßen Nachrichten von Wundern und Weissagungen herabgesunken sind. Der von der extrinsezistischen Konzeption eingeschlagene Ausweg, der die erweisenden Zeichen lediglich als (argumentative) Offenbarungskriterien gelten läßt, die im Rückbezug auf die Autorität des sich offenbarenden Gottes (auctoritas ipsius Dei revelantis) evidenzvermittelnde Beweiskraft erlangen, ist, wie sich jetzt zeigt, im Grunde nicht gangbar, da er, logisch gesehen, in einen Irrkreis ausläuft. Mit dem zunächst unausdrücklichen Rückbezug auf die den Kriteriencharakter von Wunder und Weissagungen überhaupt erst konstituierende Offenbarungsautorität Gottes wird hier gerade das vorausgesetzt, was durch diese Kriterien erst sichergestellt werden soll: die Tatsache der Offenbarung. Das aber heißt, daß sich so, wie hier faktisch argumentiert wird, grundsätzlich nur in einem hermeneutischen Kontext argumentieren läßt und daß es deshalb entscheidend darauf ankommt, die argumentativen Daten in diesen Kontext zu bringen. Dieser Kontext wird hergestellt durch eine als Heilsinterpretation verstandene Theologie, genauerhin durch den im Zugang zum Glauben erforderlichen und möglichen Vorgriff auf sie. Der Glaube, sagt Paulus, kommt aus dem Hören (der Botschaft), die Botschaft aus dem Wort Gottes (Röm 10, 17). Dieser zentralen Aussage zufolge ist alles daran gelegen, daß die angedeutete Genealogie auch wirklich bis zu ihrem Ursprung, dem Offenbarungswort, zurückverfolgt wird. Das geschieht in dem geforderten „theologischen Vorgriff", der lediglich in dem Bemühen besteht, der vernommenen Botschaft interpretierend und nicht nur registrierend zu begegnen. Denn „interpretieren" heißt, wie erinnerlich, soviel wie: auf die Ursprungssituation zurückgehen, also auf das dialogische Wort, dem die Botschaft als Wort (im Sinn von Kunde) von diesem Wort entstammt. Mit einem optischen Bild könnte man auch sagen: die Botschaft müsse im Sinn der Römerstelle auf ihren dialogischen Grund hin „transparent" gemacht werden. Mit ihrer (faktizistischen) „Annahme" ist es danach noch nicht getan. Vielmehr kommt es darauf an, sie in ihrem Vermittlungscharakter wahrzunehmen und von ihr „zurückzuschauen" auf den worthaften Ursprung, der in der offenbarenden Selbstmitteilung Gottes (nach Art der von Paulus laut Gal 1, 15 erfahrenen) besteht.

Diesem „transparenten" Hören muß – zu seiner Ermöglichung – ein äquivalentes Verkündigen entsprechen. Zentrales Kriterium seiner Angemessenheit ist darum nicht etwa das seiner Effizienz oder seines optimalen Empfängerbezugs, sondern das seiner Durchlässigkeit. Und das besagt: die zum Glauben rufende Predigt muß so erfolgen, daß durch sie hindurch, als das in und mit ihr eigentlich Gesagte, die Selbstaussage Gottes vernommen werden kann. Sie muß also, mit einer Grundkategorie des „heiligen Redens" verdeutlicht, „pro-phetischen" Charakter aufweisen, wobei prophetisch im Grundsinn des Ausdrucks genommen sein will, der ein „stellvertretendes" Reden, ein Sprechen anstelle eines andern (wie etwa dasjenige Aarons anstelle des redebehinderten Mose) meint[25].

Wo diese Voraussetzungen gegeben sind, wird auch dem Glaubenden – und nicht nur dem Offenbarungsträger – das Faktum der offenbarenden Gottesrede, wenngleich nur mittelbar, gewiß. Gleichzeitig versteht er seinen Glauben als die dieser Gottesrede einzig gemäße, von ihr zugleich provozierte und geforderte Antwort. Wo dieses (hermeneutische) Glaubensbewußtsein aufkommt, fällt der Bubersche Versuch, im Blick auf den jüdischen Emuna-Glauben eine Inferiorität des Christenglaubens aus dessen angeblicher Daß-Struktur abzuleiten, dahin. Als „Antwort" ist der christliche Glaube nicht auf Fakten, die ihm durch Daß-Sätze präsentiert wurden, bezogen; denn Antworten haben keinen andern als einen dialogischen Rückbezug. Ihre ganze Existenz verdanken sie der Tatsache, daß zuvor auf eine Antwort erheischende Weise gesprochen wurde. Darauf gehen sie respondierend ein. Und auf diesem Rückbezug finden sie in dem sie bedingenden Sprachereignis – im Fall des Glaubens im Offenbarungsgeschehen – ihre konstituierende Rechtfertigung. Insofern ist der Christenglaube dem Emuna-Glauben, der sich vor jedem inhaltlichen Bezug in die Obhut Gottes birgt und auf seine Macht begründet, durchaus konform. Ein Unterschied besteht, strukturell gesehen, lediglich darin, daß sich die christliche pístis formell und thematisch – und nicht nur generell und implizit – auf den Offenbarungsgott bezieht, weil er sich, genetisch gesehen, ausschließlich dessen offenbarender Selbstmitteilung verdankt.

Wenn aber das zutrifft, sind dem Glaubenden auch die beiden andern Momente bekannt, die zur Evidenzvermittlung der dialogischen Rede gehören: die Existenz des Redenden und, korrespondierend zu dieser, die eigene Existenz. Indessen liegt dieses

---

[25] Aaron ist „Mund" für Mose wie dieser für Gott, was in umgekehrter Sicht besagt, daß Mose Aaron gegenüber in die Rolle Gottes eintritt: er ist „Elohim" für Aaron. Zu dieser wichtigsten Stelle (Ex 4,16) *G. v. Rad*, Theologie des Alten Testaments II (München 1960) 62.

„Gegebensein" auf unterschiedlichen Ebenen. Es betrifft die Existenz des Glaubenden ungleich stärker als die des zu ihm redenden Gottes. Das hängt ursächlich mit der Vermitteltheit der Offenbarungsrede zusammen, die dem Glaubenden nur indirekt, im Zeugnis und Sprachgewand des Kerygmas, vernehmlich wird. Zwar bedingt der Glaube ein Gottesbewußtsein. Wer glaubt, wird Gottes auf eine neue, den Gewißheitsgrad aller übrigen „Wege" übertreffenden Weise gewiß. Doch bleibt diese Gewißheit so lange in Schwebe, wie nicht deutlich wurde, in welcher Form die Aufhebung der Zweiheit von Zeugnis und Bezeugtem geschieht. Das aber gehört zum Fragekreis der Konkretisierung, der in der Folge zur Diskussion steht.

Um so deutlicher kommt dafür das subjektive Gewißheitsdatum zum Vorschein. Glauben ist, wie insbesondere seine von Buber herausgestellte Emuna-Struktur deutlich werden läßt, ein Sich-Festmachen und Sich-Einwurzeln, ein Halt- und Standgewinnen in Gott. Wenn das Worin dieses Gewinns zunächst auch noch verschattet bleibt, erlangt er selbst doch von vornherein bewußtseinsbildende Effizien. Die im Glauben gewonnene Selbstgewißheit erscheint in psychologischer Sicht gewissermaßen als die „Morgengabe", mit der der Glaube seinen „Täter", schon bevor er mit seiner Aufgabe zu Ende kam, beschenkte. Wie zur Bestätigung dessen zitiert der Zweite Korintherbrief ein Psalmwort (116, 10), das im Zusammenhang mit der zentralen Römerstelle (10, 9) sein volles Profil gewinnt und so verstanden geradezu als das christliche Gegenstück zum kartesianischen Cogito erscheint:

Ich glaube, darum rede ich (4, 13).

Dem fügt Paulus, aus der Erfahrung seiner gläubigen Existenz, bestätigend hinzu:

Auch wir glauben und reden (ebd.).

Das Gewicht des damit Gesagten wird, wie angedeutet, erst dann voll fühlbar, wenn man sich daran erinnert, daß die Römer-

78

stelle das dem Glaubenden abverlangte Bekenntnis (homología) noch vor dem zentralen Inhalt nannte. Ein stummer, sich verschweigender Glaube ist absurd. Er wäre, bildhaft ausgedrückt, wie ein unsichtbar gebliebenes Licht, wie ein zum Schweigen gebrachtes Wort, wie ein zur Tatenlosigkeit verurteilter Entschluß. Wie er aus dem Wort kommt, ist der Glaube dem Wort verpflichtet: wer glaubt, muß bekennend reden und redend bekennen. Dazu ermächtigt und treibt ihn die als ,,Morgengabe" empfangene Gewißheit, die in diesem ,,Frühstadium" vor allem die existentielle Selbstvergewisserung des Glaubens betrifft.

Die enge Verspannung mit dem Bekenntnis läßt auch schon den besonderen Charakter dieser Vergewisserung erkennen. Wie sie, kaum gewonnen, alsbald im Bekenntnis den andern zugute kommt, lebt sie aus der Beziehung auf sie. Und das besagt: sie hat, strukturell betrachtet, den Charakter der (personalen) Bestätigung. Der Glaubende ist seiner – und seiner Sache – gewiß, weil er es gesagt bekam, nicht aber deshalb, weil er es aufgrund einsamer Selbstreflexion weiß. Aus diesem Grund ist seine Gewißheit kommunikativ: kein als individuelle Habe – gleichsam als ,,Verschlußsache" – zu wahrender Inbesitz, sondern eine Gabe, die als solche dazu drängt, in Akten gläubiger Kommunikation weitergegeben zu werden. Mit dem Schlußwort von Bubers Essay ,,Urdistanz und Beziehung" (von 1951) könnte man sagen: In der liebenden Bezeugung der im Glauben gewonnenen Bestätigung reichen die Glaubenden einander ,,das Himmelsbrot des Selbstseins"[26].

4. Christologisch zentriertes Gottesbewußtsein

Wer unreflektiert vom Glauben redet, meint gemeinhin den Glauben an Gott, wobei er mit dem Ausdruck ,,glauben" den zugleich offensten und sichersten Weg zur Gottesgewißheit be-

---

[26] Werke I: Schriften zur Philosophie (München und Heidelberg 1962) 423.

zeichnet. Semantisch gesehen steht „glauben" somit nicht für alle Inhaltsbeziehungen gleicherweise offen; vielmehr weist es eine deutliche Inklination zu „Gott" hin auf, Glauben ist, der spontanen Sinnerwartung zufolge, Glaube an Gott, Gottesglaube. Das läßt sich mit der Prioritätenfolge der im Glauben gewonnenen Gewißheiten nicht ohne weiteres zur Deckung bringen. Bedingt durch die Vermitteltheit der göttlichen Selbsterschließung ist die Gottesgewißheit, die im Glauben gewonnen wird, verglichen mit der Gewißheit über das Faktum des gläubig rezipierten Angesprochenseins und der Existenz des Glaubenden, zweifellos die am wenigsten greifbare. Da sich die gläubige Erwartungshaltung aber in erster Linie auf sie richtet, kann und darf sie in dieser Undeutlichkeit nicht bleiben. Im andern Fall geriete der Glaube in ein folgenschweres Zerwürfnis mit sich selbst. Denn die in und mit ihm gewonnene Gewißheit gälte am wenigsten dem, woran er nach allgemeiner Auffassung unmittelbar „glaubt" und worin er – nicht nur nach gängiger Auffassung – als ein Credere Deo seinen innersten Halt hat. Er stünde, mit einem biblischen Bild gesprochen, auf tönernen Füßen.

Aus diesem Engpaß führt nur eine Besinnung auf die konkrete Herkunft des Glaubens heraus. Mag die Religionsgeschichte dafür noch so viele und überzeugende Erklärungen beibringen – christlich gesehen ist und bleibt der Glaube die von Jesus eröffnete, mit seiner Person und seinem Werk unablösbar verbundene Möglichkeit, zu Gott in ein spezifisches, seinem Liebeswillen angemessenes Verhältnis zu treten. In diesem Sinn ist Jesus nach christlichem Verständnis stets – und unabdingbar – beides: „Wegbereiter und Vollender des Glaubens" (Hebr 12,2). Wegbereiter (archêgós), weil es die christliche Glaubensmöglichkeit ohne ihn niemals gegeben hätte und weil sie sich nur im aktuellen Anschluß an ihn realisieren läßt. Und Vollender (teleiôtês), weil er wie Grund auch Ziel der Glaubensbewegung ist: Ziel im Sinn des Hebräereingangs, der Jesus den abschließenden Offenbarungsträger der Endzeit nennt:

Vielmals und auf vielerlei Weise hat Gott einst zu den Vätern durch
die Propheten gesprochen; in diesen Tagen der Endzeit aber hat er zu
uns gesprochen durch den Sohn (1,1f).

Im Anschluß an die Grundformel könnte man den Glauben von
hier aus als ein Credere Christo Christum bestimmen. Mit „Christo" wäre Jesus als die zentrale „Bezugsperson" genannt, auf die
hin sich der christliche Glaube entwirft und konkretisiert. In diesem ersten Aspekt erschiene er demnach so, wie er zum Glauben
ruft und die darauf Hörenden auf seine eigene Glaubensbahn mit-
nimmt. Mit „Christum" wäre Jesus dagegen als das Medium quod
der erfüllenden Gottesoffenbarung angesprochen; denn „Inhalt"
des Glaubens – und „Inhalt" im Sinn der Epheser-Aussage, derzufolge Christus „durch den Glauben in den Herzen" der Gläubigen wohnt (3, 17) – ist Jesus nicht so sehr als derjenige, der „etwas
zu sagen hat", als vielmehr aufgrund seiner Prophetenrolle: als
derjenige, durch welchen sich Gott abschließend verständlich
macht und mitteilt. Läßt man diese Nuancierung beiseite, so kann
man in der zweifachen Nennung Jesu auch einen Hinweis auf die
„Spur" erkennen, die der Übergang vom verkündigenden Jesus
zum verkündigten Christus im Strukturbild des Glaubens hinter-
ließ. Mit der Nennung der Bezugsperson (Christo) vollzieht der
Glaube immerfort den Anschluß an den lehrenden und in seine
Nachfolge rufenden Jesus; mit dem Hinweis auf seinen Blickpunkt
(Christum) bezieht er sich thematisch auf den geglaubten Christus.

Umgekehrt erscheint die Differenz, im Licht des Glaubensvollzugs betrachtet, als die vom Tod gezogene Folgerung der Sache
Jesu aus sich selbst. In Tod und Auferstehung Jesu wird offenkun-
dig, daß bereits die Reich-Gottes-Predigt ihn selbst zum „Gegenstand" hatte, als welcher er jetzt den Glauben der Gemeinde bestimmt. Das heißt indessen nicht, daß der Glaube bei dem
„vergegenständlichten" Jesus stehenbleiben darf, da er sonst, wie
die Glaubensgeschichte lehrt, erstarren müßte und damit Gefahr
liefe, in eine Ideologie umgefälscht zu werden. Vielmehr muß er
vom verkündigten Jesus Mal um Mal zu dem verkündigenden zurückgehen, um ihn am Wortlaut seiner Stimme „wiederzuerken-

nen" und als den lebendig Redenden zu verstehen. Nur so geschieht der kerygmatischen Differenz, die sich damit gleicherweise
als eine hermeneutische wie eine historische erweist, Genüge.

Die Revision des Gewißheitsproblems wird durch die bewußte
Bindung des Glaubens an den historischen Jesus ermöglicht. Nur
dem – unzutreffenden – Anschein nach leistet diese für die heutige Frömmigkeit charakteristische „Kehre" einer Übersteigerung
der horizontalen Strukturen, sprich: einer Auflösung des spezifisch Religiösen in „bloß" Menschliches Vorschub. Zwar blitzt im
Vollzug der Kehre die im christlichen Glaubensverständnis fast
ganz verlorene Einsicht auf, daß der Glaube auch als eine Form
zwischenmenschlich-dialogischen und nicht nur religiösen Verhaltens zu gelten hat; doch wird diese Position alsbald vom „Stil"
der Selbstverwirklichung Jesu überholt. „Sofern er lebt, lebt er
für Gott", sagt davon ein aufschlußreiches Römerwort (6, 10).

Freigesetzt durch einen Akt radikaler Annahme des Daseins,
durch den er den Tod, diesen äußersten aller Schrecken, ein für
allemal „hinter sich" hat, lebt Jesus in der Freiheit, seine Identität
in Akten scheinbarer Desintegration, tatsächlich aber totaler
Kommunikation wahren zu können. Er braucht nicht zu schweigen, um sich zu sammeln, sowenig wie er zu besitzen braucht, um
sich freuen zu können. In der Distanz ist er bei allen, in der Hinge-
gebenheit und Verausgabung bei sich selbst. Ähnlich verschieden
ist auch sein Gottesverhältnis. Er hat es nicht nötig, sich zu religiösen Akten zu „erheben", um bei Gott zu sein. Er ist, noch vor
jeder andern Beziehung, und beträfe sie die nächsten Menschen
und Dinge, bei ihm. Gott ist ihm der Erstgegebene, Erstwirkliche,
Erstgewisse. Er kommt nicht von der Welt zu Gott, sondern umgekehrt – und nicht nur im dogmatischen, sondern strukturellen
Sinn – von Gott zu Mensch und Welt.

Doch behält er dieses einzigartige Gottesverhältnis nicht für
sich. Vielmehr setzt er alles daran, es an die Seinen weiterzugeben.
Das gebieterische, fast aufbegehrende und aufdringliche Wort des
Hohepriesterlichen Gebets hat diesen Zug getreu bewahrt, auch
wenn es ihn ins Eschatologische spiegelt:

Vater, ich will, daß alle, die du mir gegeben hast, dort bei mir sind, wo ich bin. Sie sollen meine Herrlichkeit schauen, die du mir gegeben hast; denn du hast mich geliebt vor Grundlegung der Welt (Joh 17, 24).

Mit welchem Erfolg sich Jesus um diese „Weitergabe" bemühte, sagt am klarsten die Feststellung Karl Rahners, wonach sich den Männern des Neuen Testaments die Gottesfrage als bedrängendes Erkenntnisproblem nicht stellt, weil sie sich einer fraglosen Gottesgewißheit erfreuen [27]. An dieser Gewißheit gibt der Glaube Anteil. Er baut nicht, wie es der traditionellen Fundamentaltheologie zufolge den Anschein hat, auf bereits geführte Gottesbeweise auf. Er führt durch sich selbst zu Gott, sofern er, hermeneutisch gesehen, eine „Horizontverschmelzung" (Gadamer) mit dem Gottesbewußtsein Jesu betreibt. Jesus vermittelt keine Offenbarung über einen von ihm unabhängig gewußten Gott. Er übereignet vielmehr mit der Offenbarung zusammen auch sein Gottesbewußtsein. Indem er dem Glaubenden die Retterhand bietet, läßt er ihn – gleichsam durch sie hindurch – auch den Halt fühlen, durch den er selbst gehalten ist. Strukturell gesehen hängt das mit der im Glauben gewonnenen dreifachen Gewißheit zusammen, die grundrißhaft im primordialen Osterzeugnis des Galaterbriefs vorgezeichnet ist: „Da beschloß Gott... in seiner Güte, seinen Sohn in mir zu offenbaren." Mit dem Redeinhalt (Sohn) ist die Existenz des Redenden (Gott) und mit beiden zusammen die des Glaubenden (im Sinn seiner Gotteskindschaft) gewiß.

5. Elemente der Glaubensmystik

Der Glaube stirbt an der Formalanalyse seiner Begründungsakte, wenn diese nicht ausmündet in eine konzentrative Betrachtung, die wieder zusammenfaßt, was szientifisches Interesse zuvor in

---

[27] Theos im Neuen Testament, in: Schriften zur Theologie I (Einsiedeln 1954) 108–112.

einzelne Bestandteile zerlegte. Denn das letzte Kriterium in Sachen der Glaubensbegründung bildet die Frage, ob sie auch wirklich zum Glauben verhilft, ob es ihr also, in der Schulsprache gesprochen, gelingt, das Glaubwürdigkeitsurteil (iudicium credibilitatis) so zu formulieren, daß sich daraus der Glaubenswille als Konsequenz (im Sinn des iudicium credenditatis) ergibt. Dazu kann es aber nur kommen, wenn es gelingt, den Glauben als Lebenseinheit zu erweisen und von dieser zugleich so zu reden, daß die Darstellung eine Inklination zu seiner Übernahme bewirkt. Das eine wird durch die Ausarbeitung der mystischen Implikationen des Glaubens erreicht, das andere durch ein „konkretisierendes" Reden über ihn, also durch eine Auslegung, die den Prozeß der Übereignung nicht der Eigeninitiative des Rezipienten überläßt, sondern ihn durch sprachlich vermittelte Impulse schon von sich aus herbeiführt. Mit der einen dieser Tendenzen nähert sich die Glaubensbegründung dem dogmatisch-mystischen Traktat über den Glauben (in seinem Zusammenhang mit der Trias der theologischen Tugenden) an, mit der andern nimmt sie Anteil am Programm einer „konkreten Theologie".

Was den Einstieg in die mystische Innensicht des Glaubens anlangt, so wird sie am schnellsten durch die Aufhebung der Duplizität gewonnen, in welcher ihn die Strukturanalyse beließ. Sie erwies den Glauben, die irenäische Grundformel fortbildend, als ein Credere Christo Christum, als einen Doppelbezug auf Jesus also, wie er dem Unterschied zwischen dem Verkündigenden und dem Verkündigten entspricht. So wohlbegründet dieser Unterschied ist – begründet nicht erst durch die von der liberalen Theologie getroffene Unterscheidung[28], sondern ungleich früher schon durch

---

[28] Nachdem *M. Kähler* schon vor der Jahrhundertwende mit seinem Werk „Der sogenannte historische Jesus und der geschichtliche, biblische Christus" (von 1892) auf die Bedeutung der Rückfrage nach dem historischen Jesus hingewiesen hatte, verhalf ihr *E. Käsemann* mit seinem (auf einen Vortrag vor den „Alten Marburgern" im Oktober 1953 zurückgehenden) Aufsatz „Das Problem des historischen Jesus" (von 1954) endgültig zum Durchbruch: Exegetische Versuche und Veröffentlichungen I (Tübingen 1970) 187 bis 214. Dazu *J. M. Robinson*, Kerygma und historischer Jesus (Zürich/Stuttgart 1960) 7–37.

den Tod Jesu und seine Auswirkung auf den Glauben der Gemeinde –, so wenig kann man mit ihr leben. Leben, besonders intensives Leben, ist nur in einfachen Grundverhältnissen möglich[29]. Schon die Reflexion darauf wirkt lähmend. Erst recht stirbt der intensive Lebensvollzug an jeder Art von Duplizierung.

Für den religiösen Lebensakt, das Gebet, hat das am eindringlichsten Martin Buber nachgewiesen, der an einer Stelle seiner „Gottesfinsternis" (von 1953) darlegt, wie der Gebetsakt förmlich unter dem Übergriff des ihn spiegelnden Bewußtseins zerbricht:

Der Angreifer ist das Bewußtsein, das Überbewußtsein dieses Menschen hier, daß er betet, daß er *betet*, daß *er* betet. Und der Angreifer scheint unüberwindlich. Das Subjektwissen des sich Hinwendenden um seine Hinwendung, dieser Rückhalt des nicht in den Akt mit eingehenden Rest-Ich, dem er ein Gegenstand ist, despossediert den Augenblick, despontaneisiert ihn. Was das bedeutet, weiß der spezifisch moderne, aber noch nicht loslassende Mensch: der Unpräsente gewahrt keine Präsenz[29a].

Weil der Glaube nicht weniger als das Gebet auf der Präsenz bestehen muß, muß es im Interesse seines lebendigen Vollzugs gelingen, die Duplizität seiner Zweigesichtigkeit zu überwinden, die, sosehr sie für ihn konstitutiv ist, ihn doch zugleich daran hindert, zur tragenden Lebenswirklichkeit des auf Einheit und Gegenwart angelegten Menschen zu werden.

Einen ersten Weg eröffnet eine der kühnsten Formulierungen der heutigen Medientheorie. Sie bildet den Leitgedanken der aufsehenerregenden Studie von Marshall McLuhan mit dem Originaltitel Understanding Media (deutsch: Magische Kanäle) und lautet: The medium is the message[30]. Danach bleibt, was immer durch ein technisches Medium vermittelt wird, hinter seiner eigenen Prägekraft zurück. In diesem Sinn ist das Medium im Sinne

---

[29] Das ist das Grundanliegen, dem Franz Rosenzweig in seinem nachgelassenen Büchlein vom gesunden und kranken Menschenverstand (von 1921) geistvoll-kritischen Ausdruck verlieh. Die von ihrem Autor nicht zur Publikation freigegebene Schrift erschien erst dreiundvierzig Jahre nach ihrer Entstehung in einer von *N. Glatzer* besorgten Ausgabe (Düsseldorf 1964).
[29a] *M. Buber*, Werke I: Schriften zur Philosophie, 596f.
[30] *M. McLuhan*, Magische Kanäle (Frankfurt a. M. 1970).

des McLuhanschen Leitworts selbst die (jede durch es bewerkstelligte Sinn-Vermittlung übersteigende) Botschaft.

In die theologische Perspektive gerückt, steht McLuhans These in einem zunächst frappierenden, bei näherem Zusehen jedoch wohlbegründeten Ähnlichkeitsbezug zum Eingang des Johannes-Prologs, der den Offenbarer, der uns, vom Herzen des Vaters kommend, Kunde von dem in seinem Geheimnis verschwiegenen Gott brachte, „das Wort" nennt und dadurch mit der von ihm übermittelten Offenbarungsbotschaft gleichsetzt. Wie das Medium in der Theorie McLuhans tritt hier das Wort ins Zentrum der Botschaft; mehr noch: es bildet die Botschaft. Diese prinzipielle Gleichsetzung bestätigt der Fortgang des Textes, sofern er die entscheidenden Heilsaussagen auf den uranfänglichen Logos bezieht. Umgekehrt läßt sich die Wahl des Logos-Namens für den Heilbringer nur aus der Absicht des Autors befriedigend erklären, von ihm eine wirkliche Worthaftigkeit auszusagen. Er ist der Inhalt, zu dessen Wesen es gehört, sich aus eigenstem Antrieb – und nicht erst aufgrund zusätzlich eingebrachter Vermittlungsstrukturen – mitzuteilen. Im Blick auf das andere Grundwort der johanneischen Botschaft könnte man auch sagen: er ist das Wort, weil er die menschgewordene Liebe des Vaters ist, und er bekundet diese seine Wesenswürde am unmittelbarsten, indem er redet. In die konkrete Lebenswirklichkeit Jesu übersetzt, könnte das heißen, seine Botschaft bestehe geradezu in seinem „Mitteilungswillen", einfacher noch ausgedrückt, in seiner Mit-Menschlichkeit. So gesehen ist sie keine primär sich selbst genügende Geltung, kein Sinn an sich, sondern Gabe und Dienst, dienende Menschlichkeit und als solche Hilfe zur (integralen) Menschlichkeit[31].

Was damit gewonnen ist, liegt auf der Hand. Wenn Jesus als Botschafter die Botschaft, als Verkündiger (des Gottesreichs) der Verkündigte (und das besagt: der zentrale Inhalt des apostolischen Kerygmas) ist, wird der duplizierende Unterschied, der im

---

[31] Dazu die Ausführungen meiner Schrift „Gott verstehen. Erwägungen zum Verhältnis Mensch und Offenbarung" (München – Freiburg i. Br. 1971) 133f, in denen ich dem angesprochenen Zusammenhang erstmals nachging.

Vorgriff auf diese Überlegungen als die „kerygmatische Differenz" charakterisiert wurde, hinfällig. Dann hat man im Botschafter bereits die Botschaft, während diese bei aller Inhaltsfülle nie (verfügbarer) Gegenstand wird, sondern stets „Wort" im Sinn des Johannes-Prologs, dialogisch-lebendige Zueignung, bleibt. Daß der Unterschied „hinfällig" wird, darf keineswegs dahin verstanden werden, daß die mit ihm markierte Differenz gleichgültig sei. Das Gegenteil trifft vielmehr zu: sie muß mit vollem Bedacht zur Einheit geführt werden, indem man im Wort des Botschafters den (mit ihm selbst identischen) Sinn zu vernehmen sucht und diesen, der Wegweisung des Verstehens folgend, auf den Verkündiger zurückbezieht[32]. In dieser Integration liegt das mystische Element des Glaubens. Alle Mystik will Einheit, Einheit im scheinbar Unvereinbaren, letztlich sogar im Gegensatz von menschlicher Kontingenz und göttlicher Unendlichkeit. Der Glaube aber ist der im Vertrauen auf seine Integrationskraft stets neu unternommene Anlauf zu dieser Einheit.

So modern das Interesse erscheint, das diesen Integrationsversuch leitet[33], hat es doch bereits das Evangelium auf seiner Seite. Wie Eduard Schweizer in seinem Jesusbuch „Jesus Christus im vielfältigen Zeugnis des Neuen Testaments" (von 1968) betont, erscheint schon der Jesus der Logien-Quelle (Q), die keine Hinweise auf Kreuz und Auferstehung, sondern lediglich auf das „endzeitliche Kommen des Menschensohnes Jesus als Richter und Retter" enthält, in österlichem Licht, vor allem dadurch, daß sie das „vollmächtige Wirken Jesu" betont[34]. Nach dem Jesusbuch Günther Bornkamms (von 1956) gilt das erst recht von den kano-

---

[32] „Als Hauptsache und Zielgrund eines jeden Glaubensaktes ist ... die Person zu betrachten, deren Wort man seine Zustimmung erteilt. Demgegenüber erscheinen die Einzelheiten der durch diesen Zustimmungsakt angenommenen Wahrheit als sekundär", betont schon Thomas v. A. (S. th. II/II, a. 1, a. 1, c).

[33] Unter den modernen Theoretikern wies vor allem *J. Mouroux* auf die Bedeutung der Glaubensmystik hin: Ich glaube an dich. Von der personalen Struktur des Glaubens (Einsiedeln 1951) 46–54.

[34] *F. Schweizer*, Jesus Christus im vielfältigen Zeugnis des Neuen Testaments, (München – Hamburg 1968) 125f.

nischen Evangelien, gerade auch von den der Logien-Quelle besonders nahestehenden Synoptikern[35]. Der Rabbi von Nazaret ist für sie „zugleich der Auferstandene, der Bringer des Heils und die Erfüllung göttlicher Ratschlüsse". Demgemäß verfolgen sie kein chronologisches Interesse, sondern das Ziel, das „Einst der Geschichte Jesu auf seine Bedeutung für die Gegenwart heute und das Dereinst der Zukunft Gottes" zu befragen. So wird Jesus schon im Markusevangelium, der ältesten kanonischen Evangelienschrift, einer bestätigenden Bemerkung Herbert Brauns zufolge, zum „Mittelpunkt einer geheimen Epiphanie"[36].

Während die Synoptiker, wiewohl vom österlichen Bewußtsein getragen, der Blickrichtung nach vom historischen Jesus zum Erhöhten aufschauen und diesen in der geschichtlichen Gestalt des „Mannes aus Nazareth" aufscheinen sehen, verhält es sich bei Johannes gerade umgekehrt. Er geht konsequent von der Position des Erhöhten aus, selbst in den von Kampf und Leiden berichtenden Passagen seines Evangeliums, so daß sich die erzählte Lebensgeschichte wie eine große Rückblende ausnimmt. Daher der statuarische Charakter der zum Lebensbild vereinten Szenen und insbesondere auch der hieratische Redestil, der, unbeeinflußt von Zeit und Situation, stets dieselbe „Höhenlage" hält. Noch nicht einmal in der dramatisch geschilderten Passion ist Jesus voll in Mitleidenschaft gezogen, sondern bei aller Grausamkeit der Geschehnisse diesen zugleich so weit entrückt, daß er wie ein letztlich Unbetroffener durch sie hindurchgeht. Doch dies nicht etwa aufgrund der dem Johannesevangelium wiederholt angelasteten Nähe zum gnostischen Dualismus, sondern der konsequent durchgehaltenen Erhöhungschristologie, die alles, auch das Leiden, aus der Sicht dessen darstellt, der von sich sagt: „Ich habe die Welt überwunden" (Joh 16,33).

Hier wie dort ist die kerygmatische Differenz in eine mystische Einheit aufgehoben. Und damit ist dem Glauben ein erster Fin-

---

[35] *G. Bornkamm*, Jesus von Nazareth (Stuttgart 1956) 14f.
[36] *H. Braun*, Jesus, der Mann aus Nazareth und seine Zeit (Stuttgart – Berlin 1969) 48.

gerzeig gegeben, wie er gelebt und (was für die Lebenswirklichkeit entscheidend ist) bruchlos vollzogen werden kann. Es gilt, wie eingangs betont, die kommunikationstheoretische These von der Identität von Medium und Inhalt auf ihn anzuwenden. Das ist hier um so mehr erlaubt, als der Glaube, funktional gesehen, der Welt der Medien nahesteht. Ohne selbst Medium im primären Sinn des Wortes zu sein, erfüllt er doch weitgehend den Tatbestand der Vermittlung, gleichgültig, ob dabei an das ihn konstituierende Kerygma, an das ihn regulierende Lehramt, an das ihm zugrunde liegende Schriftwort oder schließlich an den darin bezeugten Offenbarer selbst gedacht wird[37].

Der Rückgriff auf die Evangelien brachte indessen nicht nur eine Bestätigung der These; er verhilft auch zu einer bemerkenswerten Differenzierung. Hält man sich an die Synoptiker und ihre Tendenz, den historischen Jesus im Glanz der Erhöhung erscheinen zu lassen, so ergibt sich die Ausgangsformulierung: „Der Botschafter ist die Botschaft". Übernimmt man jedoch die johanneische Seh- und Denkweise, die vom Standpunkt der Vollendung aus rückblickend und erinnernd auf die Lebensgeschichte eingeht, so entspricht dem eher die gegenläufige Fassung des Gedankens, die dann – mit einem Ebner-Titel – lauten könnte: „Das Wort ist der Weg". Nicht umsonst nennt sich der johanneische Jesus formell den „Weg" (14,6). Weil er das uranfängliche Wort in ewiger Lebensgemeinschaft mit dem Vater ist, spricht er Worte des ewigen Lebens (6,68).

Ins Zentrum der Glaubensmystik führt jedoch erst das genauere Bedenken der zwischen Botschaft und Botschafter bestehenden Einheit. Sie läßt sich am besten durch den Satz erschließen, daß sich Jesus in seiner Botschaft selbst zur Sprache bringt. Wo er lehrt, teilt er sich mit. Wo er fordert, zieht er die Angerufenen auf seine Bahn. Und von seinem „Gesetz" gilt: „Mein Joch ist sanft und meine Bürde leicht." Nie geht es ihm um eine von

---

[37] Medium ist der Glaube somit in einem eher sekundären Sinn, sofern er den immerwährenden Antrieb der homología bildet.

ihm verschiedene oder auch nur unterscheidbare „Wahrheit" und nie um eine „Norm", der er sich gleicherweise wie die von ihm auf sie Verpflichteten beugen müßte. Vielmehr ist er selbst, wie er es in den johanneischen Abschiedsreden sagt, „die Wahrheit" und „der Weg", auf den er die Seinen verweist.

Das Johannesevangelium bringt diesen Selbst-Bezug aller Äußerungen Jesu dadurch mit allem Nachdruck zum Vorschein, daß es seine Lehren in den Ich-bin-Worten gipfeln läßt. Die entscheidende Sinnübereignung erfolgt demgemäß nicht in der Enthüllung einer „Idee" (eîdos) oder einer „Struktur", sondern in der sprachlichen Selbstvergegenwärtigung des Redenden. Er will in seinem Wort so präsent werden, daß sich der Angesprochene auf diese Gegenwart beziehen, sich in sie bergen und sie als den „Ort" seiner Selbstvergegenwärtigung aufsuchen kann[38]. Von daher vereinfacht sich der darauf bezogene Glaube zusehends im Sinn primordialer Lebensstrukturen. Symptomatisch dafür ist das nahezu synonyme Verhältnis, in welches der johanneische Glaube zu „Erkennen" (ginôskein) tritt[39]. Das deutet, analytisch gesprochen, auf eine Vereinfachung der Zirkelstruktur zur Lineargestalt hin. Demgemäß ist Glaube hier, nach der Sicht der Brotrede, das Verzehren des Lebensbrots, das Jesus selber ist, oder, mit der Metaphorik der Hirtenrede ausgedrückt, das Hören der Hirtenstimme und der ge-horsame Eintritt in den bergenden Schafstall. Die Struktur ist klar, einfach und darum vollziehbar. Es kommt nur darauf an, die fremdgewordenen Bilder durch andere, der modernen Lebenswelt entnommene, zu ersetzen.

Einfacher gestaltet sich das Umsetzungsproblem im Fall des synoptischen Pendants. Dort nimmt anstelle von Ich-Aussagen die Reich-Gottes-Proklamation die Schlüsselstellung in der Verkündigung Jesu und, wie das Wort von der Dämonenaustreibung

---

[38] Bemerkenswertes sagt dazu im Anschluß an Gabriel Marcels „Le mystère de l'être" *L. Dewart* in seinem Buch Die Zukunft des Glaubens (Einsiedeln 1968) 172.

[39] Dazu der Exkurs Glaube und Erkennen bei *A. Wikenhauser,* Das Evangelium nach Johannes (Regensburg 1948) 198–203.

„durch den Finger Gottes" (Lk 11,20) zeigt, in seinem gesamten Lebenswerk ein. Einen ersten Hinweis darf man der analogen Präsenzbestimmung entnehmen, die Jesus vom Gottesreich und von sich selber gibt. Auf die Pharisäerfrage nach der Ankunft des Gottesreichs antwortet er:

Das Gottesreich kommt nicht mit äußerem Aufwand. Auch kann man nicht sagen: sieh „hier" oder „dort"; denn seht, es ist mitten unter euch (Lk 17,20f).

Und von seiner Anwesenheit inmitten der Seinen sagt er:

Wo zwei oder drei in meinem Namen versammelt sind, da bin ich inmitten von ihnen (Mt 18,20)[40].

Das ist schwerlich ein Zufall. Viel eher spricht es dafür, daß der gleiche Modus der Präsenz aus der Gleichheit der vergegenwärtigten „Sache" folgt, daß es also bei der Sache des Gottesreichs letztlich um die Sache Jesu geht. Sosehr er den Gedanken des endzeitlichen Gottesreichs der alttestamentlichen Tradition entnimmt, füllt er ihn doch so sehr mit seinem eigenen Geist und Leben, daß er als seine originale Schöpfung, unvergleichbar mit allem, was zuvor jemals unter „Reich Gottes" gedacht und verstanden wurde, erscheint. Und er wirkt so, weil sich Jesus ihn derart zu eigen machte, daß er tatsächlich als seine Selbst-Aussage zu gelten hat. In Gestalt eines Sachbegriffs bringt sich Jesus in seiner Reich-Gottes-Verkündigung demzufolge selbst zur Sprache. Nicht umsonst nennt ihn schon Origenes die „autobasileîa", das Selbstsein gewordene Gottesreich[41].

Auch wenn man das zunächst nur als formale Folgerung gelten läßt, wird man durch die Erhellungskraft des Ansatzes doch rasch von seiner Richtigkeit überzeugt. Nicht nur, daß er – und er allein – erklärt, weshalb sich Jesus mit solcher Ausschließlichkeit in den Dienst der Reich-Gottes-Idee stellt. Das konnte er, gemessen an seinem Anspruch, der abschließende Offenbarer des Got-

---

[40] Das entòs hymôn in Lk 17,21 ist mit „en mésô autôn" in Mt 18,20 semantisch gesehen so gut wie äquivalent.
[41] In Matthaeum 14,7.

tesgeheimnisses zu sein, nur unter der Voraussetzung, daß mit dem Wort vom Gottesreich alles gesagt war, was sich in und mit ihm von Gott her klären und mitteilen wollte. Ebenso weittragend ist die Konsequenz, die sich für die unbezweifelbare Einheit von Leben und Denken im Persönlichkeitsbild Jesu ergibt. Wenn je einmal, war in seinem Fall das Denken die Klärung und kognitive Verarbeitung dessen, was er lebte und das Leben die existentielle Gegenprobe seines Denkens. Daher seine scharfe Kritik an denen, die dem Volk zwar die Last einer fremdgesetzlichen Lebensnorm aufbürden, selbst aber keinen Finger rühren, um sie wegzuschaffen (Mt 23,4). Wie scharf kontrastiert damit sein eigener Wesenswille! Zwar kommt auch er nicht an der Notwendigkeit vorbei, den Seinen zur ,,Bürde'' zu werden, sei es dadurch, daß er sie mit seiner Selbstgewährung überfordert, oder auch nur dadurch, daß er ihren Freiheitsraum im Interesse der Gemeinschaft beschränken muß. Doch tritt er im selben Augenblick auch schon stützend unter die von ihm auferlegte Last, so daß sie leicht, also ohne Beschädigung des unter sie Gebeugten, zu tragen ist[42]. Das bringt wie kein im historischen Sinn authentisches Logion die große Einladung an die von einer unerträglich gewordenen Lebenslast Beschwerten zum Ausdruck:

Her zu mir, ihr Bedrückten und Bedrängten! Ich will euch Ruhe geben. Nehmt mein Joch auf euch und lernt von mir ...; denn mein Joch ist sanft und meine Last ist leicht (Mt 11,28ff)[43].

Ins Zentrum der synoptischen Identitätsproblematik führt jedoch erst die Annahme, daß die große Einladung die personale Innensicht der Reich-Gottes-Botschaft erschließt. Was sie in vergegenständlichend-politischer Redeweise zur Sprache bringt, sagt das offensichtlich einem Weisheitswort nachgestaltete Logion im Stil einer dialogisch-personalen Allokution.

Voll auszuschöpfen ist dieses Ergebnis jedoch nur unter der

---

[42] Mit außergewöhnlichem Feingefühl hat Kierkegaard diesen Zug freigelegt.
[43] Wie R. Bultmann nachwies, hat das Wort als Bildung der nachösterlichen, sich an der spätjüdischen Weisheitsliteratur orientierenden Gemeinde zu gelten.

Bedingung, daß man es in die von Kierkegaard eröffnete Perspektive stellt. Mit der Deutung, der er der großen Einladung in seiner Spätschrift „Einübung im Christentum" gab, wehrt er einem Verständnis, das auf halbem Weg stehen bleibt. Der Sinn der Identität von Botschaft und Botschafter ist im Fall des sich im Wort vom Gottesreich selbst verkündigenden Jesus erst dann voll ergriffen, wenn die Identität von Helfer und Hilfe, die hier vorliegt, ausdrücklich mitbedacht wird. Zu leicht könnte man sonst der naheliegenden Neigung verfallen, den Heilswillen Jesu, wie er sich hier bekundet, im Stil und Sinn der unter Menschen üblichen Hilfeleistungen zu denken. Gerade das aber ginge nach Kierkegaard am Kern der Sache vorbei. Denn menschliche Hilfe bemißt sich nach Grad und Dauer der in ihr erbrachten Zuwendung stets an der Bedürftigkeit des Notleidenden. Sie erfolgt unter bestimmten Rücksichten und für eine begrenzte Zeit. Anders die bedingungslos gewährte Hilfe Jesu, die, weil sie mit dem Helfer identisch ist, in dessen totaler Selbstgewährung besteht. Wie es ihr von dieser Identität her eingeschrieben ist, geht sie auf ihren Empfänger ganz und nicht nur partiell ein, so wie sie auch nicht mehr von ihm abläßt, nachdem sie sich seiner einmal angenommen hatte. Das bringt diese Hilfe in den Augen der Halbherzigen und Feigen in den Anschein ihres Gegenteils. Sie weichen, wie Kierkegaard sagt, entsetzt zurück, ganz so, als wäre ihnen anstatt des erbetenen Brots ein Stein oder Schlimmeres angeboten worden. Ihre Reaktion hat, biblisch ausgedrückt, den Charakter des Ärgernisses. Dessen positive Alternative ist der Glaube. Und er ist es, dem dunklen Widerspiel entsprechend, nach Art eines konzentrativgeschlossenen Lebensakts.

Was „glauben", christlich gesehen, heißt, stellt sich hier somit in vollkommener Einfachheit dar, aus dem Pluralismus der Strukturen und Bezüge zurückgenommen auf den einen Akt des Umdenkens, den Jesus mit seinem „Metanoeîte", also in engstem Zusammenhang mit seiner Reich-Gottes-Botschaft, fordert:

Die Zeit ist erfüllt und das Reich Gottes nahegekommen. Denkt um und glaubt an die Heilsbotschaft! (Mk 1, 15)

Es kann kein Zweifel daran bestehen, daß sich dieses Umdenken negativ auf den Abbau der zur Ärgernisnahme führenden Widerstände bezieht und positiv jene Sinnesöffnung zum Ziel hat, die der totalen Entgegenkunft Jesu im Akt seiner Selbstgewährung entspricht. Damit ist der entscheidende Schritt zum Glauben bereits getan[44]. Er leistet dem Sinneswandel gegenüber nur insofern noch „mehr", als er auf die Entgegenkunft, für die zunächst nur der Boden geebnet wurde, aktiv eingeht und die ihm entgegengebrachte Hilfe auch tatsächlich annimmt. So gesehen, stellt er sich als etwas denkbar Einfaches dar: als die Öffnung der Herzenstür für den göttlichen Gast und als die demütig-dankbare Annahme der mit ihm selbst gegebenen Hilfe. Nur darf darüber der mit der Reich-Gottes-Vorstellung angezeigte Sozialbezug des Ganzen nicht übersehen werden. Ihm wird man am besten durch die Umkehrung des gebrauchten Bilds gerecht. Glauben heißt dann nicht nur: der Einwohnung Jesu Raum geben, sondern zugleich auch: mit allen Glaubensgefährten Wohnung nehmen im Haus des gemeinsamen Vaters.

In beiden Bildern bleibt der Beitrag Jesu zum Glauben dominierend. Das mag ein aktivistisches Glaubensverständnis, wie es nicht zuletzt auch durch die Zuordnung der fides zur Trias der „göttlichen Tugenden" begünstigt wurde, befremden. Um so mehr entspricht es dem Kontext einer Glaubensmystik. Denn zum Wesen des Mystischen gehört die Umkehrung der Aktrichtungen, derzufolge das Sehen als ein Gesehensein[45], das Erkennen als ein

[44] Um so wichtiger ist die im Rahmen einer Aktanalyse zu leistende Erklärung der erkenntnistheoretischen Struktur des Vorgangs, der nicht allein in der Beseitigung psychologischer, sondern ebenso sehr auch noetischer Hemmnisse besteht. Sie rekrutieren sich im Grunde aus dem gesamten System der kategorialen Denk- und Sprachgehalte, die das Gegebene immer nur unter bestimmten Aspekten erscheinen lassen und durch diese differenzierende Funktion zwar zu seiner eindeutig fixierbaren Vergegenständlichung beitragen, es gleichzeitig aber auch entscheidend verfälschen, wenn es sich dabei um eine Selbstgewährung wie die hier zur Rede stehende handelt.
[45] Aus der auf Philon von Alexandrien (De somniis II, 226) zurückreichenden Tradition sei als Beleg die Stelle aus De visione Dei (fol. 100v) des Nikolaus von Kues angeführt: „Niemand vermag dich zu sehen, es sei denn, daß du dich ihm

94

Erkanntsein[46], das Lieben als ein Geliebtsein[47] erfahren wird. Das gilt auch hier.

Sosehr es beim Glauben auf die menschliche Entscheidung ankommt, bleibt er doch letztlich in die Initiative Gottes gestellt, die als solche allerdings nur unter der Bedingung freier Zustimmung zum göttlichen Glaubensruf wirksam werden kann. Nicht umsonst nennt die älteste Glaubenserfahrung Jesus ebenso wie ,,unsere Hoffnung" (Kol 1,27)[48] und ,,unsern Frieden" (Eph 2,14) auch ,,den vollkommenen Glauben" (Ignatius, Smyrnäerbrief 10,2). Im Licht dieser Aussagen besehen ist der Glaube die Tat Jesu, johanneisch ausgedrückt, sein ,,Sieg" in uns[49]. Auch wenn die Setzung des Glaubensaktes noch so viel Mühe und Überwindung kostet: letztlich kämpfen wir nicht uns im Glauben zu Gott hin durch, sondern das Umgekehrte geschieht: Gott kämpft sich durch zu uns!

Aber gerade diese Umkehrung, mit der, recht betrachtet, erst die volle ,,Synchronisierung" des Glaubens mit der menschlichen Lebenswirklichkeit erreicht ist, läßt sich nur schwer glaubhaft machen. Mit dem bloßen Hinweis auf den ,,Magister interior" (Philipp der Kanzler), die ,,inwendigen Gnadenhilfen" (Vatikanum I) oder das die Vernunfttätigkeit überstrahlende ,,Glaubenslicht" (Rousselot) ist es nicht getan. Dazu bedarf es zusätzlicher Impulse, die von der bloßen Strukturanalyse nicht zu erwarten sind. Woher aber sonst?

Hier hilft nur die Erinnerung an die Römerstelle weiter, nach welcher der Glaube ,,aus dem Hören" der Botschaft kommt, die ihrerseits ,,im Wort Christi" gründet (10,17). Von dieser sagt Paulus zwar im Ersten Korintherbrief, daß seine Predigt ,,nicht in gewinnenden Weisheitsworten" erfolgte, sondern begleitet war von ,,Erweisen des Geistes und der Kraft" (2,4). Auch habe er

zu sehen gibst, und nichts anderes heißt dich sehen, als daß du den dich Sehenden anblickst" (Ausgabe Bohnenstaedt [Leipzig 1944]), 64.
[46] Gal 4,9: ,,Jetzt erkennt ihr Gott oder vielmehr: ihr seid von Gott erkannt."
[47] 1 Joh 4,10: ,,Nicht darin besteht die Liebe, daß wir Gott lieben, sondern darin, daß er uns geliebt und seinen Sohn als Sühne für unsere Sünden gesandt hat."
[48] So auch Ignatius, Magnesierbrief 11 und Philadelphierbrief 11,2.
[49] Nach 1 Joh 5,4.

sich nicht des Kunstgriffs „überwältigender Beredsamkeit" bedient, da er mit dem Vorsatz angetreten sei, „nichts anderes zu kennen als Jesus Christus und ihn als den Gekreuzigten" (2, 1 f).
Das läßt zunächst an die „Bekräftigung" des an sich kraftlosen Wortes durch Wunderzeichen denken, die dabei nach Art von „flankierenden Maßnahmen" ins Spiel kommen. Doch widerruft Paulus schon von sich aus diesen Eindruck partiell, wenn er im gleichen Zusammenhang betont, daß er von dem, „was kein Auge geschaut, kein Ohr vernommen und keines Menschen Herz empfunden habe" in „geistgegebenen" Worten redete, daß er sich also einer an Geistige und Geistbegabte angepaßten „Geistrede" bedient habe (2, 13), die als ein „cor ad cor loquitur" (Newman) allein schon durch sich selbst zu überzeugen vermochte.

Das impliziert den Hinweis auf eine noch kaum beachtete Möglichkeit christlichen Redens, die, um effizient zu werden, zunächst einmal als solche herausgestellt werden muß. Es handelt sich, theoretisierend gesprochen, um die Möglichkeit sprachlicher Empirievermittlung. In der Fortbildung von Gedanken Wittgensteins, der in seiner Spätphilosophie den ausschließlich auf Informationsvermittlung abgestellten sprachanalytischen Ansatz selbst überschritten hatte, war durch John Langshaw Austin die Idee eines „performativen" Sprechens entwickelt worden, bei dem es anstatt um Sinnübereignung um die Frage ging, mit der er seine Untersuchung (von 1962) überschrieb: How to Do Things with Words[50]. In die gleiche Richtung stößt die Ausgrenzung einer operationalen Sprachform vor, nur mit dem Unterschied, daß die intendierte Weltveränderung einmal durch die Rede als solche und dann durch den mit Sprachmitteln stimulierten Menschen bewirkt wird.

Es liegt auf der Hand, daß diese Verzweigung der von Karl Marx betriebenen Polarisierung von Theorie und Praxis folgt, die sich für die Veränderung der bestehenden Welt anstatt ihrer blo-

---

[50] Dazu *L. Bejerholm – G. Hornig*, Wort und Handlung. Untersuchungen zur analytischen Religionsphilosophie (Gütersloh 1966); ferner die entsprechenden Passagen meiner „Theologischen Sprachtheorie und Hermeneutik".

ßen Interpretation ausspricht[51], nur daß der sprachtheoretischen Anwendung die revolutionäre Spitze seiner Konzeption fehlt. Vergessen blieb dabei die Sphäre des Emotionalen und die Möglichkeit eines sprachlichen Einflusses auf sie[52]. Doch liegt gerade hier die große Aufgabe, da sich letztlich alles an der Frage entscheidet, ob der Mensch sich selbst überlassen bleibt oder ob es gelingt, ihm zusammen mit den Informationen und Imperativen auch die Impulse zur rechten Stellungnahme (zu den Informationen) und sinnvollen Verwirklichung (der Imperative) zu vermitteln. Im Grunde hätte eine auf das menschliche Interesse bedachte Sprachtheorie längst auf den angesprochenen Komplex stoßen müssen. Denn die tägliche Spracherfahrung zeigt, daß wichtiger als alle Mitteilungen und Appelle die Worte der Anerkennung, des Verständnisses, der Teilnahme, des Trostes und der Liebe sind. Das sind die Worte, von denen, ähnlich wie vom „Wort aus dem Mund Gottes" nach Jesu Replik auf die Brot-Versuchung (Mt 4,4) gilt, daß der Mensch von ihnen lebt.

Entscheidender als irgendwo sonst müßte hier der Versuch einer fortbildenden Erneuerung der religiösen Sprache einsetzen. Denn in keinem Bereich läßt sich das Konzept eines empirievermittelnden Sprechens so sachnah realisieren wie hier. In diesem Zusammenhang ist nochmals daran zu erinnern, daß das Schlüsselwort des Römerbriefs noch vor der eigentlichen „Sache" des Glaubens die mit ihr gegebene Bekenntnispflicht (homología) zur Sprache bringt. Um aber zeugnishaft reden zu können, muß der Glaubende zunächst selbst angesprochen worden, Empfänger eines ihn zum Bekenntnis bewegenden Zuspruchs sein. Dazu kommt, daß der Glaubende im Versuch der Selbstbegründung auf das Absolute unvermeidlich das Risiko eingeht, den „Boden" der weltimmanenten Daseinssicherungen unter den Füßen zu verlieren. Im vertrauenden Griff nach der noch nicht gefühlten Retter-

[51] 11. These über Feuerbach.
[52] Näheres in meinem Beitrag „Theologische Vernunft und christliches Gemüt. Vom Recht des Emotionalen in der Theologie" zu dem von *J. Schlemmer* hrsg. Sammelband „Die Verachtung des Gemüts" (München 1974) 90–106.

hand durchlebt er einen Schwebezustand, den er nur unter der Voraussetzung gefahrlos überwinden kann, daß er, wenn nicht schon Gottes, so doch seiner Sache – des Glaubens also – sicher ist. Dazu kann ihm aber nichts so sehr wie ein empirievermittelndes Reden verhelfen, das die drohenden Verunsicherungen und Anfechtungen durch ein „Vorgefühl" dessen kompensiert, was erst im Vollzug vollends glaubhaft wird.

Das Desiderat ist so alt wie das Christentum selbst. Im Anschluß an sein Zielbild von der durch die Liebe zusammengehaltenen und vom Frieden Christi verwalteten Gemeinde (3, 14f) mahnt der Kolosserbrief:

Das Wort Christi wohne mit seinem ganzen Reichtum unter euch! Belehrt und ermahnt einander in aller Weisheit! Singt Gott in eurem Herzen Psalmen, Hymnen und Lieder, wie der Geist sie eingibt (3, 16).

Es hat nicht den Anschein, als ob dieser Appell gebührend beachtet oder auch nur in seiner vollen Tragweite erfaßt worden sei. Sonst hätte gesehen werden müssen, daß er tendenziell auf eine Erwärmung und Intensivierung der innerkirchlichen Zwischenmenschlichkeit ausgeht, die Vereinsamung, Depression, Resignation und Skepsis schon vom Ansatz her ausschließt und statt dessen eine Atmosphäre des gegenseitigen Wohlwollens, der Solidarität und Geborgenheit und nicht zuletzt auch der zeugnisbereiten Glaubensfestigkeit schafft. Und ebenso hätte sich die Erkenntnis durchgesetzt, daß der Appell auf der Erfahrungsbasis jener Sprachform erging, die sich dadurch als „pneumatisch" darstellt, daß sie die erlebnishafte Aneignung des Gesagten nicht der Kreativität des Angesprochenen überläßt, sondern sie durch die Effektivität ihres Redens mit übernimmt.

Da Theologie und Kirche den informativ verengten Sprachbegriff des abendländischen Intellektualismus bedenkenlos übernahmen, kann es nicht verwundern, daß sich korrigierende Ansätze erst relativ spät finden. Überraschen muß dagegen die Tatsache, daß die wichtigsten Anregungen nicht, wie nach Wilhelm von Humboldt zu erwarten wäre, aus dem deutschen, sondern aus dem französischen Sprachraum kommen. Wegweisende Bedeutung haben hier vor allem die sprachtheologischen Gedanken des Vicomte de Bonald (1754–1840), der im übrigen als Theoretiker der Restauration in die Geschichte einging. Sie stützen sich, wie Robert Spaemann in seiner Studie über den „Ursprung der Soziologie aus dem Geist der Restauration" (von 1959) zeigte, sowohl auf die Theologie Malebranches als auch auf die Sprachphilosophie Condillacs, die sie geistvoll verknüpfen. Nach Malebranche leben wir in einem vorgängigen Gottesbewußtsein. „Wir sehen alle Dinge in Gott", weil die Idee Gottes im Menschengeist mit der Anwesenheit Gottes in ihm gesetzt ist. Für Malebranche trifft das auf jedes Einzelbewußtsein zu, für de Bonald nur auf die Gesellschaft als Trägerin der die „Idee" konstituierenden Sprache. Wo angemessen – und nicht nur wie im Deismus sinnverzerrend – von Gott gesprochen wird und wo diesem Reden das Leben der Gesellschaft entspricht, ist Gott anwesend und als Anwesender prae sensus, und das besagt: fühlbar in ihr. Mehr noch, da ist die Gesellschaft der „Ort" der Anwesenheit Gottes in dieser Welt[53].

Die sich daraus ergebende Folgerung läßt sich auf die einfache Formel bringen: Gott ist fühlbar im Wort. Das gilt naturgemäß nicht vom lexikologisch fixierten Wort, sondern allein vom dialogisch gesprochenen. Es ist, mit de Bonald gesprochen, der „Ort" der Anwesenheit und Einwohnung Gottes und zugleich das „Organ", durch das er in dieser seiner Präsenz fühlbar wird. Davon gibt es keine Theorie oder gar eine lehrbare Anweisung. Denn das, was mit dieser fühlbar werdenden Anwesenheit gemeint ist, läßt sich noch weniger als die Sprache selbst vergegenständlichen und dingfest machen. Es liegt im Zwischenfeld jenes sprachlichen „Überschusses", der durch das Begriffspaar „Sprachgunst" und „Sprachnot" ausgemessen wird und als solcher zum Komplex des eben noch Registrierbaren, keinesfalls aber begrifflich Verfügbaren gehört[54].

[53] R. Spaemann, Der Ursprung der Soziologie aus dem Geist der Restauration. Studien über L. G. A. de Bonald (München 1959) 116ff.
[54] In diesem Zusammenhang ist auf das „treffende" Wort zu verweisen, in dem

Angesichts dieses Tatbestands ist es schon viel zu wissen, daß es die sprachliche Vergegenwärtigung Gottes überhaupt gibt. Sobald sie aber auch nur als Möglichkeit gesehen wird, ist auch schon klar, daß sie zur christlichen Grunderfahrung von Sprache überhaupt gehört. Um den mit diesem Gedanken behaupteten „Sprachverhalt" zu rechtfertigen, braucht man sich nur vor Augen zu halten, daß wir wie von unserem Menschsein insgesamt auch von unseren Fähigkeiten, die sprachlichen durchaus eingeschlossen, in der Regel nur einen unzulänglichen, fragmentarischen und defizienten Gebrauch machen. Überlegungen dieser Art lenken den Blick spontan auf jene Stelle des Neuen Testaments, die offensichtlich von einem religiös effizienten, das Erlebnis der Gegenwart Gottes vermittelnden Reden berichten wollen. So auf die Stelle von der Resonanz der Pfingstpredigt des Petrus: „Als sie das hörten, traf es sie ins Herz" (Apg 2,37) oder auf das Wort von der Herabkunft des Geistes während der Petruspredigt im Haus des Cornelius (10,44), vor allem aber auf die Äußerung des Ersten Korintherbriefs, mit der Paulus zu diszipliniertem Verhalten im Gottesdienst mahnt:

Wenn sich die ganze Gemeinde versammelt und alle verzückt reden, und wenn dann Unkundige oder (gar) Ungläubige hinzukommen, werden die dann nicht sagen: Ihr seid verrückt! Wenn aber alle prophetisch reden und ein Ungläubiger oder Unkundiger hereinkommt, wird ihm von allen ins Gewissen geredet. Er wird von allen ins Verhör genommen und was in seinem Herzen ist, wird aufgedeckt. Da wird er auf sein Gesicht niederfallen und Gott anbeten und ausrufen: Wahrhaftig, Gott ist (mitten) unter euch! (14,23ff.)

Die angeführten Zeugnisse lassen keinen Zweifel daran, daß es sich bei diesem Reden, das, mit einem Pascal-Wort gesprochen, Gott dem Herzen fühlbar macht, um den Sonderfall eines inspi-

---

sich – wie der Begriff im anselmischen Gottesbeweis – die Aussage mit der Wirklichkeit derart deckt, daß sie diese zur „Selbstaussage" veranlaßt. Näheres dazu in meiner „Theologischen Sprachtheorie und Hermeneutik", 257ff, 270ff; ferner *H. Reinhardt,* Die Sprachebenen Denken und Glauben, erörtert am Beispiel des Heiligen (Bonn 1973) 32–41.

rierten Sprechens handelt. Die Frage ist nur, wie das, was zunächst als charismatischer Sonderfall erscheint, dem allgemeinchristlichen Lebensvollzug zugänglich wird.

Im einzelnen spricht Paulus davon, daß im Fall eines zugleich charismatisch bewegten und geordneten Gottesdienstes der zufällig Eintretende von den Versammelten „ins Verhör genommen" und daß ihm dabei „ins Gewissen geredet" wird[55]. Die Erosion der Mitmenschlichkeit infolge der auf streng individualistische Verhaltensmuster zurückgenommenen Lebenspraxis[56] brachte es mit sich, daß ein derartig „zusprechendes" Reden so gut wie außer Gebrauch kam. Der heutige Mensch will nicht „ins Gewissen geredet" bekommen, und er würde es sich erst recht verbitten, von andern, in welchem Kontext auch immer, „ins Verhör genommen" zu werden. Doch gilt das, wie dem hinzuzufügen ist, nicht ausnahmslos. Vielmehr ist es für die durch den Übergang von der individualistischen Ära in eine noch offene Zukunft gekennzeichnete Situation typisch, daß die gemeinhin verdrängten Sprachformen bei Randgruppen, und dort vor allem im Umgang mit Angeschlagenen und Gefährdeten, spontan wiederaufleben.

Solches Reden bedarf, wie schon der Grad seiner Intimität erkennen läßt, einer besonderen, überdurchschnittlichen Kompetenz. Es bleibt solange eine unerlaubte Zudringlichkeit, als es nicht von einer Selbst-Zuwendung getragen ist, die sich offen oder geheim an der – mit dem „Helfer" identischen – Hilfe Jesu bemißt. Insofern muß der sprachlichen Einübung, wie sie im Interesse einer theologischen Konkretisierung erforderlich wäre, die Einübung einer an Jesus geschulten Zwischenmenschlichkeit vorausgehen. Sie besteht in einer durch keinerlei kategoriale Vermittlung kanalisierten, an keine Bedingung geknüpften und auf

---

[55] Mit diesem Begriff eines gezielt „elenchischen" Redens definiert Paulus jene zum Schaden des innerkirchlichen Dialogs vernachlässigte Sprachform, die eine repressionsfreie Behebung theologischer Differenzen erlaubt.
[56] Sie hat ihren Angelpunkt in der peinlichen Einhaltung der Minimaldistanz von Mensch zu Mensch, deren Unterschreitung als Indiskretion geächtet und mit repressiven Vorkehrungen geahndet wird.

keinerlei Zweck hingeordneten Existenzdurchdringung, die noch am zutreffendsten durch die biblischen Bilder von der Einwohnung und Selbstübereignung umschrieben wird. Als solche hat sie als die fundamentale Ermöglichung christlicher Mitmenschlichkeit zu gelten. Wenngleich ohne Zweck, ist sie doch keineswegs ohne Sinn. Vielmehr geht sie, nicht anders als ihr Prinzip, die helfende Inexistenz Jesu, auf die Entlastung der unter Schicksalswucht und Leistungsdruck niederbrechenden Existenz aus. Gleichzeitig wirkt sie parakletenhaft auf die Abhaltung von deprimierenden Anfechtungen und Anfeindungen hin. Indem sie aber das Lastende oder, wie man in der zutreffenderen Sprache der Vorsokratiker sagen könnte, „Niederzwingende" des Daseins beseitigt, bedingt sie anteilhaft jene „Ruhe", die Jesus in seiner großen Einladung an die Bedrückten und Bedrängten verheißt, damit aber auch jene Freiheit, die der (nach 2 Kor 3,17) mit dem „Herrn" identische Paraklet stiftet:

Wo aber der Geist des Herrn waltet,
da ist Freiheit!

Was sich der einzelne nur im Zustand einer unkommunizierbaren Euphorie suggerieren könnte, wird hier zur konkret erlebten „Beruhigung", vermittelt durch den bestätigenden, tröstenden und befreienden Zuspruch des Andern. Insofern ist diese Beruhigung der nie versiegende Erfahrungsgrund jener existentiellen „Vergünstigungen", die Paulus in pneumatologischem, aber durchaus gleichsinnigem Zusammenhang als „Geistesfrüchte" bezeichnet:

Die Frucht des Geistes aber ist
Liebe, Freude, Friede, Langmut,
Freundlichkeit, Güte, Treue, Sanftmut
und Selbstbeherrschung (Gal 5,22f).

Genauso fächert sich die beruhigende Gewißheit des mitmenschlichen Angenommen- und Bestätigtseins nach ganz unterschiedlichen Sinn-Richtungen hin auf. Im Gefühl der Entlastung gibt sie der Freude Raum, die sich ihrerseits in Impulse der Ermutigung und Zuversicht umsetzt. Die Freude bedingt wiederum, paulinisch ausgedrückt, Freundlichkeit, während der ihr eingestiftete Friede die Fähigkeit zu gütigem und geduldigem Eingehen auf die Bedürfnisse des Andern weckt. Anstelle der von Mißtrauen und Mißgunst bestimmten Atmosphäre entsteht so eine solche des vorbehaltlosen Vertrauens und Wohlwollens.

Und dies nicht nur in Form von flüchtigen Anwandlungen, sondern aufgrund eines zuständlichen Inbesitzes, der letztlich in einem freien Sich-Gegenwärtigsein besteht und als solcher ebenso das Fundament einer religiös erfüllten Mitmenschlichkeit wie einer mitmenschlich verwirklichten Religiosität bildet.

Daß es entgegen allem, was die auf Vermittlungsstrukturen gegründete abendländische Denkweise für möglich hält, dieses unmittelbare Für- und Ineinander gibt, wird vom Rand des dominierenden Entwicklungszugs her wiederholt bezeugt. So versichert Origenes in seinem Leviticus-Kommentar:

Weil Jesus als Ganzer im Ganzen rein ist, ist sein ganzes Fleisch eine Speise und sein ganzes Blut ein Trank. Denn jedes seiner Werke ist heilig und jedes seiner Worte ist wahr... Mit dem Fleisch und Blut seines Wortes tränkt und belebt er als mit einer reinen Speise und einem reinen Trank das ganze Menschengeschlecht. An zweiter Stelle nach seinem Fleisch sind eine reine Speise Petrus und Paulus und alle Apostel; an dritter Stelle deren Jünger. Und so vermag ein jeder je nach dem Grad seiner Würdigkeit oder der Reinheit seines Sinns seinem Nächsten eine reine Speise zu werden[57].

Was bei Origenes an den „Grad der Würdigkeit" und, Hand in Hand damit, an die Intensität der mitmenschlichen Zuwendung gebunden ist, erscheint bei Claudianus Mamertus und einem seiner mittelalterlichen Interpreten eher als Frucht der – zu den komprehensiven Urgegebenheiten vorstoßenden – Meditation. In seiner Schrift De statu animae verspricht Claudianus demgemäß:

Wer in sich das Bild Gottes sucht, der sucht sowohl sich selbst wie seinen Nächsten; und wer es auf dieser Suche in sich selbst zu erkennen vermochte, der findet es in der Folge auch in jedem Menschen wieder.

[57] In Leviticum, hom. 7.

Suche also deinen Gott und liebe in Gott deinen Geliebten, das Bild dieses Gottes. Und umgekehrt liebe auch er dich in Gott, indem er seinen Gott liebt. Wenn ihr beide nur eines sucht und nur zu dem einen hinstrebt, werdet ihr immerfort beieinander sein, weil ihr in Ein- und Demselben festgegründet seid [58].

In Form eines Herzensdialogs mit dem im Seelengrund wahrgenommenen Du wiederholt das der Kommentator mit den Worten:

Du bist mir gegenwärtig und ich bin dir gegenwärtig in deinem Gebet. Sei nicht erstaunt darüber, daß ich von Gegenwart rede. Denn wenn du mich liebst und darum liebst, weil du in mir das Bild Gottes erblickst, das du liebst, bin ich dir ebenso gegenwärtig wie du dir selbst ... Wenn du das Bild Gottes liebst, liebst du mich, sofern ich Bild Gottes bin; und wenn ich meinerseits Gott liebe, liebe ich dich. So sind wir, das Gleiche suchend und zum Gleichen hinstrebend, einander immerfort gegenwärtig [59].

Mit der Ausarbeitung der dieser Erfahrung zugrunde liegenden Struktur allseitiger Kompenetranz brachte Nikolaus von Kues das am Epochenende auf einen theoretischen Nenner. In dem Kapitel Quodlibet in quolibet seiner Grundschrift De docta ignorantia bemerkt er:

Sieh nur aufmerksam zu, dann wirst du bemerken, daß alles wesentlich Existierende darin zur Ruhe gelangt, daß alles in ihm es selbst und es selbst in Gott – Gott ist. Da gewahrst du diese wunderbare Einheit, diese bewundernswerte Gleichheit und allerwundervollste Übereinkunft, die Alles in Allem ist [60].

Zwar ist in diesen Zeugnissen wiederholt von dem eingestifteten „Bild Gottes" die Rede. Doch dispensiert das keineswegs von

[58] De statu animae I, 27.
[59] Nach *H. de Lubac*, Katholizismus als Gemeinschaft (Einsiedeln – Köln 1943) 72f. Zur gleichen Erfahrung bekennt sich schon Gregor von Nazianz in seiner (als or. 43 überlieferten) Trauerrede auf Basilius: „In unseren Augen waren wir eine Seele, die zwei Leiber besaß. Wenn man auch denen keinen Glauben schenken darf, die behaupten, daß Alles in Allem sei, darf man doch uns abnehmen, daß wir ineinander und beieinander waren. Wir kannten beide nur eine Aufgabe, die Tugend, und nur das Leben im Hinblick auf die künftigen Hoffnungen, so daß wir uns von dieser Welt bereits getrennt hatten, ehe wir sie wirklich verließen" (c. 20).
[60] De docta ignorantia II, 5.

der Frage, wo in dieser religiös gestimmten Mitmenschlichkeit die eigentliche Gotteserfahrung gemacht werde. Die Frage ist solange falsch gestellt, als die mit ihr erweckte Sinnerwartung auf einen ausgrenzbaren Tatbestand geht, der sich vom Erlebnis mitmenschlicher Koexistenz als eigenständige Größe ablösen läßt. Weniger denn je hat das Unbedingte hier den Charakter einer den menschlichen Kontext durchbrechenden Dazwischenkunft. Ohne zu einem bloßen „Moment" herabzusinken, besteht es doch einfach darin, daß die Realisierung der Mitmenschlichkeit in dem zur Rede stehenden Fall unbedingt, also nicht unter bestimmten Bedingungen, Rücksichten oder Zwecken erfolgt. Man könnte genausogut sagen, sie bestehe in der Ereignung reiner, an keine Vermittlungsstrukturen gebundener Mitmenschlichkeit. Nur müßte dabei „rein" als Hinweis auf das verstanden werden, was dieser Mitmenschlichkeit ermöglichend vorangeht und sie zugleich als Sinnspitze unendlich übersteigt.

Die Einübung der im Interesse der theologischen Konkretisierung erforderlichen Sprache besteht, wie nunmehr klar zu ersehen ist, in dem Versuch, das dem Glaubenden (nach Röm 10,9) abverlangte Bekenntnis auf die Erfahrung dieser Mitmenschlichkeit abzustimmen. Dazu bedarf es keiner komplizierten Anleitung, da derartige Erfahrungen schon von sich aus ins Wort drängen. Angesichts der Tatsache, daß dieses Wort spontan auf dem Erfahrungsgrund, in plötzlicher, fast wahlloser Aktivierung des verfügbaren Vokabulars, hervorbricht, wären anleitende Instruktionen auch gar nicht möglich. Näherhin hat das empirievermittelnde Wort den Charakter der Zusage, wie es sich bereits aus den verdeutlichenden Hinweisen der Korintherstelle – „ins Gewissen reden", „ins Verhör nehmen" – ergibt. Dort handelt es sich freilich um den Fall eines „auf den Kopf Zusagens" von Untaten und Fehlhaltungen, hier dagegen um das positive Gegenteil davon. Und das ist die evidenz- und erfahrungsstiftende Zusage, daß „Gott da ist", nicht nur als der aus dem Sprachereignis als gegenwärtig zu Erschließende, sondern als der durch die Sakramentalität der Zusage Vergegenwärtigte.

Daß die Zusage eruptiv aus der mitmenschlichen Einheitserfahrung hervorbricht, rückt sie in die Nähe der Glossolalie, die ihrem Wesen nach ekstatisch-rhapsodischer Ausdruck eines Zustands der Übermächtigung und des mystischen Hingerissenseins ist. Nach einer Würdigung einschlägiger Dokumentationen über das – vor allem in der Einflußsphäre der amerikanischen Pfingstbewegung aufkommende – moderne Zungenreden (durch William J. Sneck) bezeugt dieses primär die Anwesenheit Gottes, wenngleich in einer nicht-menschlichen und darum auch nichtkommunizierbaren Sprache. Erfüllt in seiner innersten Sehnsucht, erlebt der Zungenredner in ihr, was er durch sie, mehr stammelnd als artikulierend, ausdrückt: Gottes Gegenwart.

Da dieses Reden seinen ermöglichenden Grund zuletzt in der Selbstgewährung Jesu hat, schließt es den Ring, der sich mit der Einsicht öffnete, daß der christliche Weg zur Gotteserkenntnis in der Kommunikation vornehmlich in der Predigt erfolgt. Damit schließt sich zugleich der Ring der Glaubensproblematik. Wer aus der Kompetenz der durch Jesus gestifteten Mitmenschlichkeit von Gott redet und dem Andern mit seinem Wort von Gott die Gegenwart Gottes bezeugt, hat ihm auch bereits den entscheidenden Anstoß zum Glauben gegeben. Denn er wird von dem Gott, der ihm als gegenwärtig fühlbar wurde, spontan zurückverwiesen an den Gott, der sich in Jesus vergegenwärtigte und damit die Möglichkeit seiner Fühlung eröffnete. Noch einmal scheint hier die Struktur des Credere Deum Deo auf. Jetzt aber nicht mehr als Grundriß eines komplexen Akts, der in seiner Doppelung doch nie wirklich gelebt werden kann, sondern hineingebunden in den Vorgang, der alles, Heilsereignis, Offenbarung, Gottesbewußtsein und Glaube, umgreift. Mit letzter Klarheit spricht davon das zentrale Auferstehungszeugnis der Paulusbriefe, sofern man nur mit dem Inhalt zusammen auch seine sprachtheoretischen Implikationen berücksichtigt:

Da beschloß Gott... in seiner Güte,
seinen Sohn in mir zu offenbaren.

Zweiter Teil

Glaubensverantwortung

I. Der Umkreis

1. Sprachanalyse des Glaubens

Der Glaube hat, sachlich und sprachtheoretisch gesehen, zweifach mit dem Wort zu tun: genetisch und energetisch, also bei seinem Zustandekommen und seinem Wirksamwerden. Das eine bezeugt die grundlegende Römerstelle, die den Glauben aus dem Hören (der Heilsbotschaft) herleitet (10, 17), das andere die nicht minder fundamentale Aussage desselben Briefs, die noch vor dem eigentlichen – als Mitvollzug der Auferstehung Jesu gedeuteten – Glaubensvollzug die elementare Glaubenspflicht benennt: ,,Wenn du mit deinem Mund Jesus als den Herrn bekennst..., wirst du gerettet werden" (10, 9). Der Glaube ist somit, nach diesen aus ursprünglicher Glaubenserfahrung geschöpften Zeugnissen zu schließen, ein Sprachereignis, das als solches in Rechnung gestellt werden muß, wenn es nicht zu folgenschweren Proportionsverzerrungen kommen soll.

Daß diese Gefahr besteht, zeigt ein Blick auf den eigentümlich gebrochenen Glaubensbegriff des Ersten Vatikanums. Ungebührlich stark erscheint aus heutiger Sicht die im Glauben geleistete Unterwerfung unter die Autorität des Offenbarungsgottes herausgestellt – fast nach Art eines Gegenbegriffs zum intellektualistischen Ansatz, so daß der so gedeutete Glaube nahezu einem sacrificium intellectus gleichkommt; ungebührlich knapp wird demgegenüber das christologische und das soziale Moment bedacht. Von Jesus, dem „Wegbereiter und Vollender des Glaubens" (Hebr 12,2), ist nur in versachlichender, seine divinatorische „Rolle" damit aber auch schon verfehlender Form (ab eo revelata) die Rede. Und der Sozialbezug des Glaubens kommt überhaupt nur in Gestalt des der Definition zugrunde gelegten Subjekts (wir – credimus) zur Sprache. Zweifellos trugen zu dieser Sinnverschiebung ganz unterschiedliche Faktoren bei. Der kartesianische Subjektivismus, der die Glaubensaussage des Konzils bis in einzelne Wendungen hinein bestimmt[1], ist dafür ebenso haftbar zu machen wie das im Bereich der damaligen Theologie unbestritten dominierende Wesensdenken, das auf eine möglichst präzise Vergegenständlichung aller Phänomene drängte. Kein Wunder, wenn sich der Blick auf das individuelle Glaubensinteresse verengte und wenn dem, der als die Ermöglichung und Vollendung des Glaubens zugleich sein spezifisches Leben bildet, nur in funktionalen Wendungen Rechnung getragen wird. Indessen kommt zu den aufgeführten Faktoren noch ein weiterer, noch gewichtigerer hinzu: die Vernachlässigung des dem Glauben eingestifteten Sprachcharakters. Bei gebührender Berücksichtigung hätte er so von Jesus zu reden genötigt, daß bei aller Würdigung der objektiven Zusammenhänge der nicht-objektivierbare Personbezug zur Geltung gekommen wäre. Und er hätte den als Sprachereignis erkannten Glauben von vornherein in den für ihn konstitutiven Sozialkontext gestellt. Insofern liegt die intendierte Sprachanalyse des Glaubens ebenso im Interesse einer genaueren Klärung der Sache wie ihrer zeitnahen Konkretisierung.

Während die Strukturanalyse darauf achten muß, das von ihr angegangene Ganze in alle seine Teile zu zerlegen, weil nur so der Funktionsmechanismus ihres Zusammenwirkens in Blick zu

---

[1] Die an der Konzilsaussage geübte Kritik bezieht sich somit ausschließlich auf Struktur- und Methodenprobleme, nicht auf die ausgesagte Sache.

bringen ist, ist der Sprachanalyse gerade der umgekehrte Weg vorgezeichnet. Für sie kommt es darauf an, vor allen Dingen das Funktionsganze zu erfassen, weil die Einzelfaktoren nur insofern von Belang sind, als sie dieses Ganze konstituieren. Zwar ist Sprache, mit dem berühmten Begriffspaar Wilhelm von Humboldts ausgedrückt, stets auch „érgon", mit der linguistischen Methode erfaßbares Faktum, aber zugleich mit diesem „enérgeia", lebendiges „Zwischen" im Mitteilungsakt des gesprochenen Wortes, fließende und in ihrem Fluß die Gesprächspartner verbindende Energie, der Flammenbogen zwischen den im Gespräch einander zugeordneten und aufeinander bezogenen Polen. Seit Humboldt wurde wiederholt auf diesen schwer bestimmbaren „Zweitcharakter" der Sprache hingewiesen, der sich den vergegenständlichenden Kategorien der klassischen Methode entzieht und doch die Hauptsache dessen ausmacht, was zwischen Redenden geschieht. Der Genfer Sprachwissenschaftler Ferdinand de Saussure unterschied in diesem Sinn zwischen Sprache als langue und als parole, während der Marburger Neutestamentler Ernst Fuchs, zweifellos unter dem Einfluß Heideggers, den Ereignis- und Geschehenscharakter, insbesondere des religiös effizienten Redens hervorhob. Im Anschluß an ihn ist hier vom „Sprachereignis" des Glaubens die Rede.

Damit ist der erste – und wichtigste – Schritt auf dem Weg einer sprachanalytischen Untersuchung des Glaubens getan. Wenn es zutrifft, daß der Glaube ebenso aus dem Wort (der Botschaft) kommt, wie er ins Wort (des Zeugnisses) drängt, und wenn die damit bezeichnete Bekenntnispflicht so wichtig ist, daß sie noch vor dem inhaltlichen Vollzug genannt werden muß, ist Glaube die lebendige Umsetzung des einen in das andere. Glauben heißt dann, im Blick auf paulinische Wendungen gesprochen: Reden, weil man gehört hat, redend bezeugen, daß man durch das Wort der Botschaft in die Gemeinschaft mit Gott gerufen und dadurch frei und mündig wurde. In der Sprache des Zweiten Korintherbriefs, der sich dabei auf das bereits erwähnte Psalmwort (116, 10) bezieht, lautet das:

Wir besitzen denselben Glaubensgeist, von dem die Schrift sagt: Ich glaube, darum rede ich! Auch wir glauben – und reden. Denn wir wissen, daß der, welcher den Herrn Jesus auferweckt hat, auch uns mit Jesus auferwecken und, zusammen mit euch, vor sein Antlitz stellen wird (4, 13 f).

Mit dem Vokabular der modernen Linguistik ausgedrückt, gehört das „Sprachwesen" des so gesehenen Glaubens in die Zuständigkeit der sprachlichen Performanz, also der Fähigkeit, vom ausdrückbaren Inbesitz „ausdrücklichen" Gebrauch zu machen. Als solches ist es, mit der berühmten Unterscheidung Heinrich Rickerts gesprochen[2], allenfalls „Gegenstand" einer idiographischen, niemals aber einer nomothetischen Wissenschaft. Und selbst das trifft nur bedingt zu, da der Eintritt eines Sprachereignisses so wenig wie der einer historischen Ereignung determiniert und als solcher zum Objekt eines auf das Wiederholbarkeitsprinzip gegründeten Verfahrens gemacht werden kann. Insofern ist das Sprachereignis des Glaubens bestenfalls Gegenstand einer Hoffnung, das sich als solches der analytischen Bestimmung grundsätzlich entzieht[3]. Es ist das, was wie die Verständigung zweier Redenden entweder „glückt" oder aber ausbleibt, sosehr es bei aller Unverfügbarkeit gerade darauf ankommt.

Analysierbar sind dagegen die sprachlichen Äußerungen, die zum Glauben führen und von ihm ausgehen. Das erhellt schon daraus, daß sich der aus dem Wort hervorgehende und ins Wort ausmündende Glaube eindeutig, wie es dem Ergebnis einer Analyse entspricht, charakterisieren läßt. Als derartiges Sprachereignis gesehen, ist er ein Sonderfall von Antwort, die man zutreffend als „sich verantwortende Antwort" umschreiben kann. Dabei handelt es sich freilich um eine Antwort, die dem Anredenden – Gott – gegenüber nur unausdrücklichen Antwortcharakter hat. Das spiegelt sich in der traditionellen Auffassung in der Weise wider, daß sie den Glauben als einen intellektuellen Aneignungs-

---

[2] In: Grenzen der naturwissenschaftlichen Begriffsbildung (von 1896).
[3] Das ist das genaue Gegenteil einer irrationalistischen Position. Denn zu einer kritischen (und selbstkritischen) Analyse gehört auch das Wissen um die ihr von den Sachverhalten her gezogene Grenze.

akt, als ein „Für-wahr-Halten" der göttlichen Offenbarungsaussage, begreift, ohne auf das replizierende Moment an ihm überhaupt einzugehen. Sosehr diese Auffassung sein „Sprachwesen" verfehlt, ist doch soviel daran richtig, daß sie die verbalisierte Antwort, die der Glaube gibt, anstatt nach innen (wo er sich zunächst und ursächlich angesprochen weiß) nach außen (an den Kreis der aktuell und potentiell Mitglaubenden) gerichtet sieht. Sprachanalytisch gesehen, steht der Glaube somit in einer zweifachen Kommunikation. An ihrem reibungslosen Verlauf ist alles gelegen: seine Sicherheit, seine Festigkeit, seine Klarheit, seine Kraft. Ihr verdankt er die ihn vor allen vergleichbaren Akten auszeichnende Fähigkeit zur Umgewichtung des Daseins, die, deutlicher als jede Interpretation, das recht altertümliche Logion vom „bäumeentwurzelnden" und „bergeversetzenden" Glauben zur Sprache bringt. Es liegt, wie angedeutet, in zwei Fassungen vor[4], von denen vermutlich die der bäuerlichen Arbeitswelt nahestehende des Lukasevangeliums die ursprünglichere ist:

Wenn ihr Glauben (so groß) wie ein Senfkorn hättet und ihr würdet zu dem Maulbeerfeigenbaum da sagen: Entwurzle dich und senke dich ins Meer; so wird er euch gehorchen (17,6).

In der idealisierten Fassung des Mattäusevangeliums lautet das Logion:

Wenn ihr Glauben (so groß) wie ein Senfkorn hättet, so könntet ihr zu dem Berg da sagen: Rücke weg von hier dorthin! Und er würde wegrücken; denn nichts wäre euch unmöglich (17,20).

Bezeichnend für das – offenbarungsgeschichtliche – Alter des Ausspruchs ist der Umstand, daß er absolut und nicht in der Hinordnung auf Jesus vom Glauben spricht, so daß dieser als eine von Jesus mit übernommene und nicht erst durch ihn eröffnete Möglichkeit erscheint. Um so stärker arbeitet diese ausgesprochen

[4] Dazu kommen noch die sekundären Fassungen Mk 11,23 und Mt 27,21 sowie die Anspielung im paulinischen Hohelied der Liebe (1 Kor 13,2). Näheres bei *N. Perrin*, Was lehrte Jesus wirklich? Rekonstruktionen und Deutung (Göttingen 1972) 150ff.

„archaische" Sicht des Glaubens seine Wirkung heraus. Sie be-steht, wie auch aus den Appellen an Maria (Lk 1,37: „für Gott ist nichts unmöglich"), an den bekümmerten Vater (Mk 9,23: „Alles kann, wer glaubt") und die Jünger (Mt 19,26: „Für Men-schen ist das unmöglich, für Gott jedoch ist alles möglich") erhellt, in der umfassenden Umgewichtung der Verhältnisse, die das Schwere leicht, das Schmerzliche süß, das Unmögliche möglich macht. Die Gesamtheit dieser Formulierungen gibt freilich deut-lich genug zu verstehen, daß auch dieser Glaube in einer wenig-stens unterschwelligen Beziehung zu Jesus steht. Denn wenn auch nur Gott als Grund der großen Umgewichtung genannt wird, ist doch zugleich der am Werk, der es durch seinen Beistand zuwege bringt, daß seine Last als „leicht" und sein Joch als „süß" empfun-den wird.

Wenn der Glaube das nicht leistet, wenn er also nicht von dem Vertrauen getragen ist, daß das Unerhoffbare geschieht und das Unmögliche zu erreichen ist, liegt allem Anschein nach eine Stö-rung des ihn zugleich tragenden und ihm aufgetragenen Kommu-nikationsflusses vor. Entgegen der Gewohnheit, zunächst an „menschliches Versagen" in Form von Unentschiedenheit und Glaubensschwäche zu denken, sollte man aufgrund der sprach-analytischen Einsichten mehr und mehr mit den Folgen von Kommunikationsstörungen rechnen. Das läuft keineswegs, wie man befürchten könnte, auf eine Herabsetzung der ethischen To-leranzgrenze hinaus. Denn auch die Glaubenskommunikation ge-hört, besonders was ihre bekenntnishafte Seite anlangt, in die Verantwortlichkeit des Glaubenden, also zu jenem Komplex, der ihn als „Tugend" konstituiert.

Wer seinen Glauben nicht hinreichend bezeugt, sei es aus reli-giösem Narzißmus oder aus kirchlicher Platzangst (von der pri-mitiven Möglichkeit feigen Versagens einmal zu schweigen), darf sich nicht wundern, wenn sein Glaube kraft- und glanzlos bleibt. Wenn man mit Rousselot auch zu Recht von den „Augen des Glaubens" reden kann, ist der Glaube doch zuerst eine „Tat" und als solche darauf angelegt, die Welt zu verändern. Die ureigene

Tat des Glaubens aber ist seine bezeugende Weitergabe an andere. Wer diesen Dienst verweigert, bleibt im Zwielicht; wer ihn leistet, kommt dagegen ans Licht der vollen, ungebrochenen Glaubensgewißheit. Was er gibt, strahlt bestärkend und vergewissernd auf ihn selbst zurück.

Um so wichtiger ist die Erforschung der Faktoren, die den lebensnotwendigen Kommunikationsvorgang gerade an dieser Stelle behindern. Läßt man die psychologischen Hemmnisse nach Art der bereits angedeuteten (Narzißmus, Öffentlichkeitsphobie, repressive Zustände nach Art von Verfolgungssituationen) beiseite, so kommen dafür vor allem sprachspezifische Kommunikationsbehinderungen, also Sprachbarrieren, in Betracht. Damit ist ein vielschichtiges Problem angeschnitten, das, um nur drei hervorstechende Komponenten anzusprechen, ebenso die Kompetenz des Redenden wie die geistige Verfassung seiner Umgebung und, als deren Rückwirkung auf ihn, den Grad seiner Sprach-Performanz betrifft.

Wie bei der normalen Äußerung bemißt sich auch die Kompetenz der Glaubenssprache nach dem Umfang des internalisierten Sprachguts. Nur wird in ihrem Fall nicht einfach numerisch gemessen. Die Kompetenz, aus der das Bekenntnis erwächst, ist darum keineswegs eine Funktion der verfügbaren Glaubensgehalte. So wichtig ein auf einem ausreichenden Informationsstand sich bewegendes Glaubenswissen ist, kommt es hier doch auf etwas anderes an, das mit der vielberufenen Überlegenheit des schlichten Kinderglaubens über den reflektierten Theologenglauben zu tun hat und mit polemischer Schärfe von Martin Buber in Erinnerung gerufen wurde, als er, wenngleich zu Unrecht, das Christentum auf eine im Vergleich zum Judentum inferiore Glaubensweise festzulegen suchte. Was er polemisch gegen die christliche Glaubenshaltung ausspielt, ist in Wirklichkeit ihre ureigene Sache: die vertrauende Einwurzelung in den sich zusagenden Gott, das Ja-und-Amen (Emuna) zu seinem heilstiftenden, bestätigenden und erneuernden Wort. Darin besteht die Kompetenz, die sich im Glaubens-Bekenntnis bekundet und durch den „Rückmeldeeffekt" dieser Bekundung ihrerseits vertieft und gefestigt wird. Störend macht sich hier somit weniger das (negative) Informationsgefälle bemerkbar als vielmehr der Mangel an Entschlossenheit, den Kierkegaard mit dem Bild des „Watenden" ironisierte, der mit dem Fuß nach festem Boden tastet, anstatt sich im freien Wagnis von der 70 000 Faden messenden Meerestiefe tragen zu lassen:

> Ich leugne nicht, daß es... bequem ist, Christ zu sein und doch von dem Martyrium befreit, das immer bleibt, selbst wenn den Christen keine äußere Verfolgung heimsucht..., das Martyrium, gegen den Verstand zu glauben, die Lebensgefahr, auf den 70 000 Faden Wasser zu liegen und dort erst Gott zu finden[5].

Zur Performanz entwickelt sich dieser Inbesitz jedoch erst durch den faktischen Sprachgebrauch und somit in Abhängigkeit vom Status der Sozietät, welcher der Glaubende angehört. Wenn sie sich – aufgrund innerer Konflikte – repressiv verhält, kann der Glaubende von seinen Möglichkeiten keinen souveränen Gebrauch machen. Anstatt gefördert, getragen und stimuliert zu werden, gerät er in einen Zustand der Verunsicherung, der ihm gleicherweise die Aneignung seiner selbst wie seine Selbstverwirklichung im Glauben erschwert.

Hier schließt sich der hermeneutische Zirkel des Glaubens nachgerade zu einem Teufelskreis, da die volle Sicherheit erst im Bekenntnis – und seiner Resonanz im Kreis der Mitglaubenden – zu gewinnen ist, das Bekenntnis aber zugleich diese Sicherheit als seinen entscheidenden Impuls voraussetzt. Nur ein „Sprung", wenn auch anderer Art als der von Kierkegaard geforderte, vermag aus diesem Zirkel herauszuführen. Nach Lage der Dinge besteht er in dem Entschluß des seiner Sache noch keineswegs voll

---

[5] Abschließende unwissenschaftliche Nachschrift zu den Philosophischen Brocken (von 1846). Fast wörtlich findet sich derselbe Gedanke bereits in dem (1843 erschienenen) ersten Königsbuch Bettinas von Arnim, wo der Einwand, daß dem Verunsicherten das rettende Brett im Meer des Zweifels fehle, mit der Bemerkung abgewiesen wird: „Ei Narr, warum willst du dich festhalten? Laß los, du kannst allein schwimmen, also lern deine Glieder bewegen und hilf dir!"

Versicherten, trotz aller Hemmnisse den Glaubensdialog, und sei
es auch nur durch freimütige Äußerung seiner Bedenken, Einwände, Vorbehalte und Zweifel, aufzunehmen. Für einen solchen
Anlauf muß im Rahmen einer mündigen Glaubensgemeinschaft
unbedingt Raum sein, weil eine repressive, mit Gründen der
Gruppendisziplin operierende Reaktion mit dem ersten Schritt
auch alle weiteren in Frage stellen würde. An der Einübung solcher Initiationsgespräche ist darum viel gelegen. Wichtiges wäre
schon mit dem Zugeständnis getan, daß es als legitimer Bestand
einer dialogisch-kritischen Selbstverantwortung des Glaubens zu
gelten hat.

Sprachbarrieren können aber auch die Vermittlung der göttlichen Selbst-Zusage behindern, auf die der Glaube im Akt seiner
Entstehung substantiell antwortet. Mit dieser defizienten Möglichkeit rechnet schon der Römerbrief, wenn er fragend zu bedenken gibt:

Wie sollen sie den anrufen, an den sie noch nicht glauben?
Wie sollen sie an den glauben, von dem sie noch nichts gehört haben?
Wie sollen sie hören, wenn niemand verkündet? (10,14)

Daß sich hier sogar für Gott selbst eine Barriere auftürmt, die
mit dem Mißverhältnis des in seine Endlichkeit – und Sinnlich-
keit – hineingebundenen Menschen zu der im Offenbarungswort
geäußerten Gotteswahrheit gegeben ist, hat mit aller Schärfe bereits Kierkegaard herausgearbeitet, wenn er in den ,,Philosophi-
schen Brocken" (von 1834) nach den hermeneutischen Bedingungen für den Fall fragt, daß ,,Gott selbst der Lehrer ist" und
die erfragten Bedingungen darin erblickt, daß auf der einen Seite
der Lehrer dann aus der ,,Verborgenheit", als der ,,Gott inko-
gnito", redet, auf der andern Seite der ,,Schüler" aber gerade deswegen in eine – von beiden Seiten erlittene – Sinngemeinschaft
mit der ihm verkündeten Wahrheit gelangt.

Auf die menschliche Seite des damit angeschnittenen Problem-
kreises weisen die Fragen des Römerbriefs hin. Was sie unter
quantitativer Rücksicht zu bedenken geben, hat auch eine qualita-

tive Seite. Und die betrifft in erster Linie die Frage der Durchlässigkeit des vermittelnden Menschenworts, die an drei Faktoren gebunden ist: Erstens an die Äquivalenz, weil die Gottesoffenbarung vollinhaltlich weitergegeben sein will. Zweitens an die Aktualität, weil nur Gegenwärtiges den Menschen zu radikaler Stellungnahme zwingt. Und drittens an die Effizienz, weil die Botschaft von Gott im Unterschied zu allen anderen Aussagen nicht von bekannten Erfahrungsdaten her verifiziert werden kann und darum nur dann „zu Herzen geht", wenn sie mit dem Gesagten zusammen Anstöße zu seiner Erfahrung vermittelt.

Wird einer dieser drei Faktoren vernachlässigt, so entstehen, meist ohne jede restriktive Absicht, Kommunikationshemmungen, die an die Fundamentalvermittlung des Glaubens rühren. Darum liegt die Erkundung derartiger Sprachbarrieren nicht erst im kerygmatischen, sondern bereits im fundamentaltheologischen Interesse. Mehr als allgemein angenommen, stehen sie im Hintergrund der in der Regel als Denkprobleme empfundenen Glaubensschwierigkeiten. Mehr als im allgemeinen bewußt ist, trägt dann aber auch ihr Abbau zur Überwindung dieser Schwierigkeiten und zur Mehrung der Glaubensfestigkeit und Glaubensfreude bei[6].

2. Sprachbarrieren und Glaubenszweifel

In der Astrophysik der letzten Jahrzehnte hat sich eine Zeitlang die Vorstellung von einem „pulsierenden Universum" durchgesetzt, derzufolge die gegenwärtige Expansion des Kosmos, wie sie sich aus der im Sinne des Doppler-Effekts gedeuteten Rotverschiebung im Spektrum ferner Spiralnebel ergibt, lediglich eine Phase im Ganzen einer dramatisch bewegten Gesamtentwicklung

[6] Da es sich hier um den Problemeinstieg handelt, durften die sozio- und psycholinguistischen Hemmnisse, die sich unter dem Begriff „äußere Sprachbarrieren" subsumieren lassen, außer Betracht bleiben, obwohl sie für den konkreten Glaubensvollzug als die vergleichsweise gravierenderen Störfaktoren zu gelten haben.

116

darstellt, der eine kontraktive ebenso folgen wird, wie sie ihr voranging[7]. Was hier, im Bereich der astrophysikalischen Modellentwürfe und Deutungen eine nicht unwidersprochene Hypothese ist[8], kommt, auf die geistesgeschichtliche Situation übertragen, einer schlichten Tatsachenfeststellung gleich. Hier treten die divergierenden Tendenzen so sichtbar zutage, daß ein Überblick oder gar eine Zusammenschau kaum noch möglich erscheint. Denn im Unterschied zum Bild von dem „pulsierenden Universum" läßt sich das Diagramm der geistigen und der mit ihnen eng zusammenhängenden politischen Tendenzen nicht auf einen einheitlichen Nenner bringen. Deshalb geht auf dem Sektor der kosmologischen Theoriebildung auch die Suche nach einer alle Phänomene umgreifenden „Weltformel" (Einstein, Heisenberg, Weizsäcker) weiter, während die Gegenwartsphilosophie die Hoffnung längst aufgegeben hat, eine einheitlich-geschlossene Deutung der gesellschaftlich-geistigen Wirklichkeit im Sinne der spinozistischen oder hegelischen Einheitssysteme vorlegen zu können[9]. Statt dessen setzt sich hier, typisch für das Epochenende, das kaum auf den nach ihm zu erwartenden Neubeginn hindeutet, die schon im altgermanischen Mythos auftauchende Erkenntnis durch, daß die zu theoretischen Durchblicken und sinnvollen Planungen verhelfende Denkwelt, der Horizont des Überschaubaren und Planbaren, nur durch kontinuierliche Akte der Ausgrenzung

[7] Wenn, wie in diesem Beispiel, im folgenden unter dem Stichwort „Wissenschaft" ausschließlich von Naturwissenschaft die Rede ist, so aus zwei Gründen. Einmal im Blick auf ihren für das neuzeitliche Wissenschaftsverständnis prototypischen Charakter und ihr dafür nicht weniger kennzeichnendes Methodenbewußtsein. Sodann – und vor allem – deswegen, weil sich die Schwierigkeiten, in die der Glaube durch seine Herausforderung durch das wissenschaftliche Denken geriet, hauptsächlich im Konflikt mit ihr ergaben.
[8] Vor allem durch die von Bondi und Hoyle entwickelte „Steady-State"-Theorie: *H. Vogt*, Das astronomische Weltbild der Gegenwart (Berlin 1955) 94f.
[9] An die Stelle des (auf Subsumierung aller Einzelerkenntnisse insistierenden) Systems trat die nach Anspruch bescheidenere und in methodischer Hinsicht differenziertere Wissenschaftstheorie. Siehe dazu den einleitenden Beitrag *H. Rombachs* im ersten Band der von ihm edierten Wissenschaftstheorie (9–26). Symptomatisch für die in zunehmendem Maß als desintegrativ empfundene Situation ist das viel diskutierte Buch von *H. Sedlmayr*, Verlust der Mitte (von 1948).

des „Ungeheuren", verstanden als der Inbegriff des Irrationalen und Unplanbaren, zustande kommt[10]. Hand in Hand mit dieser Einsicht geht das – ihr zweifellos als „Quelle" zugrunde liegende – Gefühl, daß die zurückdämmende und ausgrenzende Kraft im Erlahmen begriffen ist und daß die während der abendländischen Denkgeschichte eliminierten Faktoren unabweislich in das an seinen Rändern längst schon aufgerissene Bewußtseinsfeld hereindrängen[11].

Was angesichts dieser Situation noch möglich ist, sind Teildeutungen des Daseins, die bei aller Tendenz, das Ganze abzudecken oder doch wenigstens ein Gesamtbild zu vermitteln, sich ihrer Fragmentarität bewußt bleiben. Im Feld der sprachlichen Weltauslegung und Kommunikation entspricht dem, was der späte Wittgenstein mit dem Ausdruck „Sprachspiele" bezeichnete, der im Unterschied zu der traditionellen Vorstellung von der „Gewachsenheit" der Sprachen das ihnen zweifellos anhaftende Moment des Arbiträren, ihrer „Beliebigkeit" also, hervorkehrt. Im Unterschied zum „Tractatus logico-philosophicus" (von 1921), für den die Sprache noch die Funktion des Abbildens hat, rechnen die posthum veröffentlichten „Philosophischen Untersuchungen" mit einem pluralen und doch jeweils legitimen Sprachgebrauch. Dort gibt Wittgenstein zu bedenken:

Wie viele Arten der Sätze gibt es aber? Etwa Behauptung, Frage und Befehl? – Es gibt unzählige solcher Arten: unzählige verschiedene Arten der Verwandlung all dessen, was wir „Zeichen", „Worte", „Sätze" nennen. Und die Mannigfaltigkeit ist nichts Festes, ein für allemal Gegebenes; sondern neue Typen der Sprache, neue Sprachspiele, wie wir sagen können, entstehen und andere veralten und werden vergessen (§ 23).

Den im Sinn des traditionellen Denkens fälligen Einwand, derartigen Spielen müsse ein von ihnen „umspieltes" ·Gemeinsames

---

[10] *W. Grönbech*, Kultur und Religion der Germanen I (Darmstadt 1954) 247–252.
[11] Das sah *J. Gebser* in seiner kulturphilosophischen Analyse „Ursprung und Gegenwart" (von 1949). Im Symbol einer gesellschaftlich desintegrierten und geistig erschütterten Übergangszeit gestaltete *W. Bergengruen* diesen Aufbruch in seinem Roman „Am Himmel wie auf Erden" (von 1940).

„zugrunde liegen", läßt Wittgenstein nicht gelten, richtiger gesagt: er läßt das mit ihm Erfragte auf beziehungsreiche Weise offen:

> Sag nicht: „Es muß ihnen etwas gemeinsam sein, sonst hießen sie nicht ‚Spiele' " – sondern schau, ob ihnen allen etwas gemeinsam ist ... Wie gesagt: denk nicht, sondern schau! (§ 66.)

Mit diesem Appell wird aber nicht nur, wie es in Wittgensteins Intention zu liegen scheint, das „Spielerische" der Sprachspiele unterstrichen, sondern auch ihre Nähe zum tödlichen Ernst markiert. Wenn schon ein einziges Spiel in Streit ausarten kann, sobald die ihm zugrunde liegenden Spielregeln nicht mehr eingehalten werden, ist die Gefahr solchen Umschlags noch viel größer, wenn verschiedene Spiele in- und durcheinander geraten. Im Bereich der Sprachspiele kommt es regelmäßig zu derartigen Konflikten, wenn sie sich, ihren „Spielern" unbewußt, gegenseitig durchkreuzen und überschneiden.

Kenntnis von derartigen Konflikten erlangen wir durch die alltägliche Spracherfahrung. Angehörige unterschiedlicher ideologischer oder politischer Systeme reden aneinander vorbei, weil sie entweder ein je eigenes Vokabular benutzen oder denselben Vokabeln eine ganz unterschiedliche – so der differente Sinn von „Person" im philosophischen und psychoanalytischen Sprachgebrauch –, bisweilen auch semantisch „gebundene" Bedeutung – gebunden etwa an eine bestimmte politisch verankerte Ideologie – beilegen [12]. Auf diesem Weg entstehen Kommunikationsschranken und Verständigungsbarrieren, die als solche wiederum das Zusammenleben belasten und eine spannungsgeladene Atmosphäre des Mißtrauens und der Feindseligkeit aufkommen lassen.

Man sollte meinen, daß das religiöse Sprachspiel, dessen „Beliebigkeit" lediglich in der Unerhoffbarkeit der Offenbarung zu bestehen scheint, davon unbetroffen bleibt. Und nicht nur dies;

---

[12] Dazu die von *B. Badura* vorgelegten Beispiele für politisch bedingte Bedeutungsdifferenzen: Sprachbarrieren. Zur Soziologie der Kommunikation (Stuttgart-Bad Cannstatt 1971) 111–124.

der spontanen Erwartung nach müßte hier das wenn schon nicht Gemeinsame, so doch Verbindende zu finden sein, das einen Konsens im Gegeneinander der Kommunikationsbereiche ermöglicht. Doch sieht sich diese so begreifliche Erwartung durch die Fakten widerlegt. Weit davon entfernt, die bestehenden Verständigungsschranken niederzulegen, ist die religiöse Sprache im Gegenteil an der Errichtung neuer Barrieren, wenn im Grunde auch mehr faktisch als aktiv, beteiligt [13].

Läßt man den Fall der bewußten Absperrung beiseite, so ist vor allem an die Abdrängung des Religiösen aus dem Öffentlichkeitsbereich zu denken, wenn man dem Zustand des religiösen Sprachfelds auf den Grund zu gehen sucht. Eine seltsame Bewußtseinsspaltung setzte sich durch, die den Totalitätsanspruch von Kirche und Theologie zwar – wie in Kants Schrift über den Streit der Fakultäten (von 1798 als letzte seiner Veröffentlichungen) – weitgehend tolerierte, sie jedoch in offenem Gegensatz dazu gleichzeitig in den Sakralraum verwies. So kam es nicht nur zur Ausbildung dezidiert säkularistischer Daseinsinterpretationen, sondern darüber hinaus auch zu einer fortschreitenden Diastase der Sprachen, die religiöse Aussagen als allgemein anerkennbare und anerkannte Argumente nicht mehr zuließ [14]. Keineswegs soll damit die Legitimität des von der Wissenschaft erhobenen Anspruchs auf eine Totalerklärung der Weltphänomene – ohne Zuhilfenahme der schon von Laplace im Gespräch mit Napoleon als überflüssig erklärten Hypothese ,,Gott'' – in Abrede gestellt, wohl aber auf eine folgenschwere Gleichge-

---

[13] Eine aktive Beteiligung wird der Theologie durch die Vertreter der ,,Erlanger Schule'' *(Lorenzen, Kamlah)* angelastet, da sie Prädikatoren einführe, die sie aufgrund ihrer Offenbarungsposition zugleich der (enpragmatischen) Nachprüfung entziehe.

[14] Für die fortschreitende Depotenzierung religiöser Strukturen, Einstellungen und Institutionen hat sich der wenig glückliche Ausdruck ,,Säkularisierung'' eingebürgert, der, seiner politisch-rechtlichen Herkunft entsprechend, das Problem, das sich im Grund als das einer differenzierenden Freisetzung darstellt, in einen juridischen Aspekt rückte und schließlich unter die Dialektik von Besitz und Eigentum subsumierte. Als Teilsicht legitim, läßt diese Kategorie doch wesentliche Komponenten außer acht.

wichtsverschiebung im Panorama der Sprachen hingewiesen werden. Während die Sprache der Wissenschaftlichkeit allenthalben Einzug hielt, verlor die religiöse Sprache zusehends an Boden, so daß sie schließlich als ernstgenommene Kommunikationsform nur noch im kirchlichen oder doch religiös geschlossenen Bewußtseinsraum gebraucht werden konnte. Dieses Ungleichgewicht zog eine starke Verunsicherung nach sich, die sich vornehmlich in Form von Zweifeln bekundete. Religiöse Auskünfte zu Grundfragen des Menschseins büßten rasch alle Überzeugungskraft ein, weil nur noch die wissenschaftlich-fundierte These wirklich zählte. Was die ganze abendländische Geschichte hindurch als unumstößlich gegolten hatte, fiel, besonders seit dem Siegeszug der Aufklärung, einer umfassenden Diskreditierung anheim, während umgekehrt eine regelrechte Wissenschaftsgläubigkeit um sich griff. Im Zwischenfeld dieser beiden Entwicklungstrends entstand fast unvermeidlich eine geistige Turbulenz, die zu ganz gegensätzlichen Reaktionen, starrem Festhalten auf der einen und radikaler Bezweiflung aller überkommenen Positionen auf der andern Seite – und im Gefolge von beiden zu Unsicherheit, Skepsis und schließlich zu Glaubenslosigkeit und Atheismus – führte.

Glaubenskonflikte dieser sprachbedingten Art entstanden vor allem auf zwei Feldern: an der Berührungsstelle von Glaube und Naturwissenschaft sowie an der von Glaube und Gesellschaft. Beides bedarf einer wenigstens kurzen Darstellung. Wichtiger als diese selbst ist jedoch die Konsequenz, die sich aus der Einsicht in die Verursachung ergibt. Beidemal stellt sich die auftretende Verunsicherung als Folge einer Sprachkrise dar. Im ersten Fall als Folge der Diskreditierung religiöser Aussagen zugunsten der allein noch als tragfest und glaubwürdig angesehenen Thesen der Wissenschaft; im zweiten Fall als Folge einer sprachlichen Ausfallserscheinung. Denn es zeigte sich, daß Glaube und Kirche auf dem Feld, auf dem sich die um ihre Lebensrechte kämpfende Arbeiterschaft artikulierte, nichts zu bestellen hatten, sei es, daß ihnen die Radikalität dieser Artikulationen „die Sprache verschlug", sei es, daß ihnen einfach für ein kompetentes Mitreden „die Worte fehlten". Das aber zwingt geradezu zu der Folgerung, daß dort, wo sich sachbedingte Glaubensschwierigkeiten zu ergeben scheinen und wo die traditionelle Apologetik demgemäß auch unwillkürlich nach Sachproblemen als den vermeintlichen Ursachen der aufgetretenen Verunsicherung Ausschau hält, in Wirklichkeit vielfach Sprachkrisen vorliegen, die, bei aller Würdigung des mitgegebenen Sachaspekts, nach dem für die Beseitigung von Sprachbarrieren angezeigten Verfahren angegangen und bewältigt werden müssen.

3. Glaube und Wissenschaft

Im siebten Hauptstück, „Unsere Tugenden" betitelt, von „Jenseits von Gut und Böse" bemerkt Nietzsche, daß die schönen, glitzernden Worte wie Redlichkeit, Wahrheitsliebe, Erkenntnismut und Wahrhaftigkeit als aufgetragene „Farbe und Übermalung" erkannt und der darunter verborgene „schreckliche Grundtext homo natura" freigelegt werden müsse. Und er leitet daraus die Folgerung ab, den Menschen „zurückzuübersetzen in die Natur"[15]. Das heißt dann aber offensichtlich, daß seiner Meinung nach dieser naturhafte „Grundtext" seinerseits verschiedenartig übersetzt, möglicherweise sogar unterschiedlich „gelesen" werden kann.

Geht man dieser Möglichkeit nach, so stößt man fast von selbst auf den Gedanken, daß der jahrhundertealte Konflikt von Theologie und Naturwissenschaft, der mit dem „Fall Galilei" seinen lautstarken Anfang nahm und um die Jahrhundertwende sowohl im „Bibel-Babel-Streit" wie in den hitzigen Debatten um die Abstammungstheorie seinen Höhepunkt erreichte, letztlich in unterschiedlichen „Lesarten" des naturhaften Grundtextes seinen Anlaß hatte, die bisher nur deshalb nicht auf einen einheitlichen

---

[15] Jenseits von Gut und Böse VII, § 230.

Nenner gebracht werden konnte, weil die Frage nach ihrem Einheitssinn oder auch nur die vergleichbar einfachere nach ihrer möglichen Vereinbarkeit noch gar nicht ernsthaft gestellt wurde. In Gestalt der differenten Sprachspiele, die das in dem ,,Grundtext'' Gesagte zu artikulieren suchen, scheint die babylonische Sprachverwirrung aufs neue ausgebrochen zu sein, jetzt aber in einer Weise, die für den Glauben bedrohliche Formen anzunehmen beginnt [16].

Ein erster Schritt zur Bewältigung wird in der Erkenntnis bestehen, daß es tatsächlich Sprachdifferenzen sind, die sich hinter den vermeintlichen Sachkonflikten verbergen. Zwar sind Unterschiede der Interpretation und Ausdeutung vielfach die Ursache für menschliche Krisen und Entzweiungen, so daß sie keinesfalls verharmlost werden dürfen. Doch tragen sie als Unterschiede in Kommunikationssystemen zugleich die Chance in sich, durch übergreifende Verständigungsprozesse überbrückt zu werden. Der zweite und zweifellos entscheidende Schritt besteht sodann in der Ausarbeitung der einzelnen Differenzen, weil erst sie die in ihnen waltende Korrespondenz zum Vorschein bringen kann.

Voraussetzung dessen ist eine Bestandsaufnahme der Funde, die von der naturwissenschaftlichen Forschung – und hier in erster Linie von der Paläontologie – zutage gefördert wurden. Sie bestehen, chronologisch aufgeführt, in der Entdeckung des Neandertalers (1856 im Düsseltal) durch Johann Carl Fuhlrott (1804–1877), des Pithecanthropus erectus (1899 bei Wadjak auf Java) durch Eugen Dubois (1858–1940), des Homo heidelbergensis (1907 in Mauer bei Heidelberg) durch Otto Schoetensack (1850–1912), des Sinanthropus pekinensis (1929 in der Höhlenablagerung von Chou-Kou-Tien) durch den chinesischen Paläontologen Wen-

[16] Mit der Rede von ,,Sprachspielen' ist bereits der (unausdrückliche) Hinweis auf Wittgenstein verbunden, der als erster den Gedanken einer möglichen Reduzierung vermeintlicher Sachprobleme auf Sprachkonflikte, deutlicher gesagt, auf Kommunikationsstörungen im Gefolge eines promiscuen Sprachgebrauchs entwickelte. Auf diesem Weg zustande gekommene Probleme verschwinden, sobald die Ursachen beseitigt sind.

Chung Pei (aufgebrochene und meist verkohlte Schädel und Schädelreste von etwa 40 Frühmenschen, die nur in Abgüssen erhalten blieben, da die Originale in den Wirren des Japanisch-Chinesischen Kriegs verlorengingen), des Australopithecus africanus (1924 das „Kind von Taungs") durch Raymond A. Dart, sowie des Australopithecus transvaalensis (1936 in den Kalksteinwerken von Sterkfontein) durch Robert Broom (1866–1951), dem (1938 in der gleichen Gegend) auch die Entdeckung des Paranthropus robustus gelang, und des Zinjanthropus (1959 in der Oldoway-Schlucht in Ostafrika) durch Louis und Mary Leakey. Da es hier lediglich um ein Buchstabieren des „Grundtextes" zu tun ist, können Übergangs- und Zwischenformen wie der Telanthropus oder der (ohnehin problematische) Meganthropus beiseite bleiben. Um so mehr ist an den möglichen „Lesarten" gelegen.

Es spricht für die Richtigkeit des Ansatzes, daß der Heidelberger Biologie-Historiker Hans Querner seine „Stammesgeschichte des Menschen" (von 1968) mit einem Kapitel beschließt, das über die „Vorstellungen zur Herkunft des Menschen jenseits der Grenze naturwissenschaftlicher Anthropologie" referiert. Sofern mit der Ortsbestimmung dieser Deutungsversuche als Entwürfe „jenseits" der naturwissenschaftlichen Denkweise keine Abwertung im Sinn wissenschaftlich nicht vertretbarer Aussagen intendiert ist, kommt das tatsächlich der Zulassung unterschiedlicher Deutungsweisen und in deren Konsequenz auch unterschiedlicher Sprachspiele bei der Interpretation der zu „buchstabierenden" Materialien gleich. Außer der Theologie sieht Querner vor allem die geisteswissenschaftliche Anthropologie und die Soziologie an diesen Deutungsversuchen beteiligt.

Für die erstere nennt er Karl Rahner (mit seinem in Gemeinschaft mit Paul Overhage herausgegebenen Werk über das „Problem der Hominisation" von 1961) und Pierre Teilhard de Chardin (hauptsächlich im Blick auf dessen Schrift „Der Mensch im Kosmos" von 1959), für die letzteren Werner Sombart und dessen (unter dem Titel „Vom Menschen" 1938 erschienener) „Versuch einer geisteswissenschaftlichen Anthropologie", die das Auftreten des Menschen als „den Eintritt eines neuen Prinzips" wertet und seine Erörterung dem Glauben vorbehält [17], und Arnold Gehlen, der (in seinem vielbeachteten Buch „Der Mensch. Seine Natur und seine Stellung in der Welt" von 1940) eine Deutung der Vollzugsformen anstelle der „Wesensformen" vorlegt und von da zu einem der widersprüchlichen conditio humana überraschend angemessenen, am besten als „kompensatorisch" zu kennzeichnenden Verständnis des Menschseins gelangt. Als „Mängelwesen", das „im Gegensatz zu allen höheren Säugern hauptsächlich durch Mängel", also durch Momente der Unangepaßtheit, Unspezialisiertheit und Primitivität bestimmt ist, ist der Mensch darauf angewiesen, sich zu entlasten, und das besagt, „die Mängelbedingungen seiner Existenz eigentätig in Chancen seiner Lebensfristung umzuarbeiten" [18]. Tritt der geisteswissenschaftlich-philosophische Charakter der „Lesart" bei Sombart hauptsächlich im Ansatz zutage, so hier vor allem im Ergebnis, das den Menschen, anders als in den gewohnten Perspektiven, nicht als „Produkt" der Natur, sondern als „Selbsttat", als kompensatorische Hervorbringung seiner selbst, begreift.

Daß sich aber auch innerhalb der Umgrenzung des naturwissenschaftlichen Denkens unterschiedliche, vor allem vom abstammungstheoretischen „Haupttrend" abweichende „Lesarten" ausbildeten, spricht Querner schon vorher, zu Eingang des zunächst auf Adolf Portmann und Edgar Dacqué hinblickenden Schlußkapitels, aus. Dabei hat Portmanns Beitrag dadurch besonderes Gewicht, daß er auf das anthropologische Apriori bei der Aufreihung des Materials hinweist. Nicht erst bei der Deutung, dem eigentlichen „Lesen", sondern schon bei der Ordnung, dem „Buchstabieren" der paläontologischen Daten kommt als „regulative Idee" das mitgebrachte Menschenbild ins Spiel:

[17] „Jede Deutung der Entstehung des Menschen, die etwas anderes als Glaube sein will, ist falsch": Vom Menschen. Versuch einer geisteswissenschaftlichen Anthropologie (Berlin 1938) 295.
[18] *A. Gehlen,* Der Mensch. Seine Natur und seine Stellung in der Welt (Bonn 1958) 38.

So spannend und wichtig die Erforschung der Fossilzeugen ist, so muß uns doch immer vor Augen stehen, daß wir für die Deutung dieser Dokumente stets von einem Menschenbilde geleitet werden und daß an die Seite des Forschens nach Fossilien die psychologische und philosophische Forschung treten muß...[19]

Wer evolutionistisch denkt, läuft aufgrund seiner werdegeschichtlichen Blickrichtung Gefahr, „wesentliche Merkmale des Lebens von vornherein" zu verfehlen, eine Gefahr, der nur durch eine „neue Übersicht der Lebensmerkmale und ihrer möglichen Rangordnung" zu begegnen ist. Das läuft in der Konsequenz auf das Postulat einer „anthropologischen Hermeneutik" hinaus, die als Wissenschaft vom Interpretationsvorgang allein die Voraussetzungen zu klären vermag, von denen die Anordnung der Materialien und damit indirekt auch ihre Deutung determiniert wird. Erst mit der Explikation dieser Hermeneutik ist der dritte und letzte Schritt auf dem Weg zur Bewältigung der mit dem Konflikt der gegensätzlichen Sprachspiele gegebenen Glaubenszweifel getan. Nur müßte diese Hermeneutik, wie sie von Portmann her zu fordern ist, mit den naturwissenschaftlichen oder doch naturwissenschaftsnahen Dispositionsmustern zusammen auch die Voraussetzungen bedenken, die zur religiös-theologischen Auslegung des anthropologischen Tatbestands führen.

Nützlich ist in diesem Zusammenhang vor allem Portmanns Hinweis auf die Blickverengung, die im Gefolge der einseitigen Betonung der (etwa den Deszendenzgedanken beherrschenden) Entstehungsfrage eintritt. Man vergibt nämlich die mit dem hermeneutischen Ansatz gegebene Chance, wenn man die biblischen Berichte von der Menschenschöpfung als eine religiös-mythische Alternative zur „wissenschaftlichen" Beantwortung der Entstehungsfrage im Sinn der Deszendenztheorie ansieht. Schon die Tatsache, daß der ältere (jahwistische) Schöpfungsbericht an dieser Stelle ganz unverhohlen auf Motive der altorientalischen Kosmogonien zurückgreift – im ägyptischen Mythos bildet der Gott

[19] *A. Portmann,* Biologie und Geist (Zürich 1956) 73.

Chnum das erste Menschenpaar auf einer Töpferscheibe [20], während das babylonische Gilgamesch-Epos davon berichtet, wie Enkidu, der Gefährte des Titelhelden, nach einer Rißzeichnung auf einer mit Götterspeichel befeuchteten Lehmtafel geschaffen wird [21] –, läßt erkennen, daß sein Blick entgegen seiner gewöhnlichen, insgeheim vom Deszendenzgedanken gesteuerten Interpretation, gerade nicht auf das Woher gerichtet ist. Wohin aber dann?

Die Antwort ergibt sich am leichtesten aus einem Vergleich mit einer scheinbar weit abgelegenen, in Wirklichkeit aber durchaus strukturverwandten Aussage des johanneischen Osterberichts. Dort erscheint Jesus am Osterabend im Kreis der im Abendmahlsaal versammelten Jünger, haucht sie an und sagt:

Empfangt den heiligen Geist. Allen, denen ihr die Sünden erlaßt, sind sie erlassen; allen, denen ihr sie belaßt, sind sie belassen (20,23).

Auf durchaus gleichsinnige Weise erklärt der jahwistische Urbericht von der Menschenschöpfung:

Da bildete Jahwe, Gott, den Menschen aus dem Staub des Erdbodens und hauchte Lebensodem in seine Nase; so wurde der Mensch ein lebendes Wesen (Gen 2,7) [22].

Anders als ihre dem abendländischen Denkzwang folgende Interpretation denkt die Bibel somit an dieser für ihre Anthropologie entscheidenden Stelle gerade nicht genetisch, sondern prospektiv. Was sie mit ihrer Frage nach dem Menschen letztlich erfragt, geht nicht auf das Faktum, dem er sein Wesen verdankt, und noch weniger auf dieses Wesen selbst, sondern auf die Wirklichkeit, die ihm durch sein Geschaffensein mitgifthaft gegeben und zugleich als das stets unerreichte Aktionsziel seiner Selbstverwirklichung aufgegeben ist.

[20] O. Keel, Die Welt der altorientalischen Bildsymbolik und das Alte Testament (Zürich – Einsiedeln – Köln 1972) 224, 227; ferner A. Jeremias, Das Alte Testament im Lichte des Alten Orients (Leipzig 1930) 51.
[21] A.a.O., 49.
[22] Dazu G. von Rad, Das erste Buch Mose (Göttingen 1956) 61f.

Trotz des schicksalhaften Bündnisses, das die Theologie mit der abendländisch-hellenistischen Denkweise einging, blieb das Gefühl für den Konflikt, in dem diese mit der biblischen stand, doch unaufhörlich – besonders in geistigen Krisenzeiten – wach. Nachdem sich Hegels großangelegtem Integrationsversuch schon Kierkegaard mit aller Kraft entgegenstellte, machte vor allem Franz Rosenzweig in seinem nach dem Ersten Weltkrieg erschienenen Essay „Vom gesunden und kranken Menschenverstand" (von 1921) auf die irritierende Gegenströmung zur biblischen Denkrichtung und ihre Folgen aufmerksam. Wer sich ihrem Zug ins Gewesene überläßt, verfällt einem Lähmungszustand, den Rosenzweig als die „Starrheit des Staunens" diagnostiziert. In seiner Beschreibung des Krankheitsbilds heißt es von dem „Patienten":

> Seine Hände mochten nicht mehr zugreifen, denn wer gab ihnen das Recht des Griffs, seine Füße mochten nicht mehr ausschreiten, denn wer verbürgte Boden ihrem Tritt. Seine Augen mochten nicht mehr ausschauen, denn wer bewies ihnen, daß kein Traum sie narre. Und so mochten seine Ohren nicht mehr hören, denn wer war der andere, auf den sie hätten hören sollen...?[23]

Aus dieser Erstarrung vermöchte nur ein Denken herauszuführen, das sich anstatt dem Diktat der Begriffe dem Geleit der Namen überläßt, das sich anstatt formalen Gesetzen dem Gang der Wirklichkeit anheimgibt und seinen Halt anstatt im Weltbezug in der Selbstgegenwart des Denkenden sucht:

> Der Name befreit ihn von diesen Gesetzen. Er ruft ihn aus der Welt, in der sein Tun gefangen war, hinein in sich selbst, in seine Gegenwart, in eine Gegenwart, über die, so lange der Name genannt wird, keine Vergangenheit und kein Außen Macht hat[24].

Mit dem Stichwort „Namen" hebt Rosenzweig ein Charakteristikum des sprachbezogenen Denkens der Bibel hervor, das er im Schlußgedanken als den intellektuellen Weg zur befreienden

---

[23] *F. Rosenzweig,* Das Büchlein vom gesunden und kranken Menschenverstand, 34.   [24] A.a.O., 88.

„Geistes-Gegenwart" würdigt. Und er ist davon überzeugt, daß er damit ebenso einem christlichen wie dem jüdischen Interesse dient[25]. Mit vergleichbarem Nachdruck bemühte sich neuerdings Claude Tresmontant um die Kontrastierung der beiden Denkweisen. Für ihn verläuft das hebräische Denken in einer dem griechischen geradewegs entgegengesetzten Richtung:

es steigt rückläufig den Hang hinauf, den griechische und nach ihr neuzeitliche Metaphysik, soweit sie deren elementare Grundhaltung übernimmt, herabsteigt, in dem genau zutreffenden Sinne, daß, griechisch gesehen, das Sinnenwirkliche von einem Abstieg, von einer Erniedrigung herrührt, während es umgekehrt für die Hebräer die Frucht eines positiven Aktes, eines Aufstiegs: der Schöpfung, ist[26].

An die Einhaltung dieser „hangaufwärts" zielenden Denkrichtung ist Tresmontant zufolge das Verständnis aller biblischen Grundgedanken, der Schöpfung ebenso wie der Inkarnation, der Geisteseinwohnung und der Realgegenwart Gottes in Kirche und Sakramenten gebunden[27]. Demgegenüber vollzieht das Bedenken des Wirklichen im Sinn der hellenistischen Denktradition eine ausgesprochene Abstiegsbewegung. So kommt es, wie Leslie Dewart diesen Gedanken verdeutlicht, zu seltsamen Stauungen und Verdoppelungen, vor allem dann, wenn die dem Bann des Wesensdenkens verhaftete theologische Vernunft biblische Vorstellungen mit Hilfe des metaphysischen Instrumentariums wiederzugeben sucht[28]. Mit ihrem Blick dem Gewesenen zugewandt, muß sie auch die Vollzugsgestalten auf den Begriffsnenner des Gegenständlichen bringen, wenn sie dem mit ihnen ausgesagten Realitätswert gerecht werden will.

Die „Stauungen" und „irritierenden Doppelungen", die sich

[25] In den Kleineren Schriften (Berlin 1937, 391) bemerkt *Rosenzweig:* „Einem Christen wären, das weiß ich, statt der meinen Worte des Neuen Testaments auf die Lippen gekommen... Mir aber diese."
[26] *C. Tresmontant,* Biblisches Denken und hellenische Überlieferung (Originaltitel: Essay sur la pensée hébraïque) (Düsseldorf 1956) 12.
[27] A.a.O., 155f.
[28] *L. Dewart,* Die Zukunft des Glaubens (Originaltitel: The Future of Belief) (Einsiedeln 1968) 224ff.

auf diese Weise ergeben, betreffen aber nicht nur die Struktur des Denkens, sondern auch die des sprachlichen Ausdrucks. Das führte dazu, daß die formalisierte Glaubenssprache gerade dort, wo sie sich um besonders exakten Ausdruck bemühte, mit ihren Aussagen in einen zweifachen Konflikt geriet. Erstens mit dem Schriftwort, weil dieses in seiner „hangaufwärts" zielenden Stoßrichtung das übersprang, was ihr unter dem Einfluß der metaphysischen Gegenströmung zu sagen besonders angelegen und wichtig war. Und zweitens zur Wissenschaft, in der sich diese Gegenströmung methodologisch verselbständigte und eigene Verfahren zur Erforschung der Wirklichkeit entwickelte. Diesen Verfahren war der Offenbarungsbezug der Glaubenssprache nicht nur fremd; sie verfolgten vielmehr aufgrund ihrer emanzipatorischen Herkunft sogar die Tendenz, sich möglichst scharf von ihr zu distanzieren. So entstanden, neben der schlicht am Schriftwort orientierten kerygmatischen Sprache, zwei scharf kontrastierende Sprachfelder, die sich durch den affirmativen Offenbarungsbezug des einen und den negativ-kritischen des andern unterschieden und von dem ersten wie untereinander durch massive Sprachbarrieren getrennt waren. Was sie faktisch trennte, waren somit nicht Sachdifferenzen, sondern Sprachunterschiede, die in letzter Provenienz von der Gegenstrebigkeit der miteinander konkurrierenden Denkrichtungen herrührten[29].

Am Anfang stand der aus der Abwehr der Häresie hervorgegangene Wille zur Verdeutlichung. Wie etwas Selbstverständliches legte es sich nah, dort, wo das Schriftwort pauschal zu reden schien, mit Hilfe philosophischer – und dann auch juridischer – Denkformen zu differenzieren, und dort, wo es theoretische und praktische Fragen offen ließ, die vermeintlichen Lücken durch rationale Auskünfte auszufüllen. Dabei war dieses Vorgehen noch das vergleichsweise unbedenklichere. Ungleich größere Spannungen entstanden im umgekehrten Fall, wenn Fragen der rationalen

---

[29] Auf eine vergleichbare Sprachdifferenz bezieht sich die Studie von *H. Hendrichs,* Modell und Erfahrung. Ein Beitrag zur Überwindung der Sprachbarriere zwischen Naturwissenschaft und Philosophie (Freiburg – München 1973).

Vernunft wie die nach der Entstehung des Lebens oder des Menschen mit Hilfe von Offenbarungssätzen beantwortet wurden. Zwar blieben auch sie solange verdeckt, wie sich noch keine ihrer Selbständigkeit bewußte Wissenschaft ausgebildet hatte. Doch traten sie dann, mit dem Aufkommen des naturwissenschaftlich-historischen Weltbilds, nur um so heftiger zutage. Seitdem besteht die geistige Auseinandersetzung zu einem beträchtlichen Teil in dem Bestreben der Wissenschaft, einen von religiösen Positionen völlig freien Raum für ihre Selbstdarstellung zu gewinnen und gleichzeitig, nach Art einer flankierenden Defensivmaßnahme, die Glaubenssprache in den Sakralbereich abzudrängen. Die stillschweigende Verfemung des Religiösen im öffentlichen Gespräch hat hierin ebenso ihren Grund wie die wachsende Unfähigkeit des Glaubens, sich im Bereich der profanen Vernunft zur Geltung zu bringen oder auch nur verständlich zu machen. So entstand, gleichsam im Schatten der übrigen, eine weitere Sprachbarriere, die mit der freien Konvertibilität der religiösen Aussage vor allem die Effizienz der christlichen Verkündigung betraf. Was mit dem Willen zur Verdeutlichung des Glaubens begonnen hatte, endete bei allen Teilerfolgen mit einer in diesem Maß vordem unbekannten Behinderung der religiösen Kommunikation.

So folgenschwer sich diese Entwicklung gestaltete, war doch von keiner der beiden Seiten böser Wille im Spiel. Nicht von seiten des Glaubens; denn was ihn zu seinem expansiven Verhalten veranlaßte, war keine fahrlässige Kompetenzüberschreitung, sondern das Fehlen eines wissenschaftlichen Weltbilds, das nur mit Hilfe religiöser Auskünfte kompensiert werden konnte. Aber auch nicht von seiten der Wissenschaft, weil sie von ihrem methodologischen Ansatz her auf eine Totalerklärung der Erfahrungswelt drängen mußte. Ein Arrangement mit der Glaubenssprache etwa in der Art, daß sie dieser die Erklärung der Entstehungs- und Bestimmungsfrage überließ, wäre einem Akt der Selbstaufgabe gleichgekommen. So kam es fast unvermeidlich zu dem Konflikt, den der Prozeß gegen Galileo Galilei (von 1633) als dröhnender Fanfarenstoß eröffnete und der, nach den nicht minder heftigen

Diskussionen der Jahrhundertwende, im Streit um die Kontroversthemen Geburtenregelung, Abtreibung und Euthanasie bis heute andauert[30]. Wie der Themenkatalog der heutigen Streitgespräche zeigt, werden dabei nicht selten Sachfragen erster Ordnung berührt. Doch ändert dieser Befund nichts an der Tatsache, daß die Kontroverse auf weiten Strecken wahrheitstheoretisch und wissenssoziologisch bedingt ist und darum nur auf dem Weg einer Entflechtung der sich überlagernden Denkstrukturen einer befriedigenden – und befriedenden – Lösung entgegengeführt werden kann[31].

4. Glaube und Gesellschaft

Dem aufmerksamen Beobachter der heutigen Glaubensszene kann es nicht entgehen, daß die wissenschaftlich motivierten Konflikte, verglichen mit den sozialen, abkünftig, bisweilen sogar aufgesetzt wirken, ganz so, als seien sie eher Vorwand als Anlaß der wirklichen Krise. Was den heutigen Menschen am Glauben irre macht, ist tatsächlich schon längst nicht mehr die Frage nach der Urzeugung oder der Tierabstammung des Menschen, sondern die Unfähigkeit der Kirche, auf seine Sorgen verstehend einzugehen, seinem vielfach frustrierten Glücksverlangen entgegenzukommen und ihm in seiner Überforderung, Vereinsamung und Lebensangst einen Raum des Aufatmens, der Solidarität und der Geborgenheit zu bieten.

[30] Dazu die Ausführungen von *N. Schiffers,* in: Fragen der Physik an die Theologie. Die Säkularisierung der Wissenschaft und das Heilsverlangen der Freiheit (Düsseldorf 1968) 25–39.
[31] Aus der Tatsache, daß uns die Wissenschaft nur auf dem Weg unserer Interpretationen gegeben ist, ergibt sich die Folgerung, daß es nicht sosehr die Fakten als vielmehr ihre Interpretationen sind, an denen sich die Geister scheiden. Von dieser Einsicht her müßte sich wie jede andere Konfrontation auch die in Glaubensdingen beschwichtigen lassen. Denn über Interpretationen kann man, schon in Anbetracht der in aller Auslegung waltenden Freiheit, reden, über Fakten nicht. Sie sprechen ihre eigene faktizitätsgebundene und demgemäß ,,harte" Sprache.

Das wird durch eine sprachliche Beobachtung vollauf bestätigt. Geht man nämlich dem antikirchlichen Ressentiment einmal nach, wie es sich in den Flüchen und Schimpfworten der Vulgärsprache bekundet, so erkennt man unverzüglich, daß sein Herd in der Krise zu suchen ist, die auf die mangelnde Bewältigung der sozialen Frage durch die Kirche des neunzehnten Jahrhunderts zurückgeht. Noch immer spiegelt sich in diesen verbalen Attacken das Zerrbild einer reichen, vom herrschenden Feudalismus begünstigten und vom Elend der Massen ungerührten Kirche, wie es der gedemütigten und frustrierten, verzweifelt um ihr Lebensrecht kämpfenden Arbeiterschaft jener Notzeit vor Augen stand. Nun bricht sich in Sprachaggressionen fast immer der Wille zum Kommunikationsabbruch Bahn, gleichgültig, wie er konkret motiviert ist, ob in der Unfähigkeit, den Angegriffenen zu verstehen oder in der Enttäuschung über seine Reaktion in Wort und Tat. Um das Phänomen auch von der – durch die Kirche verkörperten – Gegenseite her auszuleuchten, tut man aber gut daran, noch eine dritte Möglichkeit hinzuzunehmen. Dann verfolgt der Kommunikationsabbruch die Absicht, den zum „Störfaktor" abgestempelten Partner im Interesse einer soziolinguistischen „Flurbereinigung" aus dem Sprachfeld auszugrenzen.

Im weiteren Kontext gesehen, ist der Vorgang ein Merkzeichen für das, was Herbert Marcuse in seiner Studie „Der eindimensionale Mensch" (von 1964) die „Absperrung des Universums der Reden" nannte [32]. Mit diesem Ausdruck beschreibt Marcuse aufs genaueste den Tatbestand von Sprachbarrieren, die, sofern die Ableitung zutrifft, somit nicht nur im naturwissenschaftlichen Konfliktfall, sondern auch hier, in der Auseinandersetzung der Kirche mit dem sozialistischen Aufbruch und dem durch ihn ausgelösten gesellschaftlichen Umschichtungsprozeß, gegeben sind. Freilich läßt sich die Problematik hier nicht wieder auf die einfache Formel bringen, daß sich die vermeintlichen Sachprobleme weit-

---

[32] *H. Marcuse,* Der eindimensionale Mensch. Studien zur Ideologie der fortgeschrittenen Industriegesellschaft (Neuwied – Berlin 1970) 103 ff.

gehend als Sprachdifferenzen erklären und bewältigen lassen. Eher ist das Umgekehrte der Fall, daß anfängliche Sprachdifferenzen sich in der Folge zu echten Sachkonflikten auswuchsen. An sich hätten schon die alarmierenden Schilderungen der sozialen Notstände, wie sie Bettina von Arnim mit wachem Blick für den Zusammenhang von Verelendung und Verbrechen im ersten ihrer Königsbücher mit dem Titel „Dies Buch gehört dem König" (von 1843) gab, die Kirche auf den Plan rufen müssen[33]. Doch bedurfte es dazu offensichtlich erst der verbalen Provokation. Noch vor dem Kommunistischen Manifest (von 1848) ist dafür das von Wilhelm Weitling, dem „Apostel des Kommunismus", verfaßte „Evangelium eines armen Sünders" (von 1843) zu nennen, das in Form einer revolutionären Paraphrase des Evangeliums dieses für die Ideen des Sozialismus und der Französischen Revolution in Anspruch zu nehmen sucht. In dieser sozialkritischen Fassung gewinnt die große Einladung Jesu an die Bedrückten und Bedrängten folgende Gestalt:

Kommet alle her, die ihr arbeitet, die ihr mühselig beladen, arm, verachtet, verspottet und unterdrückt seid; wenn ihr Freiheit und Gerechtigkeit für alle Menschen wollt, dann wird dies Evangelium euren Mut von neuem stählen und eure Hoffnung frische Blüten treiben[34].

Und der Aufruf Jesu „Trachtet nach dem Reiche Gottes, so wird euch dies alles zufallen" (Lk 12,31) inspiriert Weitling zu einer Zusammenschau aller Natur- und Bildungsgüter, aus der er die Folgerung zieht:

Alles dies, alles ist von Gottes und Rechts wegen euer aller gemeinschaftliches Erbe. Fordert es wieder zurück von den Betörten, die sich

---

[33] B. von Arnim, Sämtliche Werke VI (Berlin 1921). Besonders eindringlich wirkt die im Anhang des Buchs wiedergegebene Schilderung menschlicher Schicksale in einer Berliner Armenkolonie aus der Feder des Schweizer Studenten H. Grunholzer (453–505). Daß die erhoffbare Wirkung ausblieb, dürfte sich aus Bettinas Kritik des Schöpfungsberichts (72–96), zumal aber aus ihrer Polemik gegen Zensur und Inquisition (223ff) erklären.

[34] Der Frühsozialismus. Ausgewählte Quellentexte, hrsg. von Th. Ramm (Stuttgart 1956) 323. In diesem Zusammenhang ist auch das Gedicht ‚Die schlesischen Weber' zu vermerken, das Heine dem Aufstand von 1844 gewidmet hat.

und euch und euren Nachkommen die Zwangsjacke der Erbschaft im Narrenhause des persönlichen und Standeseigentums anlegten ... Es sind betrogene Betrüger, die nicht den Mut der Aufopferung haben. Sie haben falsche Münzen bekommen und geben sie falsch wieder aus, einige wissentlich, andere unwissentlich. Das ist die Erbschaft. Solange ihr nun nicht den Mut habt, zu verlangen, was euch gehört, so lange werden sie euch auch nicht geben, was sie und ihre Vorfahren sich zugeeignet ... Also an uns ist es zu handeln, an uns armen Sündern[35].

Diese provokatorische Paraphrase steigert sich im Kommunistischen Manifest zu offener Aggression:

Ein Gespenst geht um in Europa – das Gespenst des Kommunismus. Alle Mächte des alten Europa haben sich zu einer heiligen Hetzjagd gegen dieses Gespenst verbündet, der Papst und der Zar, Metternich und Guizot, französische Radikale und deutsche Polizisten.
Die Kommunisten verschmähen es, ihre Ansichten und Absichten zu verheimlichen. Sie erklären es offen, daß ihre Zwecke nur erreicht werden können durch den gewaltsamen Umsturz aller bisherigen Gesellschaftsordnung. Mögen die herrschenden Klassen vor einer kommunistischen Revolution zittern. Die Proletarier haben nichts in ihr zu verlieren als ihre Ketten. Sie haben eine Welt zu gewinnen.
Proletarier aller Länder, vereinigt euch!

Es war nicht so sehr das Pathos als vielmehr die Direktheit dieser Aussage, was der von ihr angerufenen Kirche förmlich „die Sprache verschlug". Gewohnt, zu Fragen des Gemeinschaftslebens höchstens in allgemeinen Redewendungen Stellung zu nehmen, stand sie dieser von ganz konkreter Noterfahrung diktierten Attacke zunächst fassungslos gegenüber. Als sie dann schließlich doch Stellung bezog, erfolgte die offizielle Äußerung zu spät und vor allem in zu abstrakt-lehrhafter Form, als daß es noch zu einem wirklichen Dialog hätte kommen können. Zwar fehlte es nicht an wahrhaft dialogisch reagierenden Einzelstimmen, nachdem Joseph von Görres kurz vor seinem Tod die soziale Frage als die große Frage der kommenden Zeit bezeichnet hatte. In einer (Ende 1848) im Mainzer Dom gehaltenen Predigt erklärte Wilhelm von

---

[35] A.a.O., 330f.

Ketteler, enttäuscht vom dilettantischen Charakter der umlaufenden Vorschläge zur Behebung der Massenverarmung:

> Mag man auch auf die politischen Fragen, auf die Gestaltung des Staatslebens, ein noch so großes Gewicht legen, so liegt dennoch nicht in ihnen die eigentliche Schwierigkeit unserer Lage. Mit der besten Staatsform haben wir noch keine Arbeit, noch kein Kleid, noch kein Brot, noch kein Obdach für unsere Armen. Im Gegenteil, je mehr die politischen Fragen ihrer Lösung entgegengehen ..., desto gebieterischer wird die soziale Frage in den Vordergrund treten und eine Lösung verlangen [36].

Und er fügt dem aus einem für die Zeit erstaunlich klaren Problembewußtsein hinzu:

> Um die sozialen Übel zu heilen, genügt es nicht, daß wir einige Arme mehr speisen und kleiden ..., sondern wir müssen eine tiefe sittliche Versunkenheit bei einem zahlreichen Teile unserer armen Mitbrüder, die allen Glauben, alle Hoffnung, alle Liebe zu Gott und dem Nebenmenschen verloren haben, wieder heilen ... Gute Lehren und Ermahnungen helfen hier ebenso wenig wie einzelne Hilfeleistungen [37].

Damit verglichen spiegelte sich das damalige Glaubensbewußtsein weit eher in den Gedanken, wie sie der Würzburger Apologetiker (und spätere Konzilstheologe) Franz Hettinger in seiner Beschreibung der „Kirchlichen und sozialen Zustände von Paris" (von 1852) entwickelte. In bemerkenswerter Vorwegnahme des Schlagworts von der Revolution, die ihre eigenen Kinder auffrißt, äußert er sich so über die dem Land durch die fortschreitende Entchristlichung, Entsittlichung, Verarmung und Verelendung geschlagene „Wunde":

> Die luftigen Phrasen von Freiheit und Gleichheit, die man dem ungläubigen Volke zum Götzen gegeben, haben großenteils aufgehört, ihren früheren Zauber zu üben, die Massen, die da seufzen unter der schweren Wucht ihrer täglichen Arbeit, verlangen nach körniger Speise – Worte stillen ihren Hunger nicht. Das revolutionäre Prinzip hat seine Schicksale erfüllt, es ist dort angekommen, durch die unwiderstehliche innere Kon-

---

[36] W. von Ketteler, Die großen sozialen Fragen der Gegenwart. Sechs Predigten gehalten im hohen Dom zu Mainz (Mainz 1849) 16.
[37] A.a.O., 30f.

sequenz fortgetrieben, wo es, wie der Gott der Mythe, seine eigenen Kinder verschlingt[38].

In Lamennais' „Paroles d'un Croyant" (von 1832) vernimmt er lediglich den

schauerlichen Schrei nach Rache aus dem Munde eines hohen, tief gefallenen Engels, ein mit hinreißendem, dämonischem Zauber geschriebenes Evangelium der Revolution, das wie ein feuriger Trank die Völker berauschte[39].

Was ihn selbst beim Anblick des sozialen Elends bedrückt, ist demgemäß nicht die Unmenschlichkeit der Arbeitsbedingungen, gekennzeichnet durch Kinderarbeit, schlechte Entlohnung und rücksichtslose Ausbeutung der Arbeitskraft, sondern die moralische Verwahrlosung der Arbeiterschaft, der „Abgrund voll Grauen, Sünde und Elend", aus dem es kaum ein Entrinnen gibt[40]. Zum Teufelskreis der Verelendung kommt, als die in Hettingers Augen schlimmste Konsequenz der sozialen Erschütterung, die Bedrohung des Gesellschaftsgefüges, die er vor allem in der Gefährdung der Familie bedingt sieht:

In Frankreich ist Alles bedroht, Alles wird bekämpft, Alles wankt. Darum hat die Negation mit ihrem ätzenden Gifte in der Theorie, das Beispiel von Oben, die sittliche Auflösung in der sozialen Welt und die besonderen Verhältnisse des Armen im Leben das Heiligste von Allem angegriffen, was der Mensch nächst Gott hat, und an ihm sein Zerstörungswerk versucht – die Familie, das erste Element allen sozialen Lebens[41].

Fixiert in dieser retrovertierten Besorgnis, konnte er sich in der Frage der kirchlichen Antwort auf diese vielleicht größte Herausforderung der ganzen Kirchengeschichte bei der Einrichtung karitativer Anstalten wie Kindergärten, Waisenhäuser, Obdachlosenheime, Schutzvereine für Lehrlinge, Arbeiterinnen und entlassene

---

[38] F. Hettinger, Die kirchlichen und sozialen Zustände von Paris (Mainz 1852) 14. Näheres in meinem Beitrag Franz Seraph Hettinger (1819–1890), in: *Fries-Schwaiger*, Katholische Theologen des 19. Jahrhunderts (München 1975).
[39] A.a.O., 65.   [40] A.a.O., 182ff.   [41] A.a.O. 181.

Strafgefangene beruhigen[42]. In Wirklichkeit erfüllten diese gut-
gemeinten und auf ihre Weise durchaus effektiven Maßnahmen
den Tatbestand einer Antwort jedoch nicht, da das wirkliche Problem in der – gemessen an der leidenschaftlich-engagierten An-
teilnahme Kettelers – larmoyant-distanzierten Schilderung der
Elendszustände überhaupt nicht zur Sprache gekommen war. Auf
derselben Linie bewegten sich auch die ersten offiziellen Äußerungen. Sie sahen die Notstände offenen Blicks, gingen faktisch
aber mit beweglichen Klagen über den durch sie bedingten sitt-
lichen Ruin an ihnen vorbei. Dabei ergibt sich die eigentümliche
Konstellation, daß eine der ersten päpstlichen Stellungnahmen zur
sozialen Frage, die Enzyklika Leos XIII. „Quod apostolici" (vom
28. Dezember 1878) in dieselbe Tonart verfällt, in welcher der
frühe Bruno Bauer mit seiner Streitschrift „Die Posaune des jüngsten Gerichts" (von 1841) das über das „atheistische" und „anti-
christliche" System Hegels hereinbrechende Gottesgericht ange-
kündigt hatte:

Wir gehorchen dem Worte: „Blaset mit der Posaune zu Zion: erzittert
alle Einwohner im Lande; denn der Tag des Herrn kommt und ist nahe"
(Joel 2,1). In Hegel ist der Antichrist gekommen und „geoffenbaret"
worden. Es ist die Pflicht des wahrhaft Gläubigen, den Bösen Allen
kenntlich zu machen, ihn offen und aufrichtig anzuklagen, Jedermann vor
ihm zu warnen und seine List zu vereiteln[43].

Im Blick auf die „todbringende Seuche, welche die innersten
Organe der menschlichen Gesellschaft durchdringt und ihr die
größte Gefahr bereitet", beruft sich das päpstliche Rundschreiben
auf ein ähnliches Prophetenwort:

„Rufe, höre nicht auf, wie eine Posaune erhebe deine Stimme" (Jes
58,1). Ihr versteht, Ehrwürdige Brüder, daß Wir von der Partei jener
Menschen reden, welche mit verschiedenen und fast barbarischen Namen
Sozialisten, Kommunisten, Anarchisten, Nihilisten genannt werden und
die über die ganze Erde verbreitet sind. Durch ein verwerfliches Band

---

[42] A.a.O., 234–293.
[43] B. Bauer, Die Posaune des jüngsten Gerichts über Hegel, den Atheisten und
Antichristen. Ein Ultimatum (Aalen 1969) 6.

in engster Gemeinschaft miteinander verknüpft, suchen sie bereits nicht länger durch das Dunkel verborgener Zustände sich zu schützen; vielmehr treten sie öffentlich und unverfroren mit dem längst gehegten Plan hervor, die Fundamente der bürgerlichen Gesellschaft umzustoßen ... Nichts von allem, was nach göttlichem und menschlichem Recht zum Schmuck und zur Wohlfahrt des Lebens geordnet ist, lassen sie unberührt und unverletzt. Den höheren Gewalten, denen nach apostolischer Lehre jede Seele untertan sein soll, verweigern sie den Gehorsam und verkünden eine vollständige Gleichheit aller Menschenrechte und Menschenpflichten. Die auf der Natur beruhende Vereinigung zwischen Mann und Frau, die selbst barbarischen Völkern heilig ist, entwürdigen sie ... Hingerissen von der Gier nach den vergänglichen Gütern ..., bekämpfen sie das durch die Natur geheiligte Eigentumsrecht, und unter dem Schein, den Bedürfnissen aller Menschen zu dienen und ihren Wünschen zu entsprechen, suchen sie durch unsägliche Frevel das zu rauben und als Gemeingut zu erklären, was aufgrund rechtmäßiger Erbschaft, geistiger und körperlicher Arbeit oder durch Sparsamkeit erworben wurde [44].

Bei allem Pathos fällt auch hier die eigentümliche Sachblindheit der Sprache auf. Was diagnostiziert wird, ist die Betroffenheit des feudalistischen Systems, nicht die machtvoll nach einer systemverändernden Abhilfe verlangende Not. Wie das System selbst erscheinen auch seine Stützen, staatliche Macht, Autorität und Privateigentum, als unantastbar-sakrosankte Institutionen, deren Infragestellung bereits einer Blasphemie gleichkommt. Die von Jesus so nachdrücklich verfochtene Priorität des Menschlichen gegenüber einer jeden, selbst der heiligsten Institution, klingt in der Aussage noch nicht einmal mehr von fernher an. Verglichen mit Weitlings ,,Evangelium eines armen Sünders`` oder gar dem Kommunistischen Manifest, bewegt sich der Gedanke in einem davon streng geschiedenen Sprachfeld, ja auf einer völlig anderen Sprachebene. Eine dialogische Aufarbeitung des Problems ist noch nicht einmal ansatzweise in Sicht.

Sosehr sich die Dinge kurz danach, in der von Pius XI. als ,,Magna Charta`` christlicher Sozialarbeit gerühmten Enzyklika ,,Re-

---

[44] Nach *C. M. Schneider,* Die fundamentale Glaubenslehre der katholischen Kirche, vorgelegt und gegen die modernen sozialen Irrtümer verteidigt von Papst Leo XIII. (Paderborn 1903) 274f.

rum novarum" (vom 15. Mai 1891) zugunsten einer positiven Einschätzung der Arbeiterbewegung und ihrer Ziele änderten, blieb der verfehlte Dialog doch das bestimmende Faktum, zumal sich das allgemeine Glaubensbewußtsein in den durch Hettinger markierten Bahnen bewegte. Das aber kommt dem Eingeständnis gleich, daß auch das der Kirche auferlegte Sozialgespräch an der für sein Zustandekommen entscheidenden Stelle auf eine Sprachbarriere stieß, die mehr als die zu beredenden Probleme selbst zu religiöser Verunsicherung und Glaubenszweifeln führte. Anders als im Fall der wissenschaftlich bedingten Barrieren rührten die Schwierigkeiten hier aber nicht von Komplikationen im Gefolge struktureller Überschneidungen und Überlagerungen her, sondern von der verfehlten Problemansprache, die auf der Seite der Kirche Panik, auf seiten der Elenden Enttäuschung und Resignation aufkommen ließ[45]. Während sich die Kirche nur zu Reaktionen im Sinn einer Symptomtherapie verstand, sah sich die enttäuschte Arbeiterschaft mehr und mehr zur Selbsthilfe gedrängt. Dort, wo die intellektuellen und moralischen Voraussetzungen für hilfreiche Solidarität mehr als irgendwo sonst gegeben waren, schien sich alles Interesse auf die Stützung und Erhaltung jenes Systems zu konzentrieren, das die notleidende Klasse als die Hauptursache ihrer Verelendung ansah. Die Folge war die ressentimentbefrachtete Abkehr von der ganzen durch die Kirche repräsentierten Ordnung des Religiösen, die nach Vollzug und Verlauf durchaus den Charakter eines Gesprächsabbruchs aufwies.

Kommunikationstheoretisch gesehen, handelte es sich in der Tat um die Folgen einer wenn nicht geradezu verfehlten, so doch unzulänglichen Problemansprache. In der durch Hettinger repräsentierten „Bestandsaufnahme" wurde nur die desolate Oberfläche des Problemfelds erschlossen, nicht jedoch die Tiefenschicht seiner Verursachungen. Über sie glitt der registrierende Blick

---

[45] An den biblisch bezeugten Fall eines derartigen „Aneinander-Vorbeiredens" erinnert *J. Ratzinger* in seiner Schrift „Das neue Volk Gottes. Entwürfe zur Ekklesiologie" (Düsseldorf 1972) 119.

scheinbar desinteressiert, in Wirklichkeit jedoch uninformiert hinweg. Fehlgeleitet durch die unzulängliche Ansprache, hatte er von den ursächlichen Verkettungen überhaupt nichts wahrgenommen. Das ließ die Verelendeten ihrerseits an seiner Sehkraft irre werden. Anders als die professionellen Gesellschaftskritiker schienen Theologie und Kirche kein Auge für die auf Massenverelendung hinwirkenden Verhältnisse im Ganzen der spätkapitalistischen Industriegesellschaft zu haben. Dafür waren beide zu sehr auf deren Stabilisierung bedacht und, was noch schlimmer war, in ihre Strukturen hineingebunden. Tatsächlich beruhte das Unglück auf mangelhafter Einsicht. Denn bei einer echten Erschließung des Ursachenkomplexes hätte sich die Kirche in der Tiefe ihres Sendungsbewußtseins angesprochen gesehen. In der Ausbeutung der Arbeiterschaft hätte sie eine der Folgen jenes „Gewaltregiments" erblickt, dem die entschiedene Absage Jesu galt:

Ihr wißt, daß die Herrscher der Völker ein Gewaltregiment führen und daß die Großen sie unterdrücken. Bei euch soll es nicht so sein. Vielmehr soll, wer unter euch der Größte sein will, euer Diener sein, und, wer unter euch der Erste sein will, der Knecht aller (Mk 10,42 ff).

Und von dem Elend der Ausgebeuteten hätte sie sich genausogut zu angemessenen, auch systemverändernden Aktivitäten veranlaßt gesehen wie später, als es für eine dialogische Bewältigung der Aufgabe freilich schon – zu spät war.

5. Hermeneutische Lösungswege

Sprachbarrieren bezeichnen Kommunikationsprobleme. Wer auf sie stößt, sieht sich daran gehindert, den Partner zu verstehen. An dieser grundlegenden Einsicht muß sich jeder Versuch einer Überwindung bemessen. Im Fall des Glaubens muß lediglich mitbedacht werden, daß er noch in einem zweiten, für ihn nicht weniger konstitutiven Sprachbezug steht, der mit seiner Bekenntnispflicht gegeben ist. Doch relativiert sich eben diese Duplizität

141

weitgehend durch den Umstand, daß Verständnis und Bekenntnis aufs engste zusammenhängen. Wo das Verständnis blockiert ist, kommt auch das Bekenntnis nicht zum Zug oder doch bestenfalls in Form einer unbegriffenen Demonstration. Insofern gestaltet sich die Aufgabe, die mit der Niederlegung der Barrieren zu bewältigen ist, im ersten Fall nicht wesentlich anders als beim zweiten.

Anders steht es mit der Duplizität, die sich aus der unterschiedlichen Herkunft der entscheidenden Barrieren ergibt, der Verursachung durch die wissenschaftliche Denk- und Sprachwelt auf der einen und durch die Gesellschaftskrise auf der andern Seite. Hier treten tatsächlich ganz erhebliche Strukturunterschiede auf, die sich vor allem aus dem unterschiedlichen Charakter und Verlauf des jeweiligen Konflikts ergeben. Man kann den Unterschied auf die einfache (und in dieser Kürze notwendig auch vereinfachende) Formel bringen, daß die beiden Kontrahenten im einen Fall, dem Streitgespräch von Kirche und Wissenschaft, weithin auf zwei verschiedenen Ebenen reden, während sie im zweiten Fall, dem Konflikt der Kirche mit der sozialistisch geprägten Gesellschaftsschicht, aneinander vorbeireden.

Der krisenhafte Gesprächsverlauf, der hier wie dort zu verzeichnen ist, wirkt um so tragischer, als der Streit weder im einen noch im andern Fall von einer der beiden Seiten gesucht wurde, sondern infolge einer durch geistige, wirtschaftliche und technische Entwicklungen entstandenen Konfliktsituation spontan entbrannte. Das gibt der Auseinandersetzung nicht nur jeweils einen Zug ins Schicksalhaft-Grundsätzliche; es hält sie vielmehr auch von jener Kategorie von Sprachkonflikten fern, die mit künstlich gezogenen Sprachbarrieren – etwa in repressiver Absicht verhängten Redeverboten – zu tun haben. Wie kam es dann aber, unabhängig von solch konfliktstiftenden Eingriffen, zu derart krisenhaften Zuspitzungen?

Im Fall des gespannten Verhältnisses von Kirche und Wissenschaft vermutlich infolge der kerygmatischen Zwangslage, in welche die Kirche im Übergang von der ,,spekulativen" zur ,,wissenschaftlichen" Ära geriet[46]. Geweckt durch den christlichen Schöpfungsglauben, meldeten sich schon vor Entstehung der wissenschaftlichen Denkweise jene Fragen nach Welt und Mensch zu Wort, die durch die auf Wesenszusammenhänge bezogenen Auskünfte der Philosophie nicht beantwortet werden konnten: die Fragen nach dem Woher und Wohin, also nach dem innerweltlichen (nichtmetaphysisch-transzendenten) Ursprung und Sinn des Seienden. Am Vorabend der zwar vorausgeahnten, aber noch nicht einmal in Umrissen ausgearbeiteten Wissenschaft konnte die Kirche die ihr aufgetragene Botschaft nur unter der Bedingung glaubhaft ausrichten, daß sie der auf die noch ausstehende wissenschaftliche Daseinsauslegung gerichteten Erwartung mit dem Entwurf eines Supplements, zusammengetragen aus biblischen, popularphilosophischen und spekulativen Motiven, begegnete. So kam es zur Entstehung jenes unverifizierten Provisoriums, gegen das sich die auf strenge Beweisbarkeit ihrer Thesen gerichtete Forschung auflehnte, während die Kirche daran im Blick auf seine vermeintliche Bibeltreue mit aller Macht festhielt Außerdem bestätigte sich auch hier die sprichwörtliche Dauerhaftigkeit von Provisorien.

Dabei kamen nicht nur die ihr ohnehin naheliegenden Beharrungstendenzen ins Spiel – naheliegend aufgrund ihrer Herkunft aus einer geschichtlichen Ereignung –, sondern auch die sich bis zur Panik steigernde Befürchtung, mit dem Eintritt in die wissenschaftliche Daseinsinterpretation den Boden für eine gleicherweise verständliche und verbindliche Verkündigung des Evangeliums zu verlieren. So schien die Entthronung des von der Antike übernommenen und von der Bibel weithin rezipierten Stufenkosmos durch das heliozentrische Weltbild für das Reich der Seligen ebensowenig Raum zu lassen wie für den Ort der Verdammnis und Glaubensaussagen wie derjenigen vom Höllenabstieg und der Himmelfahrt Jesu jede Grundlage zu entziehen. Und wie sollte

---

[46] Im folgenden greife ich Thesen auf, die ich erstmals in meiner Schrift Glaubensprobleme" (Augsburg 1970) 39–55 entwickelt habe.

noch sinnvoll an die Erschaffung der Welt, der Organismen und des Menschen durch Gott geglaubt werden, wenn sich Vorstellungen wie die der „Steady-State"-Theorie, der Urzeugung und der Evolution der Hominiden aus vormenschlichen Formen allgemein durchsetzten?

Demgegenüber geht der Konflikt, in den die Kirche mit der sozialrevolutionären Bewegung des vorigen Jahrhunderts geriet, auf eine sprachliche Ausfallserscheinung zurück[47]. Vom Standpunkt sprachtheologischer Barrierenforschung aus könnte man verdeutlichend sagen, die Kirchensprache der für den von der geschichtlichen Situation geforderten Sozialdialog entscheidenden Epoche sei verhängnisvoll von einem „Störeffekt" belastet gewesen, der zum Ausfall gerade der damals wichtigsten Sprachkompetenz, der Fähigkeit zu gesellschaftskritischem und gemeinschaftsstiftendem Reden führte. Da es sich dabei keineswegs um eine Einzelerscheinung, sondern nur um die Variante einer Verstörung handelt, die sich in den Vergleichsfällen als „antiintellektueller", „antiästhetischer" oder auch „antipersonaler" Sprachtyp darstellt, ist auch dafür ein solcher „Sprachtyp" verantwortlich zu machen, der nach Art eines selektiven Filters die Möglichkeiten eines spezifisch „mitmenschlichen" Redens unterdrückt und deshalb als „antisozial" zu kennzeichnen ist. Da er die der Situation gemäße Sprache zum Verstummen bringt, begünstigt er gleichzeitig jenes frustrierende „Besprechen" sozialer Notstände, das von den durch sie unheilvoll Betroffenen als kaltes „Vorbeireden" an den Tatbeständen empfunden wurde und die Schroffheit ihrer Reaktionen mehr als jedes andere Motiv bedingte.

Während im Evangelium sowohl der Weg zu karitativer wie zu sozialkritischer Stellungnahme vorgezeichnet war – das eine beispielsweise durch die wiederholten Aufrufe zur helfenden Teilnahme an der Not der Verelendeten und Unterdrückten; das andere in der Abgrenzung des christlichen Sozialkonzepts von den

---

[47] Dazu die den Sozialaspekt behandelnden Ausführungen meiner Schrift Glaubensprobleme, 75–101.

repressiven Herrschaftsformen der antiken Imperien[48] –, fanden die Sprecher der offiziellen Kirche angesichts der durch die erste industrielle Revolution heraufgeführten Massenverelendung nur Worte des karitativen Vokabulars, so daß die Verständigung auf sozialkritischer Ebene, an der es entscheidend gelegen hätte, verhängnisvoll unterblieb[49]. Frustriert durch diesen zwar wohlwollenden, ihr Zentralinteresse jedoch auf enttäuschende Weise verfehlenden Zuspruch, wandte sich die gleicherweise von ihrer Notlage wie von ihrer gesellschaftlichen Deklassierung bedrückte Arbeiterschaft von der ihr in befremdlicher Lebensferne erscheinenden Kirche ab. Zu weit ging das an sie gerichtete Wort an ihren tatsächlichen Erwartungen vorbei, als daß ein Dialog auch nur ansatzweise in Gang gekommen wäre.

Mit der Einsicht in die Eigenart dieses Entwicklungsverlaufs, auf dem die Kirche den modernen Zeitgeist in jeweils anderer Weise „verfehlte‶, ist der Gang der einzuschlagenden Lösungswege vorgezeichnet. Im Fall der mit der Konkurrenz von supplierendem und wissenschaftlichem Weltbild auftretenden Sprachbarrieren besteht die Überwindung in einer Glaubensaussage, die sich von den weltbildhaften Implikaten in möglichst großem Umfang freimacht und für die wissenschaftliche Weltauslegung offenhält. Sinngemäß könnte man den damit postulierten Redestil als den eines „problembewußten‶ Sprechens kennzeichnen.

[48] Dazu nochmals das im Anschluß an Mk 10,42 ff auf S. 141 Gesagte.

[49] Als bemerkenswerte Ausnahmen seien hier nochmals der Mainzer Bischof *Wilhelm von Ketteler* und die späte *Bettina von Arnim* genannt, die in den beiden Königsbüchern „Dies Buch gehört dem König‶ (von 1843) und „Gespräche mit Dämonen‶ (von 1852) leidenschaftlich für die sozialen Rechte „der zu jener Zeit noch so gut wie rechtlosen Arbeiter‶ eintrat: *Ina Seidel*, Bettina (Stuttgart 1944) 84 ff. Daß sogar die Stimme Bettinas ungehört verhallte, ist um so schwerer zu veranschlagen, als gerade sie, bei aller partiellen Blickverengung, zu einer realistischen Diskussion der Notlage hätte verhelfen können. Als unmittelbare Bestätigung dessen sei vermerkt, daß sich bereits bei ihr der (wenn auch noch unspezifisch verwendete) Begriff „Entfremdung‶ findet (Briefe an Friedrich Wilhelm IV. vom 15. April 1843), als mittelbarer Beleg die Tatsache, daß sie in der Frage der Glaubensbegründung bisweilen fast wörtlich mit Kierkegaard übereinkommt und damit zu verstehen gibt, daß für sie die entscheidenden Glaubensprobleme auf einer anderen als der intellektuellen Ebene ausgetragen werden.

Daß damit ein kritisches oder doch wenigstens analytisches Moment in die ihrer ganzen Absicht nach „auferbauende" Glaubensaussage eingetragen wird, kann den nicht verwundern, dem, zusammen mit der zur Synthesis drängenden Tendenz, die Unterscheidungskraft des Glaubens vor Augen steht[50]. Die Zusage an den lebendigen Gott schließt immer auch die Absage an die „stummen Götzen" und die Faszination ihres „Schweigens" ein[51], die Hinwendung zum dialogisch Mitglaubenden immer auch die Abkehr von der ideologisch gesteuerten Masse, die Offenheit für die im Glauben wahrgenommene Schöpfung immer auch die Selbstverweigerung gegenüber den Totalitätsansprüchen einer auf ihrer Autarkie bestehenden Welt. Das gibt, wie vielfach beobachtet wurde, schon dem Wort von der Weltschöpfung einen signifikanten Zug ins Weltkritische, der auf die Depotenzierung der Numina des mythischen Weltbilds zu Kreaturen des überweltlichen Gottes ausgeht[52].

Diese Tendenz gilt es dahingehend zu verallgemeinern, daß sich die Glaubenssprache den Bahnen weltanschaulichen Redens möglichst fernzuhalten und um „weltbildfreie" Aussagen zu bemühen habe. Dabei kann ihr sogar der in anderer Hinsicht durchaus problematische Trend zur „Entbildlichung" des religiösen Redens, sofern nur die mit ihm einhergehende Gefahr der Sprachverödung gebannt wird, nützliche Dienste leisten. Hilfreicher wäre für sie freilich noch eine intensivere Orientierung an der zwar bildhaften, in ihrer Bildhaftigkeit aber zugleich „unweltlichen" Sprache des Evangeliums, die bis in ihre Aussageweise hinein auf das „Hinschwinden der Weltgestalt" und die sich kontrapunktisch

---

[50] Die Ausarbeitung dieses kritischen Moments, das der Glaube um so sichtbarer enthält, je entschiedener er in seiner hermeneutischen Struktur erfaßt wird, muß einem anderen Zusammenhang vorbehalten bleiben.

[51] Als ein „Hingerissensein zu den stummen Götzen" charakterisiert der Erste Korintherbrief (12,2) den vorchristlichen Zustand seiner Adressaten. Dazu *W. Kern*, Die antizipierte Entideolosierung oder die „Weltelemente" des Galater- und Kolosserbriefs heute, in: Zeitschrift für katholische Theologie 96 (1974) 185–216.

[52] Dazu die feinsinnigen Äußerungen *G. v. Rads* zum biblischen Schöpfungszeugnis: Theologie des Alten Testaments I (München 1957) 140–157.

dazu ereignende Ankunft des Gottesreichs abgestimmt ist. In ihrem Reden von Gott und dem durch ihn gewirkten Heil müßte sie sich solcherweise offenhalten für die damit niemals wirklich konkurrierenden Aussagen der Wissenschaft, da diese ihrer ganzen Herkunft und Anlage zufolge lediglich das Geschäft der innerweltlichen Daseinsorientierung betreiben.

Dabei dürfte sie freilich auch auf der andern Seite nicht übersehen, daß die wissenschaftliche Denkweise trotz wachsender Einsicht in ihre eigene Begrenztheit noch immer Gefahr läuft, in ihrer Kompetenz überschätzt zu werden oder sich sogar aus eigenen Stücken als die umfassend-unüberholbare Daseinsauslegung auszugeben. An die Stelle des von der Glaubenssprache aufgegebenen Totalitätsanspruchs tritt von der Gegenseite her alsdann ein anderer, der sich zwar nur im Methodologischen bewegt, darum jedoch nicht weniger bedenklich und gefährlich ist. Ohne ihm zu erliegen, ohne aber auch in die Bahnen der obsoleten gewordenen Weltläufigkeit zurückzufallen, muß sich das religiöse Wort, streng und konsequent, auf der Linie seines Auftrags bewegen; dann – und nur dann – wird es in seiner grundsätzlichen Gleichsinnigkeit mit dem Wort der Wissenschaft vernehmlich sein.

Im Fall des Sozialkonflikts wird das geforderte Problembewußtsein zu einem „engagierten" Reden führen müssen. Zwar entspringt auch das karitative Wort und, wie die Gestalt des Barmherzigen Samariters dokumentiert, erst recht die christliche Liebestat einem Akt bewegter Betroffenheit und betroffener Herzensbewegung. „Er sah ihn und wurde von Mitleid ergriffen" (Lk 10,33), sagt Jesus von der programmatischen Gleichnisgestalt[53]. Doch bezieht sich diese Betroffenheit „nur" auf die tatsächliche Notlage, von der sich der zum Mitleid Bewogene anrufen läßt, nicht jedoch auf deren gesellschaftliche Hintergründe, da diese

---

[53] Näheres dazu in meiner Studie „Die Gleichnisse Jesu. Versuch einer Deutung" (München 1965) 96; ferner H. Gollwitzer, Das Gleichnis vom Barmherzigen Samariter (Neukirchen 1962) 53 ff, und G. Eichholz, Einführung in die Gleichnisse (Neukirchen 1963) 94 ff; ders., Gleichnisse der Evangelien. Form, Überlieferung, Auslegung (Neukirchen 1971) 148 ff.

nicht im Blickfeld des Gleichnisses liegen. Um so nachdrücklicher wies Jesus bei anderer Gelegenheit, und zwar sowohl in Theorie als auch in Praxis, auf die Notwendigkeit eines Eingriffs in die sozialen Bedingungen der individuellen Not hin, am eindringlichsten in Form seiner Solidarisierung mit den Verfemten und Geächteten, die ihm den tödlichen Vorwurf einträgt: „Er hält es mit den Sündern und ißt sogar mit ihnen" (Lk 15,2)[54].

Das zwingt zu dem Urteil, daß die Glaubenssprache eine entscheidende Orientierungsmarke unbeachtet läßt, wenn sie mit der konkreten Notlage zusammen nicht auch deren gesellschaftliche Bedingungen mit in Blick nimmt. Sosehr ihr unmittelbarer Adressat, mit der Kierkegaardschen Grundkategorie gesprochen, der ‚Einzelne' ist, hat sie ihre volle Aussagebreite doch erst dann erreicht, wenn sie sich in diesem gesellschaftskritischen Sinn zugleich als „politische" Sprache versteht. Und das besagt: sie muß, um ihrem Auftrag voll zu genügen, dem Abbau der bestehenden Unrechtverhältnisse das Wort reden, weil sie sonst, selbst bei nachdrücklichster Beschwörung der individuellen Nöte, bei einer bloßen Symptombekämpfung stehenbliebe. Zweifellos bewegte sie sich in der Vergangenheit auf weite Strecken in dieser Engführung, so daß sie, gemessen an den auf Änderung der Gesellschaftsstrukturen drängenden Proklamationen der Arbeiterschaft, wie eine Fremdsprache erschien, die keinen Dialog aufkommen ließ. Unzweifelhaft ist aber ihre gegenwärtige Entwicklungsphase dadurch gekennzeichnet, daß sie diese Enge zu überwinden und ihre Sache auch im gesellschaftskritischen Sinn zu verantworten sucht[55].

Im Maß, wie ihr das gelingt, fällt jene Sprachbarriere weg, die sich verhängnisvoller als selbst die wissenschaftliche auswirkte,

[54] Dazu die Ausführungen meines Jesusbuchs „Der Helfer", 71–76.
[55] Das theologische Denken von seiner individualistischen Enge befreit und für die Dimension der Sozialwirklichkeit geöffnet zu haben, ist Sinn und Verdienst des Vorstoßes, den Johann B. Metz mit seiner vielfach mißverstandenen „politischen Theologie" unternahm. Dazu G. *Bleickert,* Gemeinschaft – oder Gesellschaft? Eine Reflexion über Probleme der Politischen Theologie, in: Stimmen der Zeit 191 (1973) 629–642.

weil sie dem Glauben gerade jene Gesellschaftsschicht ent-
fremdete, bei der, mit den Maßstäben des Evangeliums gemessen,
die größte Offenheit für ihn zu vermuten ist. Zu bedenken ist dabei
nur, daß es nach eben diesen Maßstäben nicht sc sehr die wirt-
schaftlichen Verhältnisse als vielmehr die Gesinnungskräfte sind,
die aus Besitzenden ‚Feudale' und aus Besitzlosen jene ‚Armen'
machen, denen die erste Seligpreisung eine besondere Affinität
zum Gottesreich zuspricht.

II. Der Ausgang

1. Der eine Weg des Glaubens

Es gehört zu den Eigentümlichkeiten der abendländisch-christli-
chen Geistesgeschichte, daß sie ihre Ziele vielfach nur mit mehr
oder minder großen Verzögerungen erreicht. In dem zugleich ex-
emplarischen und extremsten Fall der Parusie-Verzögerung, die
damit als Schlüsselereignis und keineswegs als bloße Frage einer
fehlerhaften Optik erscheint, beherrscht dieses Verzögerungsmo-
ment sogar ihren gesamten Verlauf[56]. Für die das paulinische
Heilsverständnis tragende Idee der Freiheit suchte Hegel den
Nachweis zu erbringen, daß sie erst durch das Ereignis der Französischen Revolution und ihre Parole zu bewußtseinsbildender
Effizienz von universaler Breite gelangte[57]. Nur mühsam setzte
sich demgegenüber die Einsicht durch, daß es sich mit dem paulinischen Prinzip der „Gewissens-Mündigkeit" – „Was nicht aus
Überzeugung geschieht, ist Sünde" (Röm 14,23) – ganz ähnlich

---

[56] Dazu E. Grässer, Das Problem der Parusieverzögerung in den synoptischen
Evangelien und in der Apostelgeschichte (Berlin 1957).
[57] K. Löwith, Von Hegel zu Nietzsche. Der revolutionäre Bruch im Denken des
neunzehnten Jahrhunderts, Stuttgart 1950, 44–48; ders., Weltgeschichte und
Heilsgeschehen. Die theologischen Voraussetzungen der Geschichtsphilosophie
(Stuttgart 1953) 55–61.

verhält. Nach Epochen eines fortwährenden Schwankens zwischen bedingter Heteronomie und bestenfalls beschränkter Autonomie brach es sich vollends erst im Eingangssatz von Kants programmatischer Schrift „Was ist Aufklärung?" (von 1784) Bahn, der die Titelfrage mit der These beantwortete:

> Aufklärung ist der Ausgang des Menschen aus seiner selbstverschuldeten Unmündigkeit. Unmündigkeit ist das Unvermögen, sich seines Verstandes ohne Leitung eines andern zu bedienen. Selbstverschuldet ist diese Unmündigkeit, wenn die Ursache derselben nicht im Mangel des Verstandes, sondern der Entschließung und des Mutes liegt, sich seiner ohne Leitung eines andern zu bedienen. Sapere aude![58]

Der Zusammenhang mit der Fundamentaltheologie liegt näher, als es den Anschein hat. Sie verdankt ihre Konstituierung als wissenschaftliche Disziplin dem religiösen Aufbruch, in welchem die Christenheit die Aufklärung zugleich zu bewältigen und mit ihrem konstruktiven Erträgnis in sich aufzunehmen suchte. Insofern betreibt sie, soweit es in ihrer methodologischen Kompetenz liegt, den „Ausgang" des gläubigen Menschen aus Bewußtseins- und Verhaltensformen einer relativen Unmündigkeit. Dann aber kommt eine Reflexion über ihren Sinn und Weg erst voll mit einer Würdigung dieses – von ihr selbst mit zu leistenden – „Ausgangs" zum Abschluß.

Mit der Blickwendung zu diesem Ausgang ist zugleich eine Vorentscheidung in wissenschaftstheoretischer Hinsicht getroffen, die allerdings durch die strukturelle Vereinfachung, der im Interesse des Vollzugs das Wort geredet werden mußte, bereits angebahnt wurde. Dort ging es primär um das Problem einer möglichen Aufhebung der Duplizität, in welcher sich die Sache der Glaubensbegründung zunächst bewegt. Wie kommt es, so lautet ihre Ausgangsfrage, zu der elementaren Vergewisserung, die den Glaubensakt als intellektuell gerechtfertigt erweist: durch absichernde Beweisgründe aus seinem rationalen Vorfeld (im Sinn der

---

[58] Erstmals publiziert in der Berlinischen Monatsschrift vom Dezember 1784 (481–494).

extrinsezistischen signa certissima des Ersten Vatikanums) oder durch eine von ihm selbst erbrachte, seinen Vollzug begleitende und stimulierende Evidenz? Und worin gründet das ihn als offenbarungsbezogenen Erkenntnisakt überhaupt erst ermöglichende Gottesbewußtsein: in spekulativen Argumentationen (im Sinn der traditionellen Gottesbeweise) oder in seiner ureigenen Mitgift, dem im Versuch der Antwort gewonnenen Wissen um die Existenz des anrufenden Partners?

Jenseits dieser (aktimmanenten) Fragen meldete sich schon immer die im wissenschaftstheoretischen (und damit systemimmanenten) Sinn umfassendere zu Wort: Muß der Glaube zuerst (rational) begründet worden sein, damit er ans Werk gehen kann, oder bedarf er als Lebensakt derartiger ‚Begründung‘ nur zum Zweck argumentativer Selbstdarstellung? Oder nun szientifisch gefragt: Geht die Fundamentaltheologie (ähnlich der fackeltragenden Magd „Philosophie" in Kants „Streit der Fakultäten") der Theologie als dienende Wegbereiterin voran, oder gehört sie als integrales Element in ihren Aufbau hinein? Führt sie in einem Atemzug mit dem Versuch, die Konnaturalität des Glaubens zu erweisen, den Legitimationsbeweis für die Theologie als Wissenschaft? Liegt in dieser wissenschaftstheoretischen Dienstfunktion am Ende sogar ihre Hauptaufgabe? Besinnt sich die Theologie in ihr auf ihr noetisches Prinzip, den Glauben? Ist sie also eher theologische Erkenntnis- und Prinzipienlehre als Apologetik im defensiv-argumentativen Sinn des Wortes?

Dies einmal angenommen, bleiben dann freilich auch die Gegenfragen nicht aus: Läßt eine derart in den Systembau der Theologie hineingebundene Glaubensbegründung über ihrer wissenschaftstheoretischen Funktion zuletzt nicht den von Skepsis und Zweifeln angefochtenen Menschen im Stich? Entfernt sie sich im Maß ihrer Integration nicht ungebührlich weit von ihrer Nähe zu den Humanwissenschaften und dem von diesen kontrollierten Erfahrungsbereich? Ist ihr Platz, gesehen im Spannungsfeld von Theologie und Existenz, somit nicht doch primär bei dieser?

Ihren Höhepunkt erreicht die Diskussion dieses Fragekomplexes in dem kurz vor Ausbruch des Zweiten Weltkriegs geführten theologischen Streitgespräch, als sich Karl Adam, eine Wendung Karl Eschweilers aufgreifend, für den „einen Weg der Theologie" aussprach und dadurch den erbitterten Widerspruch seiner neuscholastisch ausgerichteten Kontrahenten auf sich zog[59]. Für ihn ist die Konzeption einer streng rational argumentierenden und darum als Vorbau zum theologischen System anzusehenden Apologetik die problematische Spätfrucht der Barockscholastik und Aufklärungstheologie, die sich in ihrem Anspruch auf strenge Rationalität durch ihre tatsächliche Weisungsgebundenheit an das kirchliche Lehramt und seine Direktiven selbst in Frage stellt. Bei näherem Zusehen erweist sich ihr Denken nämlich als „ein Denken aus dem Glauben und für den Glauben", das „nicht nur im Dienst, sondern auch in der Kraft des Glaubens" steht. Darum bildet die Apologetik „keine selbständige, der ratio allein verantwortliche Disziplin"; „in ihrem Ausgang, Fortgang und Ende an den Glauben gebunden", ist sie vielmehr eine eindeutig „dogmatische Wissenschaft"[60]. Das entspricht weitgehend der Auffassung Eschweilers, der, darin die Position Rousselots berührend[61], aufgrund gegenstandstheoretischer Überlegungen – Gegenstand der Apologetik ist für ihn das „Credibile" – für die Austauschbarkeit der Titel „Fundamentaltheologie" und „Theologische Prinzipienlehre" eintritt und die Aufgabe der Glaubensbegründung von daher ganz der „eigentlichen Theologie" zuschlägt[62].

Doch was veranlaßt Adam dazu, sich mit solchem Nachdruck Eschweilers Programm des „einen Weges" anzuschließen? Bewogen wird er offensichtlich nicht nur durch seine Überzeugung, wonach der apologetische Erkenntnisakt gleicherweise vom Glauben getragen wie gesteuert ist, sondern vor allem durch seine Auffas-

[59] K. Eschweiler, Die zwei Wege der neueren Theologie (Georg Hermes – Matth. Jos. Scheeben). Eine kritische Untersuchung des Problems der theologischen Erkenntnis (Augsburg 1926) 184ff; siehe ferner nochmals die Ausführung S. 40ff.
[60] Vom angeblichen Zirkel im katholischen Lehrsystem, 5f.
[61] E. Seiterich, Die Glaubwürdigkeitserkenntnis, 15.
[62] Die zwei Wege der neueren Theologie, 245.

sung vom Glauben selbst. Dem „einen Weg der Theologie" entspricht der alleinige Weg des Glaubens, der sich bei allen rationalen Begleitstrukturen letztlich doch als ein Akt schlichter Hingabe an den Offenbarungsgott, als die menschliche Antwort auf seine Selbstzusage, darstellt. In diesem ebenso einseitigen wie erfüllenden Elementar-Dialog, in welchem der Mensch nichts „vorzubringen" aber alles „aufzunehmen" hat, besteht für Adam die Achse aller religiösen Erkenntnis. Ihm gegenüber ist, christlich gesehen, die rational-spekulative Erkenntnisweise abkünftig und sekundär[63]. Umgekehrt reduziert sich von daher der duplex ordo der Erkenntniswege, zu dem sich, wenn auch keineswegs im Sinn einer Gleichordnung, das Erste Vatikanum bekannte[64], ebenso wie die „duplex causa der Glaubenszustimmung", wie sie Thomas von Aquin gegeben sah[65], auf jeweils einfache Grundverhältnisse.

Für das Erkenntnisproblem liegt das Verbindende in dem schon von Newman herausgestellten Zustimmungsmoment, das jedem kognitiven Akt, dem gegenstands- wie dem personbezogenen, zugrunde liegt, obwohl es erst hier, im personbezogenen Verstehen, formbestimmend wird. Für den Glaubensvollzug geschieht die „Vereinfachung" dagegen in der Weise, daß durch die „Außenhaut" des „kirchlich vorgelegten Offenbarungsworts" hindurch das „innere Wort" Gottes, „angefüllt mit der ganzen Lauterkeit seiner Wahrheit... und mit dem ganzen Schrecken seiner Majestät", vernehmlich wird[66]. Damit kommt die Glaubensbewegung an jenes letzte Ziel, das mit ihrem Anfang ineins fällt. Denn in der Unmittelbarkeit des inneren Hörens sieht sich der Glaube, durch die im buchstäblichen Sinn „gegenstandslos" gewordenen Vermittlungsstrukturen hindurch, zurückverwiesen an seinen Ursprung aus dem göttlichen Offenbarungswort, dem er ebenso wie

---

[63] Darin trifft sich K. Adam mit August Brunner, der, wie schon in den einleitenden Ausführungen (S. 24, 57) erwähnt, die „Glaubenserkenntnis" als die basierende Erkenntnisform zu erweisen sucht.
[64] Sess. III, cap. 4: De fide et ratione (DS 3015).
[65] S. th. 2–II, q. 6, a. 1.
[66] Vom angeblichen Zirkel im katholischen Lehrsystem, 14.

seinen Inhalt und seine Evidenz sich selbst als die via regia christlicher Gotteserkenntnis verdankt.

So einleuchtend dies klingt, bleiben doch zwei Bedenken: ein prinzipielles und ein strukturelles. Wenn Adam zur Verifizierung seines Reduktionsmodells auf das „göttliche Pneuma" verwies, das die Zurückführung des argumentativen Apparats auf die Erfahrung des inneren Angesprochenseins bewirke, setzte er sich · dem Vorwurf aus, zuletzt doch selbst argumentiert zu haben und dies mit eben jenem Geist-Motiv, das keine Vergegenständlichung und darum auch keine argumentative Verwendung duldet[67]. Noch stärker fällt für das heutige Gefühl ein Zweites ins Gewicht: seine Kritik an einer „hinausdenkenden", zu neuen Erkenntnissen vorwärtsdrängenden Theologie zugunsten einer „sich besinnenden", der es vornehmlich um die spekulative Meditation des Überkommenen zu tun ist[68]. Denn damit geriet er in einen tiefgreifenden Konflikt mit der prospektiven Denkweise der Gegenwart, die sich, auch im Raum der Theologie, mehr von der Ausschau nach dem Kommenden als von der Versenkung ins Gewesene verspricht.

Wenn die Besinnung auf das zeitgerechte Glaubensverständnis dennoch eine Vorentscheidung zugunsten des „einen Wegs" erbrachte, so vor allem aus zwei Gründen. Einem wissenschaftstheoretischen zunächst, der sich am besten im Blick auf Kant und den unverkennbaren Zusammenhang seiner Aufklärungs-Schrift (von 1784) mit der von ihm als letztes Werk (1798) veröffentlichten Abhandlung über den Streit der Fakultäten darstellen läßt. Hier hatte Kant mit leiser Ironie zu bedenken gegeben, ob die im Universitätsbetrieb seiner Zeit noch immer als ancilla theologiae eingestufte Philosophie ihrer Herrin wirklich nur als Schleppenträgerin nachfolge oder nicht vielmehr als Fackelträgerin vorangehe. In diesem Rollentausch spiegelt sich das „aufgeklärte" Selbstverständnis seiner Philosophie, die sich um keinen Preis

---

[67] Dazu nochmals die von Eugen Seiterich (Glaubwürdigkeitserkenntnis, 81 f) vorgetragenen Einwände.
[68] Vom angeblichen Zirkel im katholischen Lehrsystem, 24 f.

154

mehr einer Fremdregie – und sei es der theologischen – überläßt, sondern ihre Programmziele und Methoden ausschließlich aus eigener Kompetenz entwickelt.

Einer derartigen Position gegenüber gibt es für die wissenschaftstheoretische Ortsbestimmung der Fundamentaltheologie nur die Alternative ihrer Auflösung in Religionsphilosophie oder ihrer Integration in den Verbund der theologischen Disziplinen. Ein Überleben als eigenprofilierte Wissenschaft ist ihr nur in deren Rahmen möglich. Inzwischen ist die Entwicklung schon längst über die Diskussion dieser Alternative hinweggegangen und an der Stelle angelangt, wo es nicht mehr um die Frage der Zugehörigkeit, sondern um die der effizientesten Kooperation geht. Schon seit geraumer Zeit hat sich die Erkenntnis Bahn gebrochen, daß die Fundamentaltheologie gerade auch ihre „klassischen" Themenfelder wie Offenbarung und Inspiration, Wunder und Weissagungen, Kirchengründung und Kirchenstruktur, und zumal die Auferstehung Jesu nicht mehr im Alleingang, sondern nur noch in engster Fühlung mit den Bibelwissenschaften bestellen kann. Von da aus führte schon ein relativ kleiner Schritt zu der Überlegung, ob und in welchem Umfang die von den Bibelwissenschaften gleichzeitig entwickelte und rezipierte Hermeneutik zu einer Revision der fundamentaltheologischen Methode verhelfen könnte. Dabei handelte es sich keineswegs um eine bloße Eventualmaßnahme, die bestenfalls im Interesse einer methodologischen Optimierung lag. Vielmehr stand eine Grundfrage ersten Rangs zur Diskussion, seitdem in dem zwischen der von Wolfhart Pannenberg angeführten Theologengruppe und ihren Kritikern (mit Günter Klein an der Spitze) entbrannten Streitgespräch klar wurde, daß die für das Christentum konstitutive Heilszusage Gottes bei allem Geschichtsbezug zuletzt doch als seine „Selbstoffenbarung" zu verstehen ist[69]. Eine darauf abgestimmte Fundamen-

[69] Näheres dazu in meiner Schrift „Gott verstehen. Erwägungen zum Verhältnis Mensch und Offenbarung" (München – Freiburg i. Br. 1971) 32–38 sowie in meinem (zur Veröffentlichung vorgesehenen) Beitrag „Geist und Zeit. Theologiegeschichte als Wahrheitsgeschichte".

taltheologie müßte sich, im Gegenzug zu ihrer neoscholastischen Ausgangsprägung, der Hermeneutik als der ihr von ihrem Ursprung im Offenbarungsgeschehen her zugewiesenen Methode verschreiben.

Mittlerweile hatte, wie schon eingangs erwähnt, Harding Meyer für eine so enge Verspannung von Fundamentaltheologie und Kerygmatik plädiert, daß jene seinem Ansatz zufolge geradezu in dieser aufgehen mußte[70]. Nach Art eines Signals macht dieses Postulat auf eine in der klassischen Ausarbeitung der Disziplin vernachlässigte Querverbindung aufmerksam. Denn mangels dieses Rückbezugs sah sich die unter dem Druck insistenter Befragung durch eine kritisch bewegte, existentiell verunsicherte, zweifelnde und dennoch hoffende Hörerschaft stehende Kerygmatik veranlaßt, von sich aus, in Form einer solitären Ersatzleistung, die Antworten zurechtzulegen, die sie kompetent nur in ständiger Beratung durch die Fundamentaltheologie hätte geben können. Dabei darf es, schon um der Konsistenz des theologischen Systems willen, nicht bleiben. Denn die erste Forderung, die an die Theologie als System gerichtet werden muß, ist die ihrer Durchlässigkeit. Nichts ist im religiösen Sinn verdächtiger als eine Theologie, die sich zum Selbstzweck erhebt und sich, unter Berufung auf ihre traditionelle Einschätzung, für heilsnotwendig erklärt[71]. In Wirklichkeit ist sie, wie jede religiöse Institution, ganz für den Menschen da, nicht der Mensch für sie. Zwischen dem redenden Gott und dem hörenden Menschen auferbaut, kann sie sich nicht entbehrlich genug machen[72]. Den Anfang dazu aber bildet ihre Durchlässigkeit. Und darauf wirkt kaum etwas so nachhaltig hin wie eine Fundamentaltheologie, die der Kerygmatik in die Hand arbeitet, weil sie sich, wie sonst nur noch die Pastoraltheologie,

---

[70] Dazu nochmals das S. 57f Ausgeführte.
[71] Dazu der Schlußsatz der Studie K. *Eschweilers,* Theologia est necessaria ad hominis salutem (260).
[72] Wie hoffentlich nicht betont zu werden braucht, heißt das nicht etwa, daß sie entbehrlich sei. Vielmehr ist damit lediglich etwas gegen die ihr (schon als Wissenschaft) eingestiftete Tendenz zur Selbstinstitutionalisierung gesagt.

unmittelbar in den Dienst des Menschen gestellt und dem Ziel, ihn im Glauben zu festigen, verpflichtet weiß.

Der zweite und wesentlichere Grund liegt in dem neuen, spezifisch hermeneutischen Glaubensbegriff, der Konzeption des ,,verstehenden Glaubens". Mit ihm ist in der Tat der Schlüssel gefunden, der Karl Adam fehlte. Denn der auf die Verstehensstruktur hin durchsichtig gewordene Glaube weist eben jene Gewißheitsmomente auf, zu denen ihm in der Darstellung Adams erst der Geist-Impuls verhilft. Dann aber stößt die Kritik, die seine argumentative Geschlossenheit bemängelt, ins Leere Auch der allein auf sich und seine Beweiskraft gestellte Glaube genügt den Ansprüchen der kritisch fragenden Vernunft, sofern er nur als Verstehensakt begriffen und ausgelegt wird. Denn in dem dann auf ihm aufgenommenen Dialog wird, entsprechend der dreifachen Evidenzvermittlung jedes konkreten Gesprächs, sowohl der geglaubte Inhalt als auch die Existenz des sich in ihm verlautbarenden Gottes und, spiegelbildlich dazu, die Existenz des Glaubenden selbst gewiß.

Auf dieses subjektive Gewißheitsmoment fällt, durch das christlich rezipierte Stichwort vom Ausgang des Menschen aus seiner selbstverschuldeten Unmündigkeit, neues Licht. Der eine Weg des Glaubens ist, formelhaft ausgedrückt, der Weg der Glaubensmündigkeit. Im Grunde kündigte sich das bereits bei der hermeneutischen Aufarbeitung der Autoritätsproblematik an[73]. Was dort eine Frage der Strukturerhellung blieb, tritt jetzt in seinen zeitgeschichtlichen Kontext. Mag das Wort von der christlichen Mündigkeit noch so oft zum Schlagwort verflacht und als Parole mißbraucht worden sein, so bleibt es trotz dieser Herabwürdigung doch, was es von seinem paulinischen Ursprung her ist: das Grundwort christlicher Emanzipation und souveräner Selbstergreifung[74]. Das gilt heute, in der weltweiten Absage an menschenunwürdige Herrschaftsstrukturen, mehr denn je. Wie kaum ein-

---

[73] Dazu nochmals das S. 65 ff Gesagte.
[74] Näheres in meiner Schrift Provokationen der Freiheit. Antriebe und Ziele des emanzipierten Bewußtseins, Salzburg 1974, 153–169.

mal zuvor bildet die Mündigkeit des Glaubens heute das Kriterium seiner Glaubwürdigkeit. Im Spiralgang der Geistesgeschichte ist eine Stelle erreicht ähnlich derjenigen, an der sich der am Ende seiner Mission angelangte Vergil von Dante auf der Höhe des Läuterungsbergs mit den Worten verabschiedet:

> Von mir erwarte nicht mehr Wort noch Wink.
> Dein Wille ist nun frei, gesund und gerade...
> Ich kröne dich zum Fürsten deiner Zeit,
> Zum Seelenhirten deiner Ewigkeit![75]

Lange genug wurde der Glaube als ein treuhänderisch zu bewahrendes Traditionsgut betrachtet und damit als eine zwar heilige, gleichzeitig aber doch auch beschwerende Last aufgenommen. Es ist an der Zeit, ihn als das Insignium gottgeschenkter Mündigkeit zu verstehen und ihn demgemäß, wie es die Investitur Dantes durch den scheidenden Weggefährten nahelegt, als die Krone christlicher Freiheit zu tragen. Dazu will der „eine Weg" seiner hermeneutischen Konzeption verhelfen.

2. Der gemeinsame Weg des Glaubens

Antagonistisch zu dem weltweiten Streben nach Emanzipation und Mündigkeit setzt sich heute in immer breiterem Umfang ein anderes durch: das Verlangen nach Gemeinschaft und zuständlicher Mitmenschlichkeit. Genauer besehen stehen beide Tedenzen, so weit sie auseinanderstreben, in einem unaufhebbaren Zusammenhang. Das mündige Selbst, das sich aus den Trümmern der totalitären Systeme erhebt, ist nicht das wiedererstandene Ich der autarken Individualität, sondern die Frucht personaler Verbundenheit. Und die Gemeinschaft, in die es sich einzubetten sucht, ist nicht gleichbedeutend mit der zur Perfektion gelangten Gesellschaft, sondern mit der Solidarität der in personaler Selbstzuwendung Geeinten. Davon ist auch das Profil des zeitgemäßen

---

[75] Purgatorio XXVII, 139–142.

Glaubens geprägt. Im Glauben halten sich, strukturanalytisch gesehen, vertikale und horizontale Bezüge die Waage. Der Achse, die durch das Begriffspaar „Gott und die Seele" bezeichnet wird, entspricht eine zweite, die durch die „Ich-Du-Beziehung" gebildet wird. Daher führte es zu seiner vielleicht schwersten Frustration, daß er jahrhundertelang fast nur nach der einen, gottstrebigen Richtung hin entwickelt wurde. Denn damit fehlt ihm die mitmenschliche Basis, ohne die kein geistiger Besitz – und der Glaube ist, wie seine Zuordnung zu den göttlichen Tugenden zu erkennen gibt, mehr Gabe als Tat, mehr Besitz als Leistung – bestehen und dauern kann. Die großen Dinge des Lebens hat man entweder mit andern oder gar nicht.

Nicht als habe diese Einseitigkeit das Profil des Glaubens und seiner Gehalte verfälscht. Etwas vergleichsweise Schlimmeres geschah vielmehr: der Glaube wurde in einem individual- und gruppenspezifischen Sinn esoterisch. Weil er nicht mehr mit allen geteilt, sondern zur Angelegenheit privater Heilssicherung wurde, nahm die Öffentlichkeit in der Form Rache, daß sie ihn tabuisierte. Von Glaubensdingen zu reden, galt – mitten im christlichen Abendland – als unschicklich, deplaciert. Wer es dennoch wagte, verfiel der gesellschaftlichen Ächtung, galt als Außenseiter oder doch als skurrile Randfigur. Erst seit wenigen Jahren trat ein merklicher Stimmungsumschwung ein: die Öffentlichkeit öffnete sich wieder für das spezifisch Christliche oder nahm es doch wenigstens respektvoll-wohlwollend zur Kenntnis. Es ist gewiß kein Zufall, daß dies in auffälliger Gleichzeitigkeit mit der Wende geschah, welche die Theologie zur Mitmenschlichkeit hin vollzog. Das muß sich auch auf das Glaubensverständnis niederschlagen, weil bei diesem Vorgang die Praxis der Theorie vorauslief und keine Praxis sich auf die Dauer durchhalten kann, wenn sie nicht durch die Theorie – im vorliegenden Fall: durch eine ins Kollektive geweitete Glaubenstheorie – abgedeckt wird.

Tatsächlich ist der praxisnahen Reflexion schon seit langem deutlich geworden, daß die voll explizierte Glaubensformel, wie eingangs gesagt, nicht schon mit den Worten „Ich glaube an dich" angegeben ist, sondern rückbezüglich, mit dem Blick auf die Gemeinschaft der Mitglaubenden, „Ich glaube an dich – für uns" lauten muß. Dabei bezeichnet das „für uns" nicht nur das Ziel, sondern ebenso auch den mitmenschlichen Grund des Glaubensvollzugs. Als Akt der vertrauenden Selbstbegründung auf den „Felsen" Gott (im Sinn des von Buber herausgestellten Emuna-Glaubens) setzt der Glaube eine wenigstens fragmentarische Vertrauensbasis mundaner und vor allem sozialer Art voraus. Umgekehrt kommt die in der gläubigen Zuwendung zu Gott – „Ich glaube an dich" – gewonnene Kompetenz der Glaubensgemeinschaft mit den andern – „für uns" – zugute. In die Schule Gottes genommen, lernt der Glaubende die ihm noch fehlende Lektion Mitmenschlichkeit.

Zu dieser Einbeziehung des Sozialkonnexes trug die moderne Geistesgeschichte entscheidend bei, sofern sie durch den Personalismus in Philosophie und Psychologie geprägt ist. Psychologisch wurde klar, daß die menschliche Individualentwicklung entscheidend von dem in Akten des Urvertrauens wahrgenommenen und gefundenen „Ort" im Ganzen des naturhaft-sozialen Daseins abhängt. Wer sich nicht angenommen weiß, wird nie zur bruchlosen „Annahme seiner selbst" (Guardini) gelangen. Philosophisch entsprach dem die durch Jacobi angebahnte und durch Buber ausgearbeitete Theorie der Ich-Du-Beziehung und ihres Vollzugs in „Wort und Liebe" (Ebner). Seitdem hängt jede Glaubensanalyse buchstäblich in der Luft, die entweder die Vertrauensbasis des Glaubens oder seinen Kollektivbezug (oder gar beides) übergeht. Zu der faktischen Esoterik käme dann eine theoretische hinzu, die schon in sprachlicher Hinsicht jene Selbstverantwortung verunmöglichen würde, die der Glaube leisten muß, wenn er nicht aus dem Feld der „geistigen Realitäten" verschwinden soll.

Im Effekt wirken die angesprochenen Strömungen wie eine nachhaltige Erinnerung an jene dialogisch-sozialen Momente, die dem Glauben nach biblischem Verständnis von seiner Konstitution her eingestiftet sind. Auf das Moment vertrauender Hingabe zunächst, die Buber wie im Glauben der Propheten so auch in der (seiner Ansicht nach spezifisch jüdischen) Glaubenshaltung Jesu gegeben sieht[76]. Tatsächlich nimmt Jesus diejenigen, die er (wie den Vater des epileptischen Jungen: Mk 9,23f, oder den Synagogenvorsteher Jairus auf dem Weg zum Trauerhaus: Lk 8,50) auf die Bahn des Glaubens ruft, mit hinein in ein Vertrauen, das keine Bedingungen und Vorbehalte duldet. Und die johanneische Gemeinde versteht ihren Glauben durchaus gleichsinnig als einen Akt der Selbstüberantwortung an die Liebe, die Gott zu uns hegt (1 Joh 4,16).

Demgegenüber wurde das Moment der Glaubensdialogik vor allem von der paulinischen Explikation ausgearbeitet, am vernehmlichsten in dem Grund-Satz des Römerbriefs, der noch vor dem Glaubens-Inhalt der Herzenszustimmung zur Auferstehung Jesu, die Zeugnispflicht herausstellt (10,9)[77]. Demnach ist das tatkräftige Bekenntnis, daß Jesus „der Herr" ist, für den Glauben konstitutiv. Der Glaube lebt von seiner Bezeugung[78]. In die Innerlichkeit verschwiegen, als bloße Gesinnung gehegt, käme er zum Erliegen. In ihm waltet, sofern er sich nur richtig verwirklicht, ein elementarer Impuls zur Weitergabe, Mitteilung, Selbstübereignung. Der Stoß in den Himmel der Transzendenz schlägt zurück und setzt sich um in die Gebärde gelebter und lebendiger Mitmenschlichkeit. Der Glaubende kann Gott nicht wollen, ohne den Bruder in diese Hinwendung mit hineinzunehmen. Er glaubt nicht für sich allein, sondern in aktueller oder doch wenigstens intentionaler, stellvertretender Gemeinschaft mit den Andern. Als Akt der Kommunikation mit Gott trägt der Glaube auch immer zur Festigung der communio sanctorum bei, und dies nicht etwa in einer Phase des entlasteten Aufatmens nach der Atemlosigkeit der Gottesnähe, sondern im selben Atemzug mit dieser.

[76] Zwei Glaubensweisen, 15–34.
[77] Dazu nochmals die Stellenangabe S. 58 und die Ausführungen S. 72f. Bubers Kritik (a.a.O., 98f) verfehlt trotz ihres formalen Rechts den existentialen Sinn des Paulusworts.
[78] Dazu das Schlußkapitel des Essays von *J. Mouroux, Ich glaube an dich* (Einsiedeln 1951) 55ff.

Nicht umsonst nennt die Römerstelle die dialogische Komponente des Glaubens vor der spezifisch theologischen. Von Anfang an regte sich die Frage nach dem Sinn dieser auffälligen Zweistrahligkeit. Das johanneische Glaubensverständnis erblickt ihn erstmals in der Befähigung zu voller Gotteserkenntnis (1 Joh 4, 7 f). In seiner Jugendschrift „Die Einheit in der Kirche" (von 1834) griff Johann Adam Möhler, von romantischen Korrespondenzvorstellungen geleitet, diesen Gedanken wieder auf. Für ihn ist das Mißverhältnis zwischen der Größe Gottes und dem an die Zufälligkeiten seiner Situation gebundenen einzelnen zu groß, als daß dieser zu einer zulänglichen Gotteserkenntnis gelangen könnte. Erst ein Akt der Entschränkung zum Ganzen hin schafft richtige Proportionen. Denn

nur vom Ganzen kann der, der das Ganze schuf, erkannt werden, weil er sich nur im Ganzen ganz offenbarte; wie soll ihn der einzelne erkennen?[79]

Auf diesen Einwand antwortet Möhler mit dem Hinweis:

Dadurch, daß er, obschon er das Ganze nicht sein, es doch mit großem Gemüte, mit Liebe umfassen kann; obschon er das Ganze nicht ist, so ist (dann) doch das Ganze in ihm; und er erkennt, was das Ganze.

In letzter, prinzipienhafter Vereinfachung lautet das:

In der Liebe erweitern wir uns, die Einzelwesen, zum Ganzen: die Liebe erfasset Gott.

Danach ist die personalisierende Möglichkeit des Glaubens noch nicht ausgeschöpft, solange man ihn im Blick auf die zweifellos schwerste – und am schwersten zu behebende – Krisenerscheinung der neuzeitlichen Geistesgeschichte lediglich als „Therapie" der menschlichen Identitätskrise begreift, soviel er auch zu deren Überwindung beiträgt. Denn der Mensch ist der Gefahr, sich selbst zu entgleiten oder durch unmenschliche Verhältnisse von sich abgedrängt zu werden, nicht schon dadurch überhoben, daß

[79] Die Einheit in der Kirche, § 31 (Ausgabe Geiselmann [Darmstadt 1957]) 98.

er sich wieder selbst übernehmen und das Übernommene mit sich gleichsetzen lernt, sondern erst dadurch, daß er – im Gegenzug zu den ihn sich entfremdenden Einflüssen – Aufnahme und Halt in jenem übergreifenden Funktionsganzen findet, von dessen noch ungehobener Realität fast alle Sozialutopien leben[80]. In der zugleich selbstvergessenen und selbstgewissen Hinordnung darauf streift er die Hüllen der egoistisch verengten Selbstheit ab, um Fühlung mit den Interessen, Intentionen und Möglichkeiten des Ganzen zu gewinnen. Deren vorzüglichste ist aber fraglos die der – durch die Weisheit vermittelten – Gotteserkenntnis, die in einem Prozeß gegenseitiger Spiegelungen ungleich tiefer in das Gottesgeheimnis eindringt, als dies dem einzelnen je möglich ist. Allen Anzeichen nach geht diese Vergrößerung der noetischen Kompetenz auf den Erfahrungszuwachs zurück, über den das „Ganze" im Unterschied zum individualisierten einzelnen verfügt. Im Erlebnis des Bestätigt- und Angenommenseins durch den geliebten und mit seiner Gegenliebe antwortenden Mitmenschen heben sich Erfahrungsmomente ab, die über den Bereich des Zwischenmenschlichen hinausweisen und erst in Gott ihre verifizierende Rechtfertigung finden. Im ruhelosen Wellengang der Alltäglichkeit geben sie die Gewißheit eines unentwindbaren Halts, der die existentielle Verunsicherung zwar nicht beseitigt, sie aber durch die von ihm ausgehende Beschwichtigung, Beruhigung und Tröstung überstrahlt. Gleichzeitig treten in dem sich daraus aufbauenden Erfahrungsfeld Ablauf- und Vollzugsstrukturen zutage, die unmittelbar auf das, was die Trinitätslehre von den innergöttlichen Lebensbezügen sagt, „ansprechen". Was spekulative Konstruktion zu sein schien, erweist sich als das unendliche „Modell" dessen, worin sich die in ihre übergreifenden Verwirklichungen vordringende Seele wiedererkennt. Im Blick auf dieses von Ent-

---

[80] In erster Linie ist hier an Utopien nach Art des von Joachim von Fiore angekündigten „Gottesreichs" zu denken, in dessen Konzeption unübersehbar die Reich-Gottes-Botschaft Jesu nachwirkt. Dazu *K. Löwith*, Weltgeschichte und Heilsgeschehen, Stuttgart 1953; ferner *G. Wendelborn*, Gott und Geschichte. Joachim von Fiore und die Hoffnung der Christenheit (Wien – Köln 1974).

schränkungserlebnissen stimulierten und von Akten der Verbundenheit getragenen „Sich-Wiedererkennens" sagt Möhler: „Die Liebe erfasset Gott."

Damit verglichen steht der sich selbst verlassene, in seine Individualität verkrampfte einzelne dem Gottesgeheimnis rat- und tatenlos gegenüber. Sofern er sich noch von der Existenz Gottes als dem absoluten Daseinsgrund überzeugte, bleibt ihm doch der Gottesgedanke selbst als die unendliche Überforderung seiner personalen Möglichkeiten fremd. Und sofern er sich auch in dieses Mißverhältnis fügte, kommt es in ihm doch zu keiner emotionalen Resonanz auf das, was dieser Gott in der Dynamik seiner Absolutheit „ist". Doch gerade an diesem emotionalen Mitvollzug ist angesichts einer Denkweise gelegen, die durch entschiedenen Empiriebezug auf sämtlichen Sektoren einschließlich des religiösen gekennzeichnet ist. Glaube ist heute, ungeachtet aller Bemühungen um seine rationale Konsolidierung, nur auf der Basis religiöser Erfahrung möglich[81]. Die Frage der Empirievermittlung muß daher geradezu als seine Lebensfrage gelten. Es fügt sich ungemein sinnvoll, daß die Antwort auf diese Frage mit der auf die Frage nach einer möglichen Selbstüberschreitung des Individuums zusammenfällt. Sie wirkt zwar, formalbegrifflich betrachtet, absurd und kann doch gar nicht anders lauten. Denn die einzig mögliche Antwort vermag nur der Glaube – und er nur durch sich selber – zu geben: der Glaube, verstanden als der Weg des Glaubenden zur Glaubensgemeinschaft aller und darin zur kommunikativ vermittelten Fühlung seiner selbst.

In ein wesentlich günstigeres Licht rückt diese scheinbar auf der Stelle tretende Antwort, wenn man bedenkt, daß das christliche Instrumentarium in der Regel darunter leidet, daß von ihm kein angemessener, sondern nur ein auf die durchschnittlichen Bedingungen abgestimmter Gebrauch gemacht wird. Mit diesem „Hausgebrauch" ist aber nichts Großes zu erreichen, am wenig-

---

[81] Dazu mein Beitrag Glaubensbegründung aus religiöser Erfahrung, in: Jahrbuch für Religionspsychologie (1975).

sten jene durchgreifende Wandlung der Verhältnisse, die mit dem Programmziel „Reich Gottes" intendiert ist. Das gilt in vollem Umfang auch für die diesem Ziel vorgeordneten, vergleichsweise kleineren Dimensionen. Auch hier wird nichts aufgebrochen, nichts gelöst, nichts freigesetzt, wenn der Glaube nur als die dem Offenbarungsgott geschuldete Replik auf seine Heilszusage oder gar nur als eine kirchlich geforderte „Leistung" gesetzt wird. Anders liegen die Chancen, wenn man die hermeneutische Konzeption zugrunde legt und den Glauben demgemäß als einen Akt des Verstehens – und der Verständigung – begreift. Dann ist die Sache des Glaubens unabdingbar an den Willen zu bekennender Selbstverantwortung geknüpft, der seinerseits nur auf dem Boden vertrauender Solidarität wirklich zum Zug kommt. Alles andere geschieht im Sinn der Logik gelebter Mitmenschlichkeit. Das vom Vertrauen getragene und als Akt eines Sich-Anvertrauens vorgebrachte Glaubenszeugnis öffnet, wo es angenommen wird, ebenso wie das Ohr auch Herz und Mund des Angesprochenen. Und der aufgenommene Dialog entwickelt sich zur Gemeinschaft jener, die sich im Namen Jesu versammelt wissen und der Wahrnehmung der von ihm (nach Mt 18, 20) zugesicherten Gegenwart entgegenharren.

Keine Sehnsucht darf der Erfüllung sicherer sein als diese. Für die neutestamentliche Glaubenserfahrung bestätigt dies das Gebetswort des Epheserbriefs:

Durch den Glauben wohne Christus in euren Herzen. In der Liebe verwurzelt und auf sie gegründet, sollt ihr zusammen mit allen Heiligen dazu fähig sein, die Länge und Breite, die Höhe und Tiefe zu ermessen und die Liebe Christi zu verstehen, die alles Erkennen übersteigt. So wird euch mehr und mehr die ganze Gottesfülle erfüllen (3, 17 ff).

Wie in einem Brennpunkt laufen in diesem Wort die Komponenten des gemeinschaftlich gelebten, auf Gemeinschaft hin vollzogenen Glaubens zusammen. Im Stil gnostischer Begrifflichkeit ist von den Dimensionen die Rede, in die hinein sich die von diesem Glauben geweitete Subjektivität öffnet. Gleichzeitig wehrt das Wort dem Eindruck, als entstehe auf diesem Weg eine Art geistiger Leerraum. Die vermeintliche Leere ist vielmehr das Organ für die sich zueignende Gottesfülle, die im Maß – und nur im Maß – der menschlichen Selbstentschränkung Raum und Gegenwart gewinnt. So erscheint der Gedanke wie eine biblische Vorwegnahme des Möhler-Worts und dieses wie eine romantisch-spekulative Paraphrase der Epheser-Stelle. Genauer besehen trifft diese Annahme jedoch nur teilweise zu. Das biblische Gebetswort sagt mehr als sein theologisches Pendant. Anstatt von der Erkenntnis Gottes spricht es – in offenkundiger Anlehnung an das Friedenswort des Philipperbriefs (4, 7)[82] – von der „alles Erkennen übersteigenden" Liebe Christi, die als seine Einwohnung im Herzen des Glaubenden fühlbar wird. Gemeinsam ist den beiden Aussagen somit nur die Vorstellung von der im Glauben gewonnenen „Weite", die, weil sie das Werk der Liebe ist, den Glaubenden erst wahrhaft gottfähig (capax Dei) macht. Doch entzweien sie sich in der Frage der vom Glauben vermittelten Erfahrung. Während die Möhler-Stelle bei der „basierenden" Erfahrung der religiös gestimmten Mitmenschlichkeit stehen bleibt, greift das Gebetswort des Epheserbriefs auf jene christliche Elementarerfahrung zurück, die mit der die menschliche Individualität zugleich aufsprengenden und konsolidierenden Selbstgewährung Jesu gegeben ist. Denn das, was dem Glaubenden substantiell erfahrbar wird, ist nicht der in der Oszillation von zurückbebender Furcht und hingerissener Liebe wahrgenommene Gott, sondern der dem Glaubenden einwohnende Christus, der diesem dadurch zum Halt und Inhalt wird, daß er sein Lebensjoch mitübernimmt und ihm – als die Gabe seiner Gabe – sich selber gibt.

Eine vergleichbare Bestätigung läßt sich aus den heutigen Selbstbezeugungen des Glaubens nicht erbringen. Auf den kirchlichen „Hausgebrauch" zurückgenommen, ist der Glaube, wie er in der Regel vollzogen wird, mehr das Versprechen als schon die

---

[82] Näheres dazu in meiner Schrift „Der Sinn des Friedens. Ein theologischer Entwurf" (München 1960) 116–136.

volle Einlösung seiner selbst. Es müssen Wege erkundet werden, einen höheren – im Anschluß an die Tugendlehre Shaftesburys könnte man sagen: virtuosen – Gebrauch von ihm zu machen. „Virtuos" gelebt, wäre der Glaube immer schon „auf dem Sprung" zum Du, unterwegs zu den Andern, der Öffentlichkeit zugewandt. Auf den Dächern würde er ausrufen, was ihm ins Ohr geflüstert und ins Herz gelegt wurde. Und doch wäre dies keine bedenkliche Veräußerung seines Inbesitzes, sondern die Bedingung seiner vollständigen und bleibenden Bewahrung. Denn wie alle großen Dinge des Daseins hat man auch den Glauben nur, indem man ihn mitteilt.

Nicht als fehle es völlig an Beispielen für diesen gemeinschaftlich gelebten und, was dasselbe besagt, virtuos vollzogenen Glauben! Doch kennzeichnet es zugleich die gegenwärtige Übergangssituation, daß sich das wohl bewegendste von ihnen nicht im Bereich der etablierten Gläubigkeit, sondern an ihrer Randzone findet. Es ist das Glaubenszeugnis der Simone Weil, das gleicherweise durch das Moment der Distanzierung wie das der Einbeziehung charakterisiert wird[83]. Von unverbrüchlicher Solidarität mit ihren jüdischen Leidensgefährten ebenso wie von einer unüberwindlichen Skepsis gegenüber enthusiastischen Identifikationsmodellen erfüllt, versagt sie sich in grenzlosem Schmerz der vollen Zugehörigkeit zur kirchlichen Glaubensgemeinschaft. Von den fast tödlichen Konsequenzen für sie gibt ein dichterischer Bericht, „Prolog" überschrieben, Aufschluß, der mit der Schilderung einer Zeit beseligender Gemeinschaft mit ihrem göttlichen Geliebten beginnt und dann in jähem Umschwung fortfährt:

Eines Tages sagte er zu mir: „Nun geh." Ich fiel ihm zu Füßen, umschlang seine Knie, ich flehte ihn an, mich nicht fortzujagen. Aber er warf mich die Treppe hinab. Wie ich hinunterkam, weiß ich nicht, das Herz war mir wie in Stücke gerissen. Ich wanderte durch die Straßen[84].

[83] Dazu *J.-M. Perrin* und *G. Thibon*, Wir kannten Simone Weil (Paderborn 1954); ferner *A. Krogmann*, Simone Weil in Selbstzeugnissen und Bilddokumenten (Reinbek bei Hamburg 1970).
[84] Zitiert nach *A. Krogmann*, Simone Weil, 158.

Vom Elend dieses Verstoßenseins stimuliert, entwickelt sie einen um so schärferen Sinn für das solidarisierende, gemeinschaftsstiftende Moment des Glaubens. Die gegenwärtige Lage erzwingt es ihrer Meinung nach geradezu, daß sich „die Universalität, die ehemals implizit sein durfte..., nunmehr völlig bewußt und ausdrücklich" entfaltet[85]. Daran muß sich wie die Sprache und das Verhalten auch der Glaube des heutigen Menschen bemessen. Er muß darauf hinarbeiten, das Universum anstatt von innen, von oben, vom Standort der Weisheit Gottes her, zu Gesicht zu bekommen, weil er es erst dann in seiner ganzen Fülle vollkommen lieben kann:

> Eine solche Liebe liebt die Wesen und Dinge nicht in Gott, sondern von Gott her. Da sie bei Gott ist, sendet sie von dorther ihren Blick, der mit dem Blicke Gottes vereint ist, auf alle Wesen und alle Dinge herab[86].

Dennoch liegt dieser Blickpunkt der Weisheit nicht „außerhalb" des Universums, sondern in seinem Zentrum, dort, wo die zerreißenden Gegensätze des Daseins „gleich zwei getrennten und verschmolzenen Tönen" als eine reine, herzzerreißende Harmonie hörbar werden[87]. Die sachhaften Wendungen sind von durchaus personaler Relevanz. Denn das Universum Simone Weils ist mindestens im gleichen Sinn der mondo civile, die geschichtlich-soziale Menschenwelt Vicos, wie das Weltall der klassischen Kosmologie und der modernen Astrophysik. Nicht umsonst bekundet der kosmologische Gegensatz von Weltverlust und Weltinnigkeit erst hier, im Spannungsfeld der Menschenwelt, seinen vollen schicksalhaften Ernst. Denn die „bei weitem gefährlichste Krankheit der menschlichen Gesellschaft" ist die Entwurzelung, so wie ihre größte Chance in einer neuen Einwurzelung der halt- und bodenlos Gewordenen besteht. Beide sind letzten Endes religiös

---

[85] *S. Weil,* Das Unglück und die Gottesliebe (Originaltitel: Attente de Dieu) (München 1961) 87. Zur Frage der kognitiven Funktion des Unglücks sei auf meinen Beitrag „Religiöse Grundverständigung. Über Sinn und Funktion einer Philosophischen Theologie", in: Stimmen der Zeit 193 (1975) 16–30 verwiesen.
[86] A.a.O., 86.
[87] A.a.O., 119.

bedingt: die Entwurzelung durch den Glaubensverlust, die Einwurzelung durch die im Glauben aufgenommene Interaktion. Wie die Frucht ist die Einwurzelung aber auch die Voraussetzung des Glaubens. Was nach dem subjektivistischen Verständnis der Tradition die „wegweisenden Einsichten" (praeambula fidei) und „Glaubensanmutungen" (pii credulitatis affectus) zu seiner Anbahnung beisteuerten, das leistet für Simone Weil die im Boden einer gleicherweise offenen und konsolidierten Zwischenmenschlichkeit erfolgende Einwurzelung:

> eine lebendige, durchseelte Gemeinschaft voller Intimität, Brüderlichkeit und Zärtlichkeit – das wäre der Mutterboden, wo die unglücklichen Franzosen, die der Zusammenbruch entwurzelt hat, leben und für Krieg und Frieden ihr Heil finden könnten[88].

Schon die Sehnsucht danach bahnt der zentralen Glaubenserfahrung den Weg. Wie für das Gebetswort des Epheserbriefs besteht sie auch für Simone Weil in der fühlbar werdenden Einwohnung Christi. Wiederholt, so berichtet sie in einem unter Todesahnungen geschriebenen Brief an ihren Seelenführer Jean-Marie Perrin, habe sich Christus zu ihr herabgelassen und sie in einer „wirklichen Berührung, von Person zu Person", ergriffen, einmal während der Rezitation eines Gedichts, vor allem aber beim Sprechen des Vaterunsers, wo schon die ersten Worte mitunter ihren Geist dem Leib entrissen, um sie in die wirkliche, klare und liebevolle Gegenwart Jesu zu versetzen[89].

Auch angesichts dieser unangreifbaren Selbstaussage gilt, daß der Glaube in den Bezeugungen der Gegenwart mehr nach Art eines tastenden Vorgriffs als eines gültigen Vollzugs zur Sprache kommt. Um so deutlicher zeigt dieses im Vorfeld des eigentlichen Kirchenglaubens abgelegte Zeugnis, wie mit ihm – im Interesse seines virtuosen Gebrauchs – ein Anfang gemacht werden muß:

---

[88] *S. Weil*, Die Einwurzelung. Einführung in die Pflichten dem menschlichen Wesen gegenüber (Originaltitel: L'Enracinement) (München 1956) 313.
[89] Etwa vom 15. Mai 1942: Das Unglück und die Gottesliebe, 41–69. Dazu *E. Ott*, Die „Aufmerksamkeit" als Grundvollzug der christlichen Meditation. Der geistliche Weg der Simone Weil, in: Geist und Leben 47 (1974) 94–143.

als Glaube mit andern und für andere, weil nur der gemeinsam beschrittene Glaubensweg zum Ziel der gelebten und erlebten Verwirklichung führt.

3. Glaube und Kritik

Wenn der Glaube, mit Kierkegaards Sinnbestimmung gesprochen, an die Bedingung der Gleichzeitigkeit mit Jesus geknüpft ist, ja sogar, radikaler noch, in der Gleichzeitigkeit mit ihm besteht[90], hat die als wissenschaftliche Reflexion begriffene Fundamentaltheologie ihr Argumentationsziel erst dann erreicht, wenn es ihr umgekehrt gelang, ihre eigene Gleichzeitigkeit mit der von ihr jeweils angesprochenen und ins Gespräch gezogenen Zeit nachzuweisen. Eine möglichst exakte Bestimmung des Zeitgeists und seiner Signatur liegt darum in ihrem höchsten Interesse. Deshalb leisten ihr Zeitanalysen wie Jaspers' Essay über „Die geistige Situation der Zeit" (von 1930), Guardinis Orientierungsversuch mit dem Titel „Das Ende der Neuzeit" (von 1950) oder Rüstows „Ortsbestimmung der Gegenwart" (von 1950–56) unentbehrliche Zubringerdienste. Heute, zwei Jahrzehnte nach Rüstows Unternehmen, ist eine derartige „Ortsbestimmung" viel schwieriger geworden, weil die signifikanten Strömungen der Gegenwart kaum einmal zu parallelen Verläufen zusammentreten und sich gleichzeitig der Befragung nach ihren Anstößen und Beweggründen verweigern[91]. Was sich unter diesen Umständen durchführen

---

[90] Einübung im Christentum I, Anrufung, wo Kierkegaard im Blick auf die Augen- und Ohrenzeugen Jesu bemerkt: „Solange es einen Glaubenden gibt, muß dieser – sonst wäre er ja nicht gläubig geworden – immer ebenso gleichzeitig mit Jesu Gegenwart gewesen sein und bleiben wie jene Gleichzeitigen; diese Gleichzeitigkeit ist die Voraussetzung des Glaubens, genauer: sie ist der Glaube selbst" (57).
[91] Nur ein trickreiches Verfahren, wie es Gerd-Günther Grau ins Auge faßt, wenn er aus den unterschiedlichen Reaktionen auf das Phänomen Nietzsche Rückschlüsse auf die zeittypischen Tendenzen zu ziehen sucht, könnte angesichts dieses Tatbestands zum Ziel führen. Die Sperrigkeit gegenüber motiverkundenden Rückfragen ergibt sich erst aus dem Nachweis des zeittypischen Charakters der Kritik, da diese einen Absolutheitsanspruch erhebt, der sich nur durch die Verdrängung ihrer (stets reaktiv-abkünftigen) Herkunft aufrechterhalten läßt.

läßt, ist kaum mehr als ein Durchblick zu dem Ziel, die dominierenden Komponenten ausfindig zu machen und von ihnen her das Gesamtbild, das sich von selbst nicht einstellt, zu rekonstruieren.

Einem solchen Versuch stellt sich zweifellos die von der analytischen Philosophie und dem kritischen Rationalismus flankierte Kritische Theorie der Frankfurter Schule als der signifikanteste Ausdruck des zeitgenössischen Denkens dar. Für die Zwecke der Fundamentaltheologie fragt es sich des weiteren, welche Einzelelemente die im religiösen Sinn ergiebigsten sind und welche von ihnen sich auf den Glauben effizient beziehen lassen. Für den erstrebten Beweis seiner Gleichzeitigkeit wäre damit freilich noch nichts erbracht, da dieser im Fall, daß Fehlanzeige erstattet werden müßte, auch in sein Gegenteil umschlagen und zum Ergebnis der „Unzeitgemäßheit" des Glaubens führen könnte. Er wäre im Idealfall erst dann erbracht, wenn es zu einer gegenseitigen Spiegelung käme, wenn also im Glauben typische Elemente des Zeitgeists und umgekehrt in diesem Fermente des gläubigen Bewußtseins auszumachen wären. Da es angesichts der überwiegend pessimistischen Einschätzung der religiösen Situation nachgerade utopisch erscheint, den Idealfall auch nur ins Auge zu fassen, bleibt nur der Weg über die sorgfältige Prüfung der Gegebenheiten, „die sich für jede Eventualität, die negative ebenso wie die positive, offenhalten muß.

Um mit Claus von Bormann zuerst das signifikanteste Moment herauszugreifen, das nicht umsonst für sämtliche der drei genannten Richtungen – für die analytische Philosophie zumindest indirekt – das titelgebende ist, so lebt das gegenwärtige Bewußtsein zentral aus dem Impuls der Kritik[92]. Nach Bormann dient der Zusatz „kritisch" vornehmlich der Abgrenzung des damit gekennzeichneten Denkens von allem, was zuvor, unkritisch hingenommen, in Geltung stand:

---

[92] *C. von Bormann*, Der praktische Ursprung der Kritik. Die Metamorphosen der Kritik in Theorie, Praxis und wissenschaftlicher Technik von der antiken praktischen Philosophie bis zur neuzeitlichen Wissenschaft der Praxis (Stuttgart 1974).

Und da keine Tradition, keine Autorität mehr ungeprüft gilt, sondern ihrerseits, wo man ihrer bedarf, selbst erst unter Destruktion der vorangehenden konstruierend gesetzt wird, erhält das Wort „Kritik" fast dieselbe Dignität wie einst Vernunft oder Wahrheit[93].

Gegen die Tendenz dieser Denkweise zur Selbstverschließung gegen jede Art von Hinterfragung sondiert Bormann dann doch die vermutliche Ursache, die er über Habermas, den Methodiker der Kritischen Theorie, bis auf die antiken Ursprünge zurückverfolgt[94]. Dabei zeigt sich ihm – jetzt in freiem Anschluß an Hans Blumenberg[95] – eine auffällige Bruchstelle im antiken Ursprungsfeld. Während das kritische Element der vorchristlichen Theorie – als Mittel ihrer Selbstdifferenzierung – aus dieser selbst erfließt, ist es, spätestens seit Augustinus, das Instrument des nach sich selbst und seinem Grundverhältnis fragenden Ich und somit Ausdruck seiner Selbstsetzung. Bormann zitiert dafür das als Schlüsseltext zu wertende Augustinus-Wort:

Jetzt erforschen wir nicht mehr die Kreise des Himmels oder messen die Zwischenräume der Sterne oder fragen nach dem Horizont der Erde: ich werde vielmehr meiner selbst bewußt, ich, der Geist[96].

---

[93] A.a.O., 3.

[94] Da Kritik aufgrund ihres Reflexionscharakters etwas stets Unabgeschlossenes ist, kann die kritische Vernunft, wie gegen die Vertreter ihres Primats geltend gemacht werden muß, niemals als letzte Berufungsinstanz gelten. Sie bedarf vielmehr einer Metakritik, die, gestützt auf noetische Elementargewißheit, über die Grenze der kritischen Reflexion und damit über das Recht der Vernunft zu befinden hat, sich – im Bruch mit dem kritischen Methodenzwang – in die befriedende Obhut der letzten und höchsten Denkbarkeiten zu begeben. Dazu die – gegensinnigen – Äußerungen Hans Alberts in seinem Traktat über Kritische Vernunft (Tübingen 1969) 70f, 97ff, sowie die den theologischen Erkenntnisakt suspendierende These Max Horkheimers, eine Philosophie, die „bei irgendeiner Wahrheit Ruhe zu finden meint", habe mit Kritischer Theorie nichts zu tun: Die gesellschaftliche Funktion der Philosophie (Frankfurt a.M. 1974, 209). Demgegenüber hatte Johannes Duns Scotus bei einer seiner Modifikationen des anselmischen Arguments (Tractatus de primo principio IV, 9, 5) erklärt: „In tali cogitabili summo summe quiescit intellectus – (im Erdenken) dieses denkbar Höchsten kommt der Verstand im höchsten Maß zur Ruhe."

[95] H. Blumenberg, Die Legitimität der Neuzeit (Frankfurt a.M. 1966). Dazu auch die Ausführungen meiner Schrift „Gott verstehen", 24ff.

[96] Confessiones X, 16,25.

In der Folge steigert sich dieser Dezisionismus über den kartesianischen „Entschluß", die Wahrheit ausschließlich auf dem Zweifelsweg zu suchen, bis zu der ausdrücklichen Verspannung von „Erkenntnis und Interesse" in der methodologischen Unterbauung der Kritischen Theorie durch Habermas[97]. In dem Bestreben, seinen volitiven Anteil vollständig zu durchleuchten, gerät das „kritische" Subjekt hier freilich in ein Stadium der Reflexion, der seiner Selbstaufhebung gleichkommt. Wenn irgendwo, gilt darum hier das Wort vom „Elend" der Kritischen Theorie, die zu dem Ziel ausgezogen war, die metaphysischen Selbsttäuschungen des allzu täuschungswilligen Menschen zu beseitigen und ihn statt dessen auf den Weg gesellschaftskritischer Praxis einzuweisen.

Im Blick auf dieses „Elend" hat sich Günter Rohrmoser mit der Kritischen Theorie auseinandergesetzt, der er gleichfalls bescheinigt, daß sie, sogar mit ihrem als „negative Dialektik" gekennzeichneten Denkweg, zu einem Element des heutigen Zeitgeists geworden sei[98]. Die angesprochene Signalwirkung gilt hauptsächlich der – freilich erst am Epochenende der Neuzeit aufscheinenden – Einsicht in die Komplizenrolle der Vernunft bei der Ausbildung repressiver Herrschaftsformen und dem mit dieser Einsicht verbündeten Willen, sich allen, insbesondere den metaphysischen Beschwichtigungsversuchen, zu verweigern[99]. Kulminierte die idealistische Reflexionsphilosophie in dem Hegel-Wort, daß das Ganze das Wahre sei, so folgert Adorno aus der Erfahrung

---

[97] Dazu seine gleichnamige Schrift (von 1968), die auf seine Frankfurter Antrittsvorlesung (in: Technik und Wissenschaft als „Ideologie" [Frankfurt a.M. 1968] 146–168) zurückgeht.
[98] Wörtlich schreibt Rohrmoser: „Es spricht für die Bedeutung und den epochalen Rang der unter dem Titel ‚negative Dialektik' entwickelten Theorie, daß sie sich von ihren Urhebern gelöst hat und zu einem konstituierenden Element und Prinzip dessen geworden ist, was man früher den objektiven Geist einer Zeit genannt hat": Das Elend der kritischen Theorie (Freiburg i.Br. 1970) 9.
[99] Im Blick auf diese zwielichtige Rolle der Vernunft macht sich Horkheimer zumindest partiell den Luther-Satz zu eigen: „Vernunft, du bist eine Hure, ich will dir nicht folgen": Zur Kritik der instrumentellen Vernunft, hrsg. von *A. Schmidt*, (Frankfurt a.M. 1974) 232.

der ideologisch verklärten und dadurch in ihrem Widersinn erst vollends freigelegten Unheilsgeschichte die Umkehrung dieses Satzes, derzufolge das Ganze das Unwahre ist. Kritische Theorie hat angesichts dieser Sachlage die stets unabgeschlossene Aufgabe, die Wunde des Nicht-Identischen, des in allen Versöhnungsmodellen übergangenen und Unversöhnten, offenzuhalten. Sie entzieht sich der Verzauberung durch Ideologie und Konstruktion, indem sie sich konsequent zu dem Nichtintegrierbaren hält und damit einem Denken verschreibt, das der „Logik des Zerfalls", nicht der glättenden Synthese, folgt und sich seiner „Schuld an dem, was es denkt", bewußt bleibt[100]. So wahrt sie, im aktuellen Protest, das Erbe der negativen Theologie, die immer schon um die begriffliche Unerschwinglichkeit des Wahren und die Erschließungskraft des Leidens, gerade auch des intellektuellen, wußte[101].

Doch wozu dieser Aufwand, wenn die Kritische Theorie, zumal in ihrem Vertreter Adorno, gleichzeitig die von ihr als „Verfall" erkannte und beklagte Auflösung des Subjekts in verblüffender Umdeutung zu dem faktisch allein noch gangbaren Ausweg mitvollzieht? Anzeichen dessen ist bereits die These von der Unabwendbarkeit des Umschlags von wissenschaftlich-technischer Naturbeherrschung zur Versklavung des Menschen durch die von ihm selbst als eine Art „zweite Natur" geschaffene Technik. Die Entscheidung fällt jedoch erst mit der daraus gezogenen Folgerung, die im menschlichen Streben nach subjektiver Kompetenz die Wurzel allen Übels vermutet. Wie das sich emanzipierende Subjekt in seiner Frühgeschichte die Macht des Mythos brach, so muß es jetzt, in einem letzten Befreiungsakt, den Mythos seines Selbstseins aufgeben. Humanität ist nur in der Zerstörung des Subjekts, Friede nur im Verzicht auf Selbstsein, Glück nur in der Aufhebung des Ich als Person. Die Affinität zu dem, was Adorno als die fatale Konsequenz totalitärer Herrschaft und moderner

---

[100] *Th. W. Adorno,* Negative Dialektik (Frankfurt a.M. 1966) 15.
[101] Näheres dazu in meinem oben (Anm. 85) angegebenen Beitrag zum Thema der religiösen Grundverständigung.

Konsumgesellschaft geißelt, ist übergroß. Nicht umsonst meldet sich gerade im Hinblick darauf besorgte Kritik zu Wort. Nach Michael Theunissen betreibt auch Habermas, wenngleich auf anderem Weg, die Auflösung des Subjekts. Indem er das Interesse voll in die Selbstreflexion einzuholen sucht, strebt er einen Endzustand der vollkommenen Transparenz an, der endliches Selbstsein nicht mehr zuläßt[102].

Begreiflich, daß in der Folge dessen bei Horkheimer alles in resignativen Pessimismus auszulaufen droht, begreiflicher noch, daß dieser schließlich eine Überhöhung ins Religiöse erfährt[103]. Auch die von Horkheimer eingeschlagene Linie beginnt mit der pessimistisch-resignativen Analyse der Entwicklung, die sich, mit einem Zwischentitel seiner ,,Kritik der instrumentellen Vernunft'', als ,,Aufstieg und Niedergang des Individuums'' darstellt. Die damit überschriebenen Ausführungen beginnen mit den Worten:

Die Krise der Vernunft manifestiert sich in der Krise des Individuums, als dessen Agens Vernunft sich entwickelt hat. Die Illusion, die die traditionelle Philosophie über das Individuum und die Vernunft gehegt hat – die Illusion ihrer Ewigkeit –, ist im Begriff zu zergehen. Das Individuum faßte einmal die Vernunft ausschließlich als ein Instrument des Selbst. Jetzt erfährt es die Kehrseite seiner Selbstvergottung. Die Maschine hat den Piloten abgeworfen; sie rast blind in den Raum. Im Augenblick ihrer Vollendung ist die Vernunft irrational und dumm geworden. Das Thema dieser Zeit ist Selbsterhaltung, während es gar kein Selbst zu erhalten gibt. Angesichts dieser Lage ist es angebracht, auf den Begriff des Individuums zu reflektieren[104].

Eine ganz sinngleiche Diagnose hatte Horkheimer bereits in seiner ,,Dialektik der Aufklärung'' (von 1944) gestellt:

---

[102] M. Theunissen, Gesellschaft und Geschichte. Zur Kritik der Kritischen Theorie (Berlin 1969) 35 f. Vom – personalen – Gegenpol her bestätigt das die Notwendigkeit einer metakritischen Hinterfragung der Kritik mit dem Ziel, ihren Methodenzwang zu brechen.
[103] Dazu außer der genannten Aufsatz-Sammlung ,,Zur Kritik der instrumentellen Vernunft'' das von Helmut Gumnior arrangierte und hrsg. Interview ,,Die Sehnsucht nach dem ganz Anderen'' (Hamburg 1970).
[104] Zur Kritik der instrumentellen Vernunft (Original: Eclipse of Reason), 124.

Nicht bloß mit der Entfremdung des Menschen von den beherrschten Objekten wird für die Herrschaft bezahlt: mit der Versachlichung des Geistes wurden die Beziehungen der Menschen selber verhext, auch die jedes einzelnen zu sich. Er schrumpft zum Knotenpunkt konventioneller Reaktionen und Funktionsweisen zusammen, die sachlich von ihm erwartet werden. Der Animismus hatte die Sache beseelt, der Industrialismus versachlicht die Seelen [105].

Hier wie dort spricht Horkheimer vom personalen Selbst, dessen Heraufkunft die Humanisten zu Beginn der Neuzeit enthusiastisch gefeiert hatten, wie von etwas unwiederbringlich Verlorenem. Das gibt seinem Denken, bei aller Wirklichkeitsnähe und aller revolutionären Aufsässigkeit, den auffallend resignativ-pessimistischen Zug [106]. Mit ihm beginnt Horkheimer zwar seinen Kampf gegen die Menschenferne und Unmenschlichkeit der technisierten Welt, jedoch einen Kampf auf verlorenem Posten, weil es das, was dabei zu verteidigen wäre, höchstens noch als untergehende Leidensform, nicht mehr jedoch als verbindliche Lebensgestalt gibt. Was ehedem Inbegriff personaler Präsenz und Würde war, die Seele, schrumpfte nach dem Wort aus der ,,Dialektik der Aufklärung" zum ,,Knotenpunkt konventioneller Reaktionen und Funktionsweisen" zusammen und wurde, mit dem Atheismus-Forscher Fritz Mauthner gesprochen, zur Bezeichnung für eine bloße ,,Funktion" [107].

So gesehen ist Horkheimers Pessimismus im Prinzip die Trauer über diesen, wie es scheint, unwiederbringlichen Verlust. Doch hat er gleichzeitig den Charakter der Teilnahme am unbeachteten Leiden derer, die konkret, und oft ohne sich dessen bewußt zu sein, von diesem Verlust betroffen sind: am Schmerz der von sich Abgehaltenen und sich Entfremdeten, der Unterdrückten und Frustrierten, zumal aber der Enttäuschten, zu kurz Gekommenen

---

[105] *M. Horkheimer / Th. W. Adorno,* Dialektik der Aufklärung. Philosophische Fragmente (Amsterdam 1968) 41.
[106] Um seine Ausarbeitung machte sich vor allem *Werner Post* mit seiner Studie ,,Kritische Theorie und metaphysischer Pessimismus" (München 1971) verdient.
[107] Die Mauthner-Stelle zitiert *M. Horkheimer* in seinem Essay De Anima (von 1967): Zur Kritik der instrumentellen Vernunft, 244.

und mit sich und ihrer Welt Überworfenen. Ist die Philosophie Platons diejenige der Aristokraten, die Philosophie der Scholastik diejenige der Orden, die Philosophie der Renaissance diejenige des aufsteigenden und die Philosophie des Idealismus die des etablierten Bürgertums, so hält es die Philosophie Horkheimers – in distanzierter Nähe zur Lehre Jesu – mit denjenigen, die an ihrer Seite Schaden litten. Sie versteht sich geradezu als die denkerische Kompensation ihrer ungeahnten, ungenannten, namenlosen Leiden.

Läge das religiöse Moment nicht auf der Hand, so würde es spätestens durch Horkheimers Geständnis belegt, daß er keine Philosophie bejahen könne, die „nicht auch ein theologisches Moment in sich" trage[108]. Es fragt sich nur, ob – im Sinn des angenommenen Idealfalls – nun auch das Umgekehrte zutrifft und der Glaube, nach dessen Gleichzeitigkeit mit dem von der Kritischen Theorie artikulierten Denken der Gegenwart gefragt wurde, Entsprechungen zu dieser zeitgenössischen Art des Philosophierens und seinen anthropologischen Voraussetzungen aufweist. Wenn man diesen Denkstil (mit einem von Novalis gebrauchten Ausdruck) als den eines „Symphilosophierens", als den eines „gemeinschaftlichen Denkens" und eines Denkens aus „Mitgefühl", kennzeichnen darf, versteht sich die Entsprechung von selbst[109]. Denn der Glaube ist ein Akt der Partizipation. Als Antwort, die sich ganz dem Urereignis göttlicher Selbstmitteilung verdankt, ist er im tiefsten Sinn des Wortes „abkünftig", ein Akt, in dem der reaktive Anteil den kreativen übertrifft. Davon ist seine Vollzugsstruktur bestimmt. In seiner Physiognomie dominieren die Momente der Offenheit und der Betroffenheit. Er kann nicht, wie die festgelegten Gegenfiguren im Gleichnis vom Barmherzigen Samariter, „sehen und vorübergehen". Er sieht und partizipiert. Und er erreicht seine innere Gipfelhöhe, wenn er sich mitfühlend zu noch genauerem Zusehen und sehend zu mitleidender Teil-

---

[108] Werk und Wirken Paul Tillichs. Ein Gedenkbuch (Stuttgart o.J.) 16.
[109] Novalis, Briefe und Werke III: Die Fragmente (Berlin 1943) 152 (Frgm. 325).

nahme bewogen fühlt. Man könnte auch, jetzt mit Signalwörtern des heutigen Bewußtseins, sagen, er sei zugleich skeptisch und engagiert. Im gleichen Atemzug hätte man ihm damit aber auch schon seine erstaunliche Zeitnähe bescheinigt. Der Glaube bewegt sich, nach dem Wort des Zweiten Korintherbriefs (5, 7), im Vorraum des Schauens, er schaut aber selbst „noch nicht". Sofern er es dennoch tut, „sieht" er in der Weise des Skeptikers, der seinen Namen von dem „kritischen Zusehen", dem unterscheidenden, abwägenden Blick auf die Sachverhalte, hat. „Prüft alles", mahnt der Erste Thessalonicherbrief, „und behaltet das Gute!" (5, 21). Und im gleichen Sinn fordert der Epheserbrief:

Prüft, was dem Herrn gefällt, und beteiligt euch nicht an den nutzlosen. Taten der Finsternis, sondern deckt sie auf (5, 11).

Ins Selbstkritische gewendet, heißt das, jetzt im Wortlaut des Ersten Johannesbriefs:

Traut nicht jedem Geist, sondern prüft die Geister, ob sie aus Gott sind (4, 1).

Die Fähigkeit der „Unterscheidung (diákrisis) der Geister" hatte schon der Erste Korintherbrief zu den wichtigsten „Geistesgaben", den das Gemeindeleben tragenden Funktions- und Ausdrucksformen christlichen Glaubensgeistes, gerechnet. Das kann nicht verwundern, wenn man bedenkt, daß dem Glauben von Haus aus eine welt- und selbstkritische Tendenz eignet. Affirmativ auf Gott und sein Wort gerichtet, distanziert er den Glaubenden gleichzeitig von der ihn umgebenden Welt und seinem Platz in ihr. Anders als der Denker der griechischen Frühzeit, der sich in fragloser Bewunderung der Schau des Kosmos und seiner Umläufe hingab, weiß er, daß, wie das Neue Testament zweimal (1 Kor 7, 31; 1 Joh 1, 17) versichert, „die Gestalt dieser Welt vergeht". Insofern steht er, bei allem Widerspruch, in einem geheimen Bündnis mit der Skepsis, die, wie Horkheimer in sorgfältiger Analyse zeigte, jeweils in Zeiten politischer Erschütterungen und wirtschaftlicher Not entstand und deshalb unterschwellig von einem Wissen um die Unverläßlichkeit der Welt und die Brüchigkeit der von ihr gebotenen Daseinssicherungen getragen ist.

Die Rückfrage an Jesus ändert an dieser Sachlage nichts; im Gegenteil. Denn die Geborgenheit in der Vatersorge des Gottes, der die Raben nährt und die Lilien kleidet, hat nichts mit der welthaft vermittelten Sekurität zu tun. Zwar weiß auch Jesus, nach den Wachstums-Gleichnissen zu schließen, um den stillen, unaufhaltsamen und in diesem Sinn verläßlichen Gang der kreatürlichen Entwicklungsprozesse. Doch ist die Welt, wie er sie sieht, weit stärker vom Faktor des Unvorhersehbaren, Unverrechenbaren, geprägt. Von inneren Spannungen durchherrscht und überweltlichen Mächten bedroht, gleicht sie einer von Blitzen durchzuckten Gewitterlandschaft, deren düstere Physiognomie die baldige Katastrophe ankündigt. Kein Wunder, daß auch das von Menschenhand in ihr Geschaffene, vor allem die gesellschaftliche Lebensordnung, bereits den Keim des Verderbens in sich trägt. Die Lebensordnung, weil sie auf ein Gewalt- und Unrechtssystem gegründet ist[110]; die technischen Schöpfungen, weil sich auch über sie die Schlinge des nahen Weltendes zusammenzieht[111]. Als ihn ein Jünger auf die gewaltigen Quaderbauten des Tempels hinweist, lautet die Antwort Jesu:

Siehst du diese großen Bauten? Kein Stein wird auf dem andern bleiben; alles wird niedergerissen (Mk 13,2).

Affirmativ im Hinblick auf Gott, blickt der Glaube distanziert, kritisch abwägend und skeptisch, auf die mundanen Gegebenheiten. Das bedingt die Dialektik seiner fundamentalen Artikulationen, die nicht von ungefähr an die „negative Dialektik" der Kritischen Theorie erinnert. Sie bekunden durchweg, daß der Glaube, autorisiert durch die ihn begründende Botschaft Jesu, im Interesse seiner Wahrheit „subversiv" redet, indem er die Welt-Ordnung in Frage stellt, um dem anbrechenden Gottesreich Raum zu schaffen. Gesteuert von einem wurzelhaften Nonkonformis-

[110] Dazu nochmals die S. 141 mitgeteilte Markusstelle.
[111] Siehe dazu Lk 21,34f.

179

mus, spricht er das Bestehende nirgendwo heilig. Statt dessen deckt er seine Spannungen auf, widerspricht er seinen integrativen Tendenzen, ruft er seine ungenutzten Möglichkeiten auf, redet er dem Kommenden das Wort. Daraus erklärt sich ebenso die auffällige Häufung der Paradoxe in der Verkündigung Jesu wie die Vorliebe der Paulusbriefe für ausgesprochen dialektische Verhältnisbestimmungen.

Um nur einige Logien aus der lukanischen Jüngerbelehrung anzuführen: ,,Wer sein Leben retten will, wird es verlieren; wer es verliert, wird es retten" (17, 33 par). ,,Wer unter euch der Größte ist, soll dem Kleinsten gleich werden, und wer der Führende ist, dem Diener" (22, 26). ,,Denn wer unter euch allen der Kleinste ist, der ist groß" (9, 48). Von daher weiß Paulus, daß die ,,ins Geheimnis verborgene Gottesweisheit", die er zu verkündigen hat, nur in der Torheit der Kreuzespredigt zum Zug kommt (1 Kor 2, 1–8), daß das gültigste Kriterium seines Apostolats in seiner Leidensgemeinschaft mit Jesus besteht (Gal 6, 17; 2 Kor 11, 22–33), daß sich die in ihm wohnende Kraft in seiner Schwachheit vollendet (2 Kor 12, 9), daß sich der innere Mensch in dem Maß erneuert, wie der äußere aufgerieben wird (2 Kor 4, 16), weil der Christ den ihm anvertrauten Schatz nur im zerbrechlichen Gefäß seiner Hinfälligkeit besitzt (4, 7).

Es versteht sich von selbst, daß der Glaube, der aus diesen Spannungen lebt und sich demgemäß in solchen Paradoxen bekundet, keine Sache des beschwichtigten, sondern des geschärften, kritisch zusehenden Bewußtseins ist. Insofern ist es kein Zeichen von besonderer Glaubensstärke, wenn sich Verkündigung und Unterweisung, einer verbreiteten Erwartung entsprechend, in konformistischen Gutheißungen des Bestehenden ergehen. Ebensowenig kommt es von ungefähr, daß diejenigen, die im Lauf der Kirchengeschichte die Sache des Glaubens vorantrieben, sich nicht selten kritisch, bisweilen sogar polemisch zu gesellschaftlichen und kirchlichen Zuständen äußerten.

Wenn in der gesellschaftskritisch gestimmten Gegenwart in dieser Hinsicht auch vielfach des Guten zu viel geschieht, darf das kritische Wort dennoch sein gutes Recht für sich beanspruchen. Es gehört zum Wort der Auferbauung, als dessen Wegbereiter, integrierend hinzu. Wo nichts bemängelt wird, kann auch nichts verbessert werden. Und die Tatsache, daß der Christ seine Vollendung nur in der Schwachheit seiner weltverhafteten Existenz erstreben kann, gibt ständig Anlaß zur Verbesserung. Wie der einzelne untersteht aber auch die Glaubensgemeinschaft der vielen, die Kirche, diesem Werdegesetz. Unterwegs zu ihrem Vollendungsziel ist sie Ecclesia semper reformanda. Deshalb ist ihr mit dem Wort respektvoller Kritik, wie schmerzlich es auch treffen mag, im Endeffekt mehr gedient als mit kritikloser Zustimmung. Auch – und gerade auch – in ihrem Raum gilt es, die Wunde des Nicht-Identischen offenzuhalten. Zu leicht kommt es sonst zu Glättungen, denen keine echte Synthese entspricht. Das gilt vor allem dort, wo das innerkirchliche Leben Gefahr läuft, sich über diejenigen hinwegzusetzen, die aufgrund der Weisung Jesu keinesfalls übergangen werden dürfen: die Nicht-Integrierten, an der verfügten Ordnung Laborierenden, von ihr über Gebühr Überforderten. Es gibt genug Leiden in der Welt, auch unumgängliches Leiden an der Kirche; es darf nicht durch vermeidbares Leiden durch die Kirche vermehrt werden.

Hier zeigt sich freilich, bei aller Entsprechung, ein tiefgreifender Unterschied zwischen christlichem Glauben und kritischer Vernunft. Neigt diese vielfach dazu, sich zur Frage des Leidens bei aller Auflehnung zuletzt doch resignativ zu verhalten, so arbeitet der Glaube seinem innersten Impuls zufolge ebenso bewußt wie überzeugt auf die Verminderung des Leidens hin. Im Gegensatz zum Pessimismus der Kritischen Theorie ist er, trotz aller „Skepsis", optimistisch gestimmt. Die „Trauer der Welt" kann ihn zwar beschweren, jedoch nicht in ihrem Bannkreis festhalten. Mehr noch: er setzt dieser Trauer durch das Vorgefühl gottgeschenkter Freude ein Ende. Er lacht und lehrt lachen – wenn auch unter Tränen. Unübertrefflich beschreibt der Römerbrief diesen Umschichtungsprozeß, der von angstbesetzter Bedrängnis bis zu jenem Frieden führt, den die geistgewirkte Liebe spendet:

Gerecht geworden durch den Glauben, haben wir Frieden mit Gott durch unsern Herrn Jesus Christus. Durch ihn erhielten wir auch Zugang zu der Gnade, in der wir stehen. So rühmen wir uns unsrer Hoffnung, mit der wir der Herrlichkeit Gottes entgegengehen. Mehr noch: wir rühmen uns auch unsrer Bedrängnis; denn wir wissen: Bedrängnis bewirkt Geduld, Geduld aber Bewährung, Bewährung Hoffnung. Die Hoffnung aber läßt nichts zugrunde gehen; denn die Liebe Gottes ist ausgegossen in unsere Herzen durch den heiligen Geist, der uns gegeben ist (5, 1–5).

Ungeachtet aller Diskrepanz zeigt sich nun doch eine so hohe Entsprechung von Glaube und Kritischer Theorie, daß sich im Blick auf die kritischen Implikationen des Glaubens die Frage erhebt, ob nicht auch die Kritik ein Glaubensmoment in sich beschließt. Der späte Horkheimer antwortete darauf, indem er zwar den Weg einer argumentativen Auskunft über Existenz und Wesen Gottes verneinte, dafür aber die durch den Gottesbegriff signalisierte Dimension als die der „Sehnsucht nach dem ganz Anderen" ausdrücklich offenhielt. Nur in der Hinordnung auf sie ist seiner Überzeugung nach „unbedingter Sinn", der unabhängig von seinem Gedachtsein besteht, zu retten[112]. Und ohne diesen Sinn fällt kein Licht auf die Menge der Unglücklichen, die mit ihrem Lebensleid das Glück der Allzuwenigen bezahlten. In seiner Betrachtung über die Aktualität Schopenhauers (von 1961) formuliert das Horkheimer so:

Ohne Gedanken an die Wahrheit und damit an das, was sie verbürgt, ist kein Wissen um ihr Gegenteil, die Verlassenheit der Menschen, um derentwillen die wahre Philosophie kritisch und pessimistisch ist, ja nicht einmal die Trauer, ohne die es kein Glück gibt[113].

Damit mündet Horkheimers approximativ-religiöses Denken in dieselbe Bahn ein, in die auch der Schlußaphorismus von Adornos „Minima Moralia" ausläuft:

Philosophie, wie sie im Angesichte der Verzweiflung einzig noch zu verantworten ist, wäre der Versuch, die Dinge so zu betrachten, wie sie

[112] Zur Kritik der instrumentellen Vernunft, 227.
[113] A.a.O., 264.

vom Standpunkt der Erlösung aus sich darstellten. Erkenntnis hat kein Licht als das, welches von der Erlösung her auf die Welt scheint: alles andere erschöpft sich in der Nachkonstruktion und bleibt ein Stück Technik...[114]

Diesen Entsprechungen zufolge ist die Kritische Theorie frömmer, als man ihr gemeinhin zugutehält, der christliche Glaube aber auch kritischer, als man in der Regel wahrhaben möchte[115]. Wenn das aber zutrifft, läßt sich abschließend, gleichsam als Frucht der Gegenüberstellung, eine neue Sinnbestimmung der wissenschaftlichen Glaubensbegründung, der Fundamentaltheologie also, geben. Wenn Horkheimer von der Philosophie meint – und seine Meinung ist vermutlich die menschlichste, die jemals vorgetragen wurde –, sie habe die Aufgabe, die Leiden der namenlosen, unbesungenen Helden der totalitären Höllen „in eine Sprache zu übersetzen, die gehört wird, wenn auch ihre vergänglichen Stimmen durch die Tyrannei zum Schweigen gebracht wurden"[116], dann müßte man von der Fundamentaltheologie sagen, ihre Aufgabe bestehe darin, auf die am Glauben Leidenden, die Fragenden, Suchenden, Zweifelnden und nicht zuletzt auch auf die schließlich wieder Irregewordenen und Gescheiterten so einzugehen, daß sie nicht umsonst gelitten haben.

4. Glaube und Praxis

„Glaubend gehen wir unsern Weg, nicht schauend", versichert der Zweite Korintherbrief (5, 7), der damit den Glauben unter einen deutlichen Vorbehalt stellt. Man könnte verschärfend sagen:

[114] *Th. W. Adorno*, Minima Moralia. Reflexionen aus dem beschädigten Leben (Frankfurt a. M. 1951) 333.
[115] Von der – damit gleichsinnigen – „Relevanz der Religion für das kritische Bewußtsein" spricht *Richard Schaeffler* in seiner Untersuchung „Religion und kritisches Bewußtsein" (Freiburg – München 1973) 417.
[116] Zur Kritik der instrumentellen Vernunft, 152. Die Nähe dieser Position zu der einer von ihrem Grundauftrag her verstandenen Theologie bestätigt Joseph Ratzinger, wenn er die Transparenz des theologischen Gedankens für die passio humana fordert: Das neue Volk Gottes, 115.

Glaube ist Vorgriff auf das Leben, nicht dieses selbst. Er verhält sich zu diesem wie der Weg zum Ziel, wie das Mittel zur Sache. Die traditionelle Glaubenstheorie hat um diesen instrumentellen Charakter des Glaubens schon immer gewußt und dies durch seine Zurechnung zur Trias der göttlichen Tugenden zum Ausdruck gebracht. Die instrumentelle Funktion bedingt den Praxisbezug des Glaubens. Wie bei jedem Instrument erbringt auch bei ihm erst der ,,Gebrauch" den Beweis der Tauglichkeit (Tugend). Was der Glaube einträgt, wird nicht schon dadurch deutlich, daß man ihn hat, sondern erst dadurch, daß man ihn übt. Insofern ist ihm kaum ein Wort so sehr ,,aus der Seele gesprochen" wie das johanneische Logion, das wie ein Leitsatz über ihm steht:

Wer die Wahrheit tut, kommt zum Licht, damit offenbar werde, daß seine Taten in Gott vollbracht sind (Joh 3,21)[117].

Scharf zu unterscheiden ist davon die im Schlüsselwort des Römerbriefs (10,9) vorrangig genannte Bekenntnis-Verpflichtung des Glaubens, da mit ihr lediglich die kommunikative Vollzugsgestalt des Glaubens, nicht jedoch sein integrativer Praxisbezug angegeben ist. Mit dem Bekenntnis beschreiten wir erst den Weg zur Vollständigkeit des Glaubens, nicht aber schon denjenigen in die Sphäre der Praxis, den er im Interesse seiner Bewährung zu gehen hat. Daher ist abschließend nach diesem und seinen Verzweigungen zu fragen.

Der Glaube ist nicht das Leben. Doch steht er, wie die Redewendung vom ,,Leben aus dem Glauben" zeigt, diesem so nah, daß der Weg zu seiner praktischen Betätigung zunächst ein ,,Pfad nach innen", ein Schritt zu seiner Selbstverwirklichung im Sinn seiner inneren Konkretisierung, ist. Daß der Glaube einer derartigen Konkretisierung bedarf, hat die Tradition mit der Unterscheidung der fides informis von der fides formata, des gestaltlosen von dem gestalteten Glauben zum Ausdruck gebracht. Gedacht war dabei an die Wirkung der (von einigen Theologen mit der

---

[117] Dazu R. Schnackenburg, Das Johannesevangelium I (Freiburg i. Br. 1965) 395.

Gnade, von andern sogar mit dem Gottesgeist gleichgesetzten) Liebe, von der Augustinus, geleitet durch das Schriftwort von dem Glauben „der durch die Liebe wirksam ist" (Gal 5,6), versichert:

Sine caritate fides potest quidem esse, sed non et prodesse – Ohne Liebe kann der Glaube zwar entstehen, aber nicht (als Akt der Heilsvermittlung) bestehen[118].

Für die fundamentaltheologische Sicht des Konkretisierungsproblems kommt es darauf an, diese dogmatische Auskunft in die Sprache des empirischen Glaubensvollzugs zu übersetzen. Auf diese Sprachebene zurückgenommen, erweckt die Auskunft aber den Eindruck, als gehe es bei der Konkretisierung zwar um ein eminent subjektives Anliegen, als sei seine Erfüllung jedoch nur mit „fremder" Hilfe möglich. Nach Lage der Dinge kann es sich dabei nur um das Zentralinteresse des Glaubenden handeln, in der Gotteswirklichkeit jenen unverbrüchlichen Halt und Stand zu gewinnen, an den keine noch so umfassende Daseinssicherung mundaner Art heranreicht. Um diese „befestigende Festigkeit" dreht sich die ganze Sache des Glaubens; sie bildet das Ziel, in dem sich, mit dem Kontext der Auskunft gesprochen, sein Interesse mit dem Liebeswillen Jesu begegnet. Auch auf der Diskussionsebene des Vollzugs kommt somit die Liebe ins Spiel, hier jedoch nicht als unverrechenbare Gnadengabe, sondern als historisch greifbare Gestalt, verkörpert in Jesus, dem „Wegbereiter und Vollender des Glaubens". Gleichzeitig nimmt das Problem der Konkretisierung damit eine Wendung in Richtung auf ihn. Konkretisierung des Glaubens heißt nunmehr: Gleichzeitigwerden mit Jesus, Anschluß gewinnen an seine Gegenwart, eingehen in seine Lebenswirklichkeit.

Wegbereiter, der den Glauben als Möglichkeit religiöser

---

[118] De trinitate XV, 18,32. Im folgenden nehme ich Gedanken auf, die ich erstmals in meinem Beitrag „Konkretisierung des Glaubens" (in: Glaubensverständnis – Glaubensvermittlung – Erwachsenenbildung, hrsg. von G. *Koch* und J. *Pretscher* [Würzburg 1972] 17–36) vorgetragen habe.

Selbstbegründung überhaupt erst eröffnete, ist Jesus, sofern er selber glaubt. Glaubender aber ist er, sofern er Gott beim Vaternamen anzureden wagt und damit die ganze, vom Gleichgewicht von Furcht und Faszination gekennzeichnete Sphäre des Religiösen hinter sich läßt. Zwar erhebt er sich über die vergleichbaren Stiftergestalten schon dadurch, daß er von vornherein in einer fraglosen Gottesgewißheit lebt, die es nicht nötig hat, sich der Existenz Gottes auf dem Weg spezifischer Denkoperationen oder gar mystischer Erfahrungsweisen zu versichern. Dennoch läßt er die unterschwelligen Antinomien selbst dieser Sicherheit definitiv erst dadurch hinter sich, daß er Gott mit dem Zärtlichkeitsnamen „Abba" anredet, der sein Gottesverhältnis ein für allemal auf den Status der mit dieser Anrede bekundeten Intimität festlegt. Nach Ausweis des Notschreis „Warum hast du mich verlassen", mit welchem Jesus nach den Leidensberichten der beiden ersten Evangelien stirbt (Mk 15,34 par), geht diese Intimität noch nicht einmal in der Qual der Gottverlassenheit verloren. Denn der Todesruf Jesu appelliert von dem Gott, der ihn verließ, an denjenigen, dem er dies in seiner Verlassenheit noch klagen kann. Und das ist der Vater, nach dem er in seiner Gottesnot um so vernehmlicher ruft, als ihm der Vatername selbst nicht mehr über die Lippen kommt. Ähnliches gilt von der Sache, der er um dieses Gottes willen lebte und starb: vom Gottesreich. Nur scheinbar ist sie in der Nacht der Gottverlassenheit versunken und vergangen. Dem Tieferblickenden scheint sie vielmehr, wie in dunkler Spiegelung, aus eben dieser Verlassenheit auf: als ihre beseligende Antithese, als Inbegriff jenes Einbezogen-, Geborgen- und Aufgehobenseins, dem Jesus zeitlebens das Wort redete, weil er sich von ihm die Lösung der fundamentalen Lebensprobleme, die Beseitigung der Angst und Einsamkeit und zumal die Ermöglichung einer auf den Geist der Liebe abgestimmten Mitmenschlichkeit versprach. Wie eng sich Kreuz und Gottesreich berühren, zeigt das vom lukanischen Passionsbericht überlieferte Trostwort an den Leidensgefährten, dem Jesus sterbend die Geborgenheit des Gottesreichs, wenngleich in spätjüdischem Vokabular, zusagt:

Heute noch wirst du mit mir im Paradies sein! (23,43)[119].

Wie kaum einmal sonst wird hier, im Trostwort des Sterbenden, deutlich, daß Jesus die ihm zuteil gewordene Glaubensfestigkeit nur im Modus des Mitgeteiltseins hat und haben will. Sein Glaube ist, wegweisend auch darin, auf den Mitmenschen hin, zur Ermöglichung seines Mitglaubens, geöffnet. Und das nicht etwa nach Art einer einmalig-exzeptionellen Zuwendung, wie sie etwa in dem eindringlichen Appell des Hohepriesterlichen Gebets zum Ausdruck kommt, sondern zuständlich-gewährend, als Sinnspitze einer unaufhörlichen Entgegenkunft[120]. Wie sein Leben in einer einzigen unaufhörlichen Hinkehr zum Vater besteht – „sein Leben lebt er für Gott", sagt der Römerbrief (6, 10) –, so sein Glaube in einem fortwährenden Angebot an uns. Paulus hat diesen Impuls am deutlichsten wahrgenommen und am bündigsten umschrieben. Schon zwei Worte genügen ihm zur Verdeutlichung: Pro me – für mich. Damit ist die Bahn zur Konkretisierung des Glaubens ausgelegt. Ihr Ziel heißt nach wie vor: Vergegenwärtigung Jesu. Doch heißt das nun – wiederum mit einem Gedanken des Römerbriefs gesprochen – nicht etwa, daß Jesus von seinem himmlischen Herrlichkeitsplatz herabgeholt oder gar aus dem Totenreich seines Gewesenseins heraufgeführt werden müßte, weil das Entscheidende bereits durch ihn selbst getan ist:

Sag nicht in deinem Herzen: Wer wird in den Himmel hinaufsteigen? Das würde heißen: um Christus herabzuholen; oder: Wer wird in den Abgrund hinabsteigen? Das würde heißen: um Christus von den Toten heraufzuführen ... Nah ist dir vielmehr das Wort; es ist in deinem Mund und in deinem Herzen (10,6ff).

Konkretisierung des Glaubens besagt demgemäß, auf diese vorgegebene Gegenwart eingehen, sie als tragenden Grund der eigenen Existenz realisieren. Das wäre freilich nicht schon dann erreicht, wenn man sie nur „aufnehmen" würde wie einen vorher nicht wahrgenommenen Duft oder einen überhörten Ton. Nicht

[119] Ausführlicher begründet die Deutung mein Beitrag „Der Leidensgefährte", in: Geist und Leben 48 (1975) 40–50.
[120] Der Text der Bezugsstelle wurde auf S. 83 mitgeteilt.

187

um den Eintritt in die Ausstrahlung Jesu geht es bei der vom Glauben zu leistenden Vergegenwärtigung, sondern um die durch seine Selbstgewährung ermöglichte Unmittelbarkeit zu ihm selbst. Um jene transkategoriale, von keinen Bedingunen abhängige und an keine Vermittlungsstrukturen gebundene Einung mit ihm, wie sie sich in dem ekstatischen Galaterwort „Ich lebe, doch nicht mehr als ich: Christus lebt in mir" (2,20) ausdrückt und in der aus der Tradition dieser Christusmystik geschöpften Formel aus den Fragmenten des Novalis nachklingt: „Ich bin Du" [121]. Sosehr sich dieser Vorgang im Horizont der Emuna-Vorstellung bewegt, wandelt er sie doch zugleich von Grund auf um. Denn „konkret" wird der Glaube auf diesem Einungsweg nicht in Form eines Sich-Festmachens und Sich-Begründens in der Gotteswirklichkeit, sondern in der Weise eines Sich-Ergebens in die liebende Selbstgewährung Jesu. Wer glaubt, findet, so gesehen, die Ruhe in der Umarmung dessen, der sich den Bedrückten und Bedrängten als innerste Stütze ihrer selbst anbietet. Er tritt ein in die Hürde jener Hirtensorge, die im Sinne der johanneischen Spekulation soviel besagt wie: erkennendes Erkanntsein, so wie der Sohn durch den Vater erkannt ist; liebendes Geliebtsein, so wie der Sohn aus der Liebe des Vaters lebt.

In diesem Ergebnis liegt die Antwort auf die Frage nach der „werktätigen" Glaubenspraxis schon so sehr bereit, daß sie kaum noch ausdrücklich gestellt zu werden braucht. Die „Tat" des Glaubens ist die Liebe. Von den im Glauben Bewährten sagt der ignatianische Smyrnäer-Brief: „Es wird sich eurer nicht schämen der vollkommene Glaube, Jesus Christus" (10,2) [122]. Ihrem ganzen Tenor nach gilt diese Zusage nur unter der Voraussetzung, daß der Glaubende das, was er glaubend gewann, in mitmenschliche Praxis umsetzt. Damit ist auch schon die Mitmenschlichkeit als das unmittelbare Aktionsfeld des Glaubens genannt. Zweifellos sind wir durch den Praxisbezug des Glaubens auch an die ge-

---

[121] *Novalis*, Briefe und Werke III, 165 (Frgm. 383).
[122] Ähnlich formuliert es der Trallianer-Brief (8,1). Dazu *K. Hörmann*, Leben in Christus (Wien 1952) 30f, 41f.

sellschaftlichen und sozialen Verhältnisse verwiesen und angehalten, uns für ihre Veränderung zum Menschlichen hin einzusetzen. Wenn es zutrifft, daß uns der Glaube die Last der göttlichen Andersheit abnimmt, sind wir durch ihn angehalten, die Last, die sich in Form von repressiven Zuständen auf die Schultern der andern legte, nach Möglichkeit zu beseitigen oder doch zu erleichtern. Dasselbe will der Glaube, sofern er unter dem Geheiß der Liebe steht. Denn die Liebe kann ihr Werk nur im Raum der Freiheit verrichten. Wo diese fehlt oder eingeschränkt ist, muß sie sich emanzipatorisch betätigen.

Es ist ein weit verbreiteter und teilweise auch schon in die Glaubenstheorie eingedrungener Irrtum, wenn man sich die Wiedergeburt der Menschlichkeit ausschließlich von gesellschaftskritischen, womöglich sogar revolutionären Initiativen verspricht und die Glaubenspraxis demgemäß in Gesellschaftskritik aufgehen läßt. Was den Menschen von sich selber abhält und unter sein eigenes Niveau drückt, sind nicht erst die auf ihm lastenden äußeren Zwänge. Vielmehr spiegelt sich in diesen nur die vorgängige Störung, die seine zwischenmenschliche Selbstverwirklichung belastet. Hier liegt die Wurzel allen Übels. Weil alles, selbst das Persönlichste und Intimste, von Mechanismen der Absicherung und Rückversicherung anstatt von der Vorbehaltlosigkeit kindlichen Vertrauens getragen ist, wagen wir keinen vollen Gebrauch von uns und unseren Möglichkeiten zu machen, und weil wir uns nicht vorbehaltlos ausgeben, kommt keine wirkliche Gemeinschaft zustande. So bleibt die Mitmenschlichkeit, der Jesus mit dem als seine soziale Selbstauslegung verstandenen Gottesreich das Wort redet, eschatologische Utopie, die alles beim alten beläßt, anstatt, wie es ihr zugedacht war, die Menschenwelt von Grund auf zu verändern.

Wenn der Glaube leisten soll, was ihm ein- und aufgegeben ist, darf er sich mit seiner Praxis nicht erst der Peripherie der Menschenwelt zum Ziel einer Veränderung ihrer gesellschaftlichen Strukturen zuwenden, vielmehr muß er ihr Zentrum, verstanden als die dialogische Mitmenschlichkeit, als sein ureigenes Aktionsfeld begreifen. Hier muß er durch die Liebe wirksam werden, damit anstelle von Angst und Mißtrauen – Glaube herrsche. So ist die Tat des Glaubens, wie mit einer fast paradoxen Wendung zu sagen ist, die Liebe, die Frucht der Liebe aber wiederum der Glaube. Indessen löst sich diese vermeintliche Paradoxie, sobald man sich der Einsicht beugt, daß sich die mit dem Glauben eröffnete Möglichkeit nicht nur auf Gott, sondern auch auf das mitmenschliche Verhältnis bezieht. Wie der Liebende von seiner Angebeteten spricht, so sagt der Vertrauende, sobald er aus dem Unterstand der Sicherheitsmechanismen hervortritt: Ich glaube an dich. Ohne es zu ahnen, formuliert er mit dieser schlichten Selbstzusage ein Wort von der Schlagkraft revolutionärer Parolen.

Glaubend öffnen wir nicht nur den Himmel; glaubend bewegen wir auch die Welt. Dies aber nicht an den Angriffsstellen der Revolutionäre und Anarchisten, sondern dort, wo sich im geglückten oder mißglückten Zueinander von ich und du das Glück oder Unglück aller entscheidet. Nietzsche hatte keinen Grund zu fürchten, daß der Mensch im religiösen Akt seine besten Energien an Gott verschwende. Der See, den er auf Gott hin abfließen sah, braucht nicht gestaut zu werden, um für die Menschheit nutzbar zu sein. Was man für Gott aufwendet, kommt auch der Menschheit zugute. Das gilt im vollen Umfang auch für den Glauben. Doch schafft der in mitmenschlicher Praxis bewährte Glaube gleichzeitig auch eine solidere Basis für seine religiöse Verwirklichung. Wer an seinen Nächsten glauben lernte, ist ungleich besser als der Einsame für die Wahrheit disponiert, daß ihm der ferne Gott zum Nächsten wurde und in dieser Nähe den Dialog des Glaubens mit ihm sucht.

Mit dem Satz: Dilige et quod vis fac – Liebe, dann tue, was du willst, zieht Augustinus die Summe aus der christlichen Ethik[123]. Mit einem ganz ähnlichen Wort zieht das Evangelium die Summe aus der Erfahrung des Glaubens. Es ermutigt zum Glauben, von dem es die Wende der Dinge zum Besseren erwartet. Dabei macht es seine besondere Lebensnähe aus, daß es nicht aus einer Situa-

[123] In Epist. Ioan., tr. 7,8 (PL 35,20 33).

190

tion des gefestigten, sondern des erschütterten Glaubens gesprochen ist. Es steht im Kontext der Markus- und Lukas-Fassung des Berichts von der Erweckung der Jairus-Tochter (Mk 5,36 par). Mit ihm wendet sich Jesus an den vom Schrecken der Todesnachricht befallenen Vater, um ihm über das lähmende Entsetzen hinwegzuhelfen. Wie das Augustinuswort gibt auch der Zuspruch Jesu die Zukunft frei, wenn nur erst ein Anfang des Glaubens gesetzt ist. So richtet er sich über den unmittelbar Angesprochenen hinweg an alle, die wie er unterwegs zum Glauben sind; denn einem jeden von ihnen gilt gleicherweise:

Fürchte dich nicht; glaube nur!

Sachregister